红色飘带

肖居孝 著

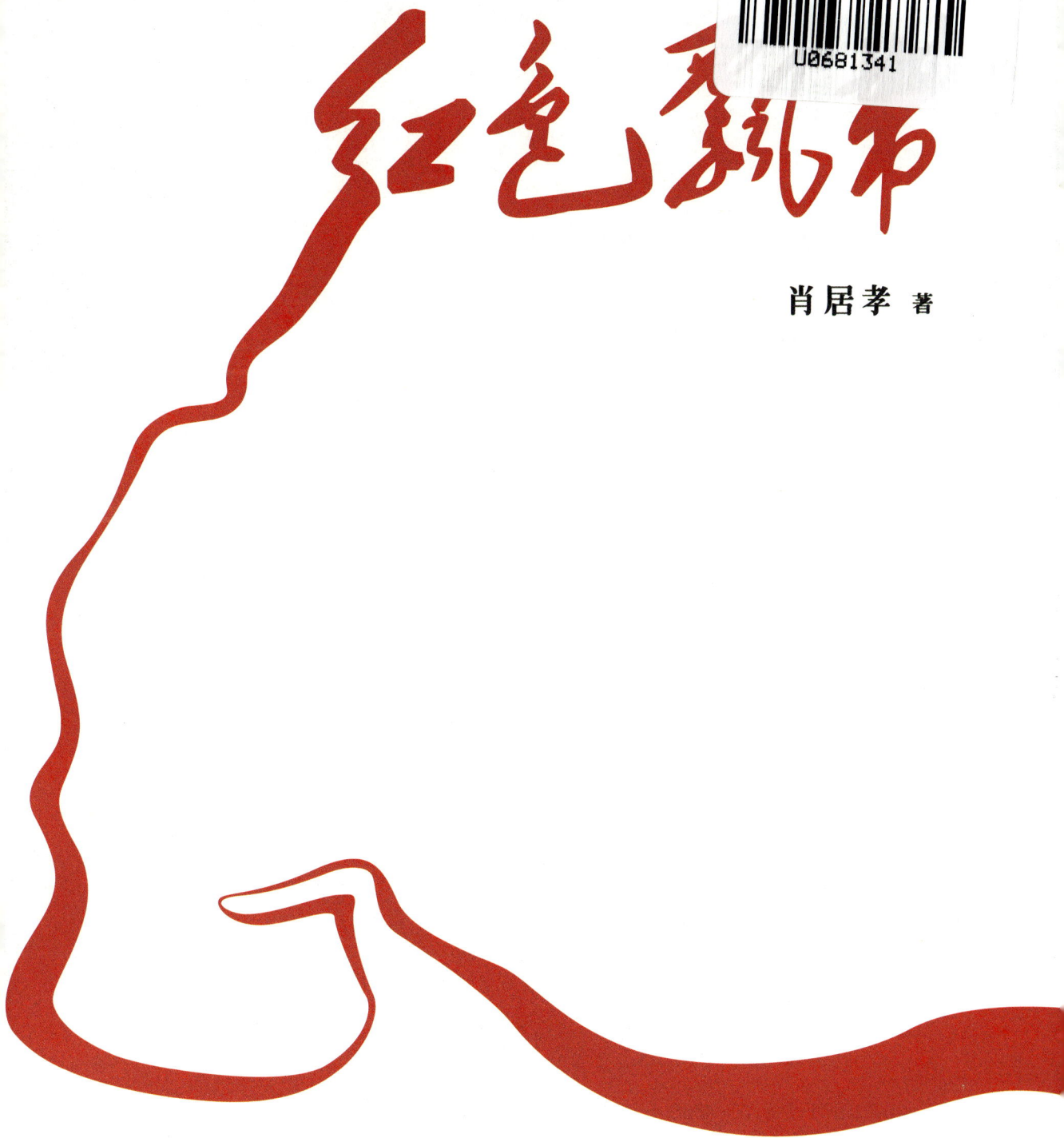

江西教育出版社
JIANGXI EDUCATION PUBLISHING HOUSE
·南昌·

图书在版编目（CIP）数据

红色飘带 / 肖居孝著. –– 南昌：江西教育出版社，

2025. 7. –– ISBN 978-7-5705-4838-5

Ⅰ. K264.406

中国国家版本馆CIP数据核字第2025V33R21号

红色飘带

HONGSE PIAODAI

肖居孝　著

江西教育出版社出版

（南昌市学府大道 299 号　邮编：330038）

各地新华书店经销

江西新华印刷发展集团有限公司印刷

720 毫米 ×1000 毫米　　16 开本　　24 印张　　367 千字

2025 年 7 月第 1 版　　　2025 年 7 月第 1 次印刷

ISBN 978-7-5705-4838-5

定价：69.00 元

赣教版图书如有印装质量问题，请联系我社调换　电话：0791-86710427

总编室电话：0791-86705643　　　编辑部电话：0791-86700573

投稿邮箱：JXJYCBS@163.com　　　网址：http://www.jxeph.com

序

石仲泉

我祝贺肖居孝同志新书问世，我们应当说也算忘年之交！

我和居孝同志相识比较早。那时候他在江西省吉安市委党史办公室做副主任，我在原来的中央党史研究室做副主任。新的千年世纪初，我去吉安考察，到过吉安市委党史办了解吉安党史情况。2005年中国井冈山干部学院创办后，我应邀去讲课，没想到他调至干部学院管教学工作。后来，我作为该院特聘教授，就是他负责与我联系讲课的事。中共党史研究这个共同的事业把我们联系在一起了！

我考察过红军长征路。中国工农红军第一、第二、第四方面军和第二十五军，在1934年10月至1936年10月进行了伟大的长征。四路大军铁流滚滚行进6.5万余里，用意志和勇气谱写了充满理想和献身精神的英雄凯歌，是中国共产党苦难辉煌革命斗争史上一部惊心动魄、气吞山河的英雄史诗，是中华民族伟大复兴历史进程中的巍峨丰碑。我倡导"走走党史"，注重到党史重大事件的发生地做实地考察。"走走党史"是从走长征路开篇的。红军三大主力的长征路，还有红二十五军的长征路，我断断续续地用了多年时间将主要路线都走过。经过考察，我感到红军长征的内涵很丰富，它不是简单的突围、转战、打仗等，应包括三个方面的严峻斗争：首先是革命与反革命两种力量、光明与黑暗两种命运的大搏斗；其次是在这场惊心动魄的搏击中，共产党内部的指导思想和政治路线有尖锐斗争；最后是极端恶劣的自然环境，使红军一再面临着能否克服艰难险阻、经受饥寒伤病折磨的严峻考验。这三方面的斗争和博弈，构成红军长征的基本内涵。红军长征精神就是这三方面的斗争和博弈取得胜利的结晶。2006年我的作品《长征行》出版，2016年《长征行》增订本又出版，将2013年我考察的西路军血战河西悲壮历史补充进去作为红军长征的尾声。这样，红军长征的序曲、主体和尾声一部惊天地泣鬼神的"大戏"就完整地展现出来了。我在中国井冈山干部学院讲课，就主要根据我亲历的考察和感悟来讲伟大的红军长征和长征精神。

居孝同志聚焦长征研究也有十几年了，而且在研究过程中也坚持重走长征路。他坚持下来，收获不小。让我感到很欣慰的是，他已完成一个研究长征的国家社科基金课题，叫"长征日志"。课题成果是将四支红军队伍每天的重要活动、每天分别在干什么，按照日志体的形式，进行全景式展示。这种研究，为他进一步研究长征打下扎实基础。目前出版的《红色飘带》，就是他研究长征的又一新成果。

2016年10月21日，习近平总书记在纪念红军长征胜利80周年大会上的讲话中，对红军在"中国共产党和红军到了危急关头，中国革命到了危急关头，中华民族到了危急关头"而进行的伟大长征进行了高度概括：长征是一次理想信念的伟大远征，长征是一次检验真理的伟大远征，长征是一次唤醒民众的伟大远征，长征是一次开创新局的伟大远征。[1]居孝同志这本新书的结构，依据习近平总书记这个论述，相应设置成四个部分，分别是"革命理想高于天""检验真理谱新篇""唤醒民众同心干""开创新局从头越"。这个篇章布局，有助于读者准确把握习近平总书记重要讲话的精神内涵。

和"长征日志"那种全景式叙事方式不同，居孝同志的这本新作，采用

---

[1] 习近平：《在纪念红军长征胜利80周年大会上的讲话》，《人民日报》2016年10月22日，第02版。

"小故事大主题"，通过夹叙夹议小故事，对红军长征中的人物、事件、战斗、会议等内容娓娓道来，有可读性。又因为这些小故事很多都是作者重走长征路上的所听、所见、所思、所想，很接地气。这种叙事方式，有利于在宣传弘扬伟大长征精神这个主题时不那么生硬，不会让读者觉得干巴，使读者沉浸在作者的叙事氛围中学习感悟长征精神，深化提高思想认识。所以，该书虽然都是一个个小故事，但通过这些小故事，再现广大红军将士以非凡的智慧和大无畏的英雄气概，战胜千难万险，付出巨大牺牲，胜利完成震撼世界、彪炳史册的长征历程。这些小故事，体现了党和红军几经挫折而不断奋起，历经苦难而淬火成钢，归根到底在于对心中的远大理想和革命信念始终坚定执着；体现了党和红军经过长征实现在追求真理、坚持真理基础上的空前大团结；体现了党和红军在长征中吹响全民族觉醒和奋起的号角，汇聚起团结抗日一致对外的强大力量；体现了党和红军在长征中把解决生存危机同拯救民族危亡联系在一起，实现土地革命战争向抗日民族战争的转变，为夺取中国人民抗日战争胜利，进而夺取新民主主义革命胜利打下坚实基础。《红色飘带》比较好地宣传了中国共产党人和广大红军将士用生命和热血铸就的伟大长征精神。

比如，关于广大红军将士坚定的理想信念这个主题，该书不是从理论上展开论述，而是通过《带着〈共产党宣言〉长征的人》的小故事来反映。红军长征出发前，要求每个人精简行李，能不带的东西坚决不带。但刚刚身患疟疾大病初愈的成仿吾同志在收拾行装时，除了不能再减的日用品和衣物外，坚持带着瑞金当时唯一的一本德文版《共产党宣言》长征。随后的漫漫长征路，成仿吾和其他人一样，将东西丢弃不少，但那本德文版《共产党宣言》却始终带在身边，长征路上有空就拿出来阅读。看了这样的故事，读者一定会由衷感叹：这不正是共产党人坚定的理想信念的生动写照吗？！

又比如，该书写遵义会议，没有像许多写长征的书那样，把遵义会议的起因、准备、过程、意义及其后续叙述一遍，而是从促成遵义会议的重要人物之一王稼祥入手，以《他在担架上促成遵义会议》为题，既把这个重要会议的来龙去脉交代清楚，也把王稼祥的生平作了介绍，帮助读者从不同视角了解遵义会议。

再比如，党中央在长征路上与张国焘分裂主义的斗争，是每一本写长征的书都要写到的。居孝同志的新书不是把这个重要事件的过程再叙述一遍，而是选择长征路上过中秋节这个视角来反映这场惊心动魄的斗争。红一、红四方面军 1935 年 6 月中旬在四川懋功（小金）会师以后，张国焘个人野心膨胀，随后的两河口会议增补他为中革军委副主席，他并不满足，仍以"速决统一指挥的组织问题"为名，恃兵傲党，公开向党中央伸手要权，乃至发展到企图谋害党中央，9 月 9 日午前，密电红军总政治部主任兼红四方面军政委陈昌浩率右路军南下，"彻底开展党内斗争"。毛泽东在看到叶剑英机智送出来的电报后，立即同张闻天、博古赶到红三军团的驻地阿西，与周恩来、王稼祥等人紧急磋商后果断决定，在 10 日凌晨率领右路军中第一、第三军和军委纵队迅速离开，先行北上。9 月 12 日，脱离险境的中共中央在甘肃省迭部县达拉乡俄界（高吉村）召开政治局扩大会议，讨论张国焘分裂错误及今后的行动方针。而这一天，正好是 1935 年中秋节。书中以《这个中秋节过得惊心动魄》为题来反映这个重要史实，一语双关，既是说这个中秋节，更是说这场斗争的"惊心动魄"。

这种"小故事大主题"的叙事方式，是本书的一个特色，也是一大亮点。相信读者会喜欢看的。

居孝同志在研究红军长征历史的过程中，坚持到长征故事发生地去调查访问。这是一个很好的做法。虽然不可能照长征线路的原样再走一遍，因为很多长征原路已经没法走了，比如大家熟知的强渡乌江的江界河渡口已经因为修水电站而"高峡出平湖"了。但是，他多年坚持下来，对四支队伍的长征路都有一定程度涉足，收获了很多书本上得不到的知识。比如，红军长征经过的有些地方，由于地名的特殊性曾误导不少研究者。像红六军团甘溪战斗失利后决定"向大地方转移"，这个"大地方"就让人困惑不已。作者到了那里才知道，这个"大地方"原来是今天贵州省黔东南苗族侗族自治州镇远县大地乡的"大地方村"，当年是一个没几户人家的小村落。这种地理知识，光看材料"向大地方转移"，一般以为是向"一个很大的地方转移"，哪里想得到有一个小村子叫"大地方"！再比如，位于贵州省的习水县土城镇青杠坡村是"土城之战"的发生地。这个地名在党史书上有"青冈坡""青岗坡""青杠坡"等多种写法。作者到现场听当地同志介绍后才知道，因为那面山坡上漫山遍野的长满了青杠树，所以当地人称之为"青杠坡"。

　　在考察过程中，作者看到了长征路上的新变化。比如红军巧渡金沙江，人们头脑中对金沙江的印象是两岸悬崖峭壁，非有渡口，根本没法过河。就是有渡口的地方，也得有非常熟练的船工掌舵才行，一般人是过不去的。"金沙江天堑难渡"这个概念，在人们头脑中固化了很长时间。2020年8月9日，作者到云南禄劝彝族苗族自治县皎平渡，见到那座崭新的已经能过人但还不让通车的皎平渡大桥时，还以为是第一次在皎平渡刚修好的桥。同当地同志座谈后才知道，早在1991年，中央财政拨了一部分款，云南、四川两省也出资一部分，共计1100万元，建成280多米长的皎平渡大桥，竣工通车后这里天堑变通途，已结束两岸群众靠摆渡来往的历史。2019年年底，位于皎平渡下游的国家大型水电站——乌东德水电站——开始下闸蓄水，随着水位抬升，原有的渡江遗址和皎平渡大桥都将被淹没。2020年3月26日，这座承载29年风雨、见证金沙江两岸变迁的皎平渡大桥正式完成它的使命，被成功爆破拆除。皎平渡的红色记忆将由新建的皎平渡大桥续写。

　　不到实地去就不可能知道，长征经过的地方已经发生如此翻天覆地的变化。

　　这部分内容，书中以"作者手记"的形式呈现。这是一个比较新颖的编排方法，能增加阅读者身临其境的现场感。通过叙述重走长征路的所见所闻，反映长征沿途各地如何牢记长征精神、学习长征精神、弘扬长征精神，在全面建设社会主义现代化国家新征程上踔厉奋发，走好新时代长征路的可喜情景。这既可以使读者真切感受到红军长征路如今的新变化，也可以让读者与红军先辈跨越时空进行"今天的祖国，正如您所愿"的心灵对话。

　　我很关注国内外研究中国红军长征的学术动态。看到居孝同志这本新作，感到由衷高兴，写下这些话，是为序。

目 录

引子

- -

1927年8月7日召开的八七会议，总结了大革命失败的教训，讨论了党的工作任务，确立了实行土地革命和武装起义的方针。这在中国革命处于严重危机的关键时刻，重新鼓起了中国共产党人同国民党反动派斗争的勇气，为挽救党和中国革命作出了巨大贡献，开始了从大革命失败到土地革命兴起的历史性转变。

于是，从八七会议到1928年年底的一年多时间里，全国爆发了以南昌起义、秋收起义和广州起义为代表的大大小小100多次武装起义。但是，由于起义目标是攻取敌人重兵防守的大城市，敌强我弱，因而所有起义都遭到挫折甚至失败。

秋收起义初战失利，毛泽东审时度势，引兵井冈，走出了一条工农武装割据的新路。"随着斗争发展，党创建了中央革命根据地和湘鄂西、海陆丰、鄂豫皖、琼崖、闽浙赣、湘鄂赣、湘赣、左右江、川陕、陕甘、湘鄂川黔等根据地。党在国民党统治下的白区也发展了党和其他革命组织，开展了群众革命斗争。"①

与此同时，军阀之间的长期分裂和战争，闹得南京国民政府顾此失彼、

————————————

① 《中共中央关于党的百年奋斗重大成就和历史经验的决议》，人民出版社，2021，第5页。

焦头烂额，一个时期内无暇顾及中国共产党人革命力量的发展。蒋冯阎大战①结束后，蒋介石集团意识到，共产党飞速发展的革命力量，已经由肘腋之患变成了心腹大患，成为他们稳固统治的严重威胁。因此，蒋介石在中原大战胜局已定后，立即腾出手来，发动了对中央苏区的第一次"围剿"。

此后很长一段时间，"围剿"与反"围剿"，就成了国共双方军队之间主要的斗争形式。

从1930年10月至1931年6月，蒋介石总共调集60万大军，对中央苏区连续发动三次"围剿"。红一方面军在毛泽东、朱德的领导之下，主要采取诱敌深入、集中兵力等灵活机动的战略战术，总共歼敌7.5万余人，粉碎了"围剿"，壮大了苏区。

在反"围剿"胜利的大好形势下，中华苏维埃共和国临时中央政府于1931年在中央苏区的瑞金宣告成立。毛泽东担任中华苏维埃共和国中央执行委员会主席和中央人民委员会主席。

1931年，尽管日本帝国主义发动了侵略中国东北的九一八事变，但南京政府实行不抵抗政策，依然顽固执行"攘外必先安内"②的政策，持续向中国共产党领导的各根据地发起进攻。此外，中国共产党六届四中全会后，以王明为代表的"左"倾错误领导者，无视中华民族与日本帝国主义侵略者之间的矛盾已经逐渐成为中国社会的主要矛盾，无视广大人民尤其是中间阶级强烈的抗日要求，片面夸大红军三次反"围剿"的胜利和国民党军的失败，

---

① 1930年5月至10月，发生在陇海、津浦两路沿线的蒋介石同冯玉祥、阎锡山的军阀战争，双方死伤30万人。

② 中国国民党党史馆藏《剿共先于抗日》（民国）二十二年三月廿一日于保定（文献编号为"类：132；号：560"）："乃近日在赣剿匪各师，多以请缨抗日为名，纷请北调，见异思迁，分心怠志，殊非忠勇军人所当出。要知如欲维持长期抗日之力量，尤非剿灭共匪不可。故中正前在南昌，屡向各军师长申明此意，告以剿共工作，比之抗日尤加重要。"

不顾革命斗争客观环境的变化，无视红军和国民党军队实力对比的悬殊，一味要求红军进攻中心城市，实现一省或数省的胜利，最终夺取全国革命的胜利。

1933年2月开始，国民党军队发动了对各个根据地的第四次"围剿"。在中央苏区，红一方面军主力部队在周恩来、朱德指挥下，采取大兵团伏击的战术，取得了第四次反"围剿"的胜利，中央苏区发展到鼎盛时期。

吸取了前四次"围剿"失败的教训，蒋介石部署第五次"围剿"时，采取了全新的战略。基本方针是"三分军事，七分政治"，主要军事原则是碉堡推进、步步为营的"堡垒政策"。

为了强化"剿匪"部队的所谓革命精神，蒋介石接受其将领柳维垣、戴岳的建议，在庐山举办军官训练团，任命陈诚为团长，分期抽调党政军干部进行训练，以达到"刷新干部思想，统一战术行动，完成党政军总体战之战争体系"的目的。

蒋介石对庐山军官训练团特别重视，每期开班结班他都要训话。在开学典礼的训话中，蒋介石要求大家树立"反共必胜"的信心。他反复强调："我们要从此奠定一个新的伟大的基础，来完成剿匪的工作。"此次训练，"与整个革命的成败，党国的存亡，以至各个人的生死，统统都看这次训练能不能发生效力"。因此，他要求参训人员必须认清这次训练的重大意义，格外奋发努力，"由剿清赤匪而建立一个三民主义的新国家起来"。①

同时，国民党在军队内实行残酷的"革命军人连坐法"——在战场上，如果一班人同败退，只杀班长，不杀战士；如果一排人同退，只杀排长，不及其余；如一连人同退，只杀连长，不及其余。营、团、师以此类推。如一班人均退，只班长不退并战死，则杀全班战士；如一排人同退，排长不退而

---

① 秦孝仪主编《先总统蒋公思想言论总集》卷11，中国国民党中央委员会党史委员会印，1984，第283页。

战死，则杀三个班长；如一连人同退，连长坚守阵地而阵亡，则杀三个排长。营、团、师等以此类推。①

敌人转变策略了，但中央苏区在组织第五次反"围剿"时，却放弃了前几次反"围剿"作战有效的战略战术。

当时中央负总责的博古不懂军事，李德以所谓共产国际军事顾问的身份来到中央苏区以后，博古将中央苏区的军事指挥权拱手让给李德，于是形成了一整套看似更完备也更脱离实际的战略战术。在这套战略战术原则指导下，广大红军将士虽浴血奋战，然而局面却越来越困难。

进入1934年上半年，中央苏区局势更加危急！4月10日至27日晚，中央红军广昌保卫战失败。4月21日，中央苏区南大门江西会昌县的筠门岭失守。5月10日，红军建宁战役失利，中央苏区东大门失守。

在反"围剿"形势日趋恶化的情况下，中共中央开始作退出中央苏区的准备。

中央红军长征就这样开始了。

---

① 张同新：《中国国民党史纲》（上册），人民出版社，2012，第283页。

第一部分

革命理想高于天

　　"风雨浸衣骨更硬，野菜充饥志越坚；官兵一致同甘苦，革命理想高于天。"在风雨如磐的长征路上，崇高的理想，坚定的信念，激励和指引着红军一路向前，几经挫折而不断奋起，历经苦难而淬火成钢。

　　英雄的红军在长征途中，血战湘江，四渡赤水，巧渡金沙江，强渡大渡河，飞夺泸定桥，鏖战独树镇，勇克包座，转战乌蒙山，击退上百万穷凶极恶的追兵阻敌，征服空气稀薄的冰山雪岭，穿越渺无人烟的沼泽草地，付出了巨大的牺牲。艰难可以摧残人的肉体，死亡可以夺走人的生命，但没有任何力量能够动摇中国共产党人的理想信念。长征向全中国、向全世界庄严宣告，中国共产党及其领导的人民军队，是用马克思主义武装的、以共产主义为崇高理想和坚定信念的。长征路上的苦难、曲折、死亡，检验了中国共产党人的理想信念，向世人证明了中国共产党人的理想信念是坚不可摧的。

说说中央红军长征的出发地

从 1934 年 10 月开始，中央红军（后恢复红一方面军番号）、红二十五军、红四方面军、红二和红六军团（后编为红二方面军）先后长征。作为一次远征，自然有出发地和落脚点，先来说说中央红军长征的出发地。

中央苏区的第五次反"围剿"，由于博古、李德军事上的"左"倾冒险主义和作战指导上的错误方针，红军作战日益被动。到 1934 年 10 月初，国民党军开始对中央苏区紧缩包围圈，从东、北、南三个方向对中央红军发起最后攻击，红都瑞金危在旦夕。至此，中央苏区的第五次反"围剿"失败已成定局，中央红军被迫实行战略转移——长征。

中央红军的长征，除了中共中央、中华苏维埃共和国中央政府、中革军委等领导机关外，作战部队参加长征的，主要是红一军团、红三军团、红五军团、红八军团、红九军团。在此之前，红七军团已在 1934 年 7 月 6 日就作为抗日先遣队北上了，湘赣根据地的主力红军红六军团也在同年8月7日作为中央红军的探路部队西征了。

中央红军的反"围剿"作战，主要在江西和福建境内进行。第五次反"围剿"失败，要进行战略大转移，自然也是从江西和福建战场收缩兵力，然后赶往集结地点，出发长征。

那么，中央红军是从哪里出发长征的呢？

本来这个问题是不成其为问题的。学过党史的同志都知道，权威的党史著作中讲到中央红军的长征，一般都会提到4个地方，分别是福建的长汀、宁化和江西的瑞金、于都。并且还会说，各路部队于1934年10月16日在于都县完成集结后，陆续渡过于都河出发长征。

但是我们现在到江西、福建的原中央苏区各县去走一走就会发现，很多县都对外宣称这里是中央红军长征出发地。我在各县考察时，仅江西省至

中央红军长征第一渡渡口（江西于都，县城东门）

少就有瑞金、兴国、于都、石城、会昌、宁都等县宣称是中央红军长征出发地。2014年8月13日我在福建省长汀县南山镇中复村，看到观寿公祠旁边立了一块碑，标明"红九军团长征二万五千里零千米处"，这个村还被当地冠以"长征第一村"的美名。座谈讨论时，他们向我解释说：长征出发地不应该是"一元"的，而应该是"多元"的，因为中央苏区战场广阔，各路部队接到中革军委电令集结整理的地方，就应该是出发长征的地方。

这种现象当然是好事，说明各地都在高度重视对红色资源的开发和利用。当地充分利用本地的党史资源来开展理想信念教育和爱国主义教育，不失为一种很好的选择。

当然，作为中央红军长征的出发地，也不能无限地扩展。因为有的部队是在接到中革军委的电令后，先将战场防务移交给接防的部队，再赶往集结地点的。如果把这些地方也说成是长征出发地，就有点勉强了，因为那充其量只能被称为"防务交接地"。

谈到中央红军的长征，大家会脱口而出几个数字：中央红军长征行程二万五千里，走了368天，于1935年10月19日到达陕北吴起镇。但很多人不会注意的是，这熟悉的数据，恰恰可以帮助我们理解中央红军长征的出发地。因为从1935年10月19日往前推368天，是1934年10月17日，而这天正是中共中央和中革军委率领中央红军开始渡过于都河的日子。毛泽东自己也说过，长征路上走了367天，那是因为他是1934年10月18日渡过的于都河。

作者手记：
走好新时代的长征路

渴望长征的瞿秋白

瞿秋白在中国共产党的历史上是一个独特而令人敬仰的存在。他曾经两度主持中共中央的工作,1935年6月18日从容就义时,年仅36岁。

1899年1月29日出生于江苏常州府一个仕宦之家的瞿秋白,作为中共早期主要领导人之一,在中国共产党的历史上是一个独特而令人敬仰的存在。他的政治生涯波澜起伏、曲折悲壮。他曾经两度主持中共中央的工作,最后却被共产国际代表米夫等人按照共产国际执委会政治书记处政治委员会的意见粗暴地在中共六届四中全会上"赶出政治局"。①

鉴于瞿秋白在党内的声望,中共六届四中全会后不久的1931年5月7日,共产国际本来已经同意

---

① 要把瞿秋白赶出中共中央政治局的指示,是共产国际执委会政治书记处政治委员会在1930年12月18日给远东局的电报中作出的。参见张秋实:《解密档案中的瞿秋白》,东方出版社,2011,第436页。

送身患肺病的瞿秋白到苏联治病，10天之后又决定把瞿秋白作为中共中央驻共产国际代表派往莫斯科，但是由于米夫的阻挠，这一决定没能执行。[1]同年10月，王明前往莫斯科担任了这个职务。[2]

被"赶出政治局"的瞿秋白，从此重返文学战线，在上海领导左翼文化运动。直到1933年年末的一天，地下交通员来通知瞿秋白："中央来电要你去瑞金。"夫人杨之华得知自己不能随同前往后，正在上海中央局组织部担任秘书的她，一边忙部里的工作，一边默默地为瞿秋白准备行装，还特意为瞿秋白购买了10本他最喜欢用的黑漆布面本子。临走之前，瞿秋白把本子分出一半给杨之华，嘱咐她说：分别以后不能通信，就把要说的话写在本子里，相见时交换着看。[3]但是两人都没想到，这次分别，竟成永诀。

1934年1月11日深夜，瞿秋白离开上海前往中央苏区。走之前，瞿秋白花了一天时间，专程向鲁迅及左翼文化界战友逐一秘密告别。在地下武装交通的护送下，瞿秋白他们在路上走了20多天，于2月5日抵达瑞金。此时，中央苏区的第五次反"围剿"正在紧张地进行，而且局势在不断恶化。从1934年2月瞿秋白抵达瑞金算起，到当年10月中央红军出发长征，只有八个月时间。这期间，瞿秋白忠实地履行了苏维埃中央政府教育人民委员的职责，其中最大的贡献是抓紧时间制定了教育工作的各种法规条例24个，集成《苏维埃教育法规》一书，是包括小学、中学、大学、师范和社会教育在内的苏区教育法规大全。

1934年4月底，中央红军广昌保卫战失败后，中央苏区的形势日趋恶化。虽然从5月份开始，当时的"左"倾领导人就已经提出战略转移的问题，但一直举棋不定。直到9月初对打破敌人"围剿"已经完全绝望，才匆忙进行

[1] 张秋实：《解密档案中的瞿秋白》，东方出版社，2011，第450页。
[2] 戴茂林、曹仲彬：《王明传》，中共党史出版社，2008，第171—172页。
[3] 张秋实：《解密档案中的瞿秋白》，东方出版社，2011，第455页。

战略转移的相关准备工作。但是这些准备工作只是在博古、李德、周恩来组成的"三人团"和中央高层中秘密进行，没有在部队和地方领导当中进行必要的解释和动员工作，使广大指战员对这一战略举动毫无思想准备。根据当时担任中央组织局主任的李维汉后来回忆披露，对于干部去留这样涉及每个干部的大问题，连当时的中央组织局都不能决定。尤其是对高级干部谁走谁留，事实上由博古一个人决定。比如曾任中共中央北方局书记的贺昌在长征前夕到中央组织局要求随军走，李维汉专门去请示博古，博古就没有同意。①

当时身患肺病且高度近视的瞿秋白，满以为会和大家一起长征，没想到在中央政府各部负责人布置善后工作的会议上，却宣布把他留下来。这消息令瞿秋白十分惊愕，他多么想跟大部队一起走啊！但当天的会上，他对这个令人遗憾的决定一句话也没有多说。会后，吴黎平找到中华苏维埃共和国主席毛泽东，问为什么不能争取把瞿秋白带走，毛泽东说："我也提过了，但这是中央局的决定，我的话不顶事呀！"②

张闻天1943年在延安整风时的笔记说得更具体详细：关于长征前一切准备工作，均由李德、博古、周恩来三人所主持的最高"三人团"决定，我只是依照最高"三人团"的通知行事。我记得他们规定了中央政府可以携带的中级干部数目字，我就提出了名单交他们批准。至于高级干部，则一律由最高"三人团"决定。瞿秋白同志曾向我要求同走，我表示同情，曾向博古提出，博古反对。③

中央红军主力长征后，国民党军队对中央苏区进行疯狂"清剿"，中央分局领导的党政机关和部队处境非常艰难。1935年2月5日，正在四渡赤水过程中的中共中央，在"鸡鸣三省"发出"万万火急"电报，指示以项英为

---

① 李维汉：《回忆与研究》（上），中共党史出版社，2013，第265页。
② 黄允升、张鹏：《毛泽东人际关系》，中央民族大学出版社，2004，第47页。
③ 张闻天选集编辑组编《张闻天文集》第三卷，中共党史出版社，1994，第219页。

书记的中央分局立即改变组织形式和斗争方式，以适应游击战争的环境。

项英接到中央指示后，立即主持召开中共中央分局会议，研究落实精简机关、改变斗争方式等问题，同时决定让患肺病的瞿秋白等人先行转移，取道香港去上海治病。2月11日，瞿秋白、何叔衡、邓子恢和怀有身孕的项英妻子张亮等一行数人，在警卫的护送下，先到瑞金武阳区政府与苏区中央政府司法人民委员梁柏台的妻子周月林等人会合，大致沿着瞿秋白当初进中央苏区的秘密交通路线，准备经汕头先到香港。

2月24日，这一行人走到今福建长汀县濯田镇梅迳村时，遭到福建省地方反动武装保安十四团几百人的围攻。邓子恢组织大家突围，但寡不敌众，这支小分队被打散。年近六旬的何叔衡在战斗中为了不连累别人跳崖牺牲。瞿秋白和张亮、周月林不幸被俘，并在26日即被押解到上杭县监狱囚禁。

瞿秋白被俘后，面对敌人的严刑逼供，编造了一套自圆其说的供词。他一口咬定自己叫"林祺祥"，是中央红军打漳州的时候被俘送往瑞金，在红军总卫生部当医生、文书和文化教员。主力红军长征后，他们几个在1935年年初携款逃离瑞金，但是走到上杭露潭地区，被当地苏区武装发现扣留，准备押解回苏区游击队，不料走到这里被国民党军队发现，做了俘虏。

这套供词最初骗过了敌人，瞿秋白得到"如果所述属实，可以取保释放"的允诺，并获得同意向上海写信取保。于是瞿秋白以"林祺祥"之名给远在上海的鲁迅、周建人和夫人杨之华写信。鲁迅等人立即展开营救。杨之华这边则与地下党印刷厂负责人杜延庆商量，决定利用保存的一架印刷机办一个印刷所，作为铺保去保释瞿秋白。

就在各项营救工作紧张而有序地展开的时候，意外发生了！

4月10日，中共福建省委书记兼省军区司令员万永诚率领打游击的部队在福建武平县大禾乡梅子坝大山中陷入敌人的重兵包围，万永诚在战斗中英勇牺牲。万永诚的妻子被俘，她说出了瞿秋白、周月林、张亮等人在长汀濯田梅迳一带被俘的情况。国民党驻闽绥靖公署主任蒋鼎文得讯后顿感事关重大，立即电令驻长汀的国民党第三十六师师长宋希濂和驻龙岩的国民党第二绥靖区司令李默庵紧急查明上报。

驻上杭县城的保安十四团根据国民党第三十六师和第二绥靖区的电令，在4月25日左右将"林祺祥"押送驻长汀的国民党第三十六师师部，并将此时已经保释的张亮、周月林重新收押，解往国民党第二绥靖区司令部驻地龙岩。据5月11日《中央日报》发表的消息称，重新收押的张亮"在岩供出同获之林祺祥，确系瞿秋白"。

1935年5月瞿秋白被囚禁在福建长汀监狱的时候，当局曾经为他拍过一张照片，后来他送给了狱医陈炎冰。照片上有瞿秋白的题字："如果人有灵魂的话，何必要这个躯壳！但是，如果没有的话，这个躯壳又有什么用处？"

瞿秋白身份暴露以后，上海左翼文化界的营救工作并没有因此停止，国民党上层内也有一些人比如蔡元培等都曾竭力保全瞿秋白的生命。在蒋介石召集的一次会议上，蔡元培提出，瞿秋白是一位有才气的文学家，留下来对中国是有好处的。但是，蔡元培的建议被蒋介石断然否定。

不仅如此，在国民党各方政要三番五次出面劝降瞿秋白失败后，6月2日，蒋介石发密电给蒋鼎文："着将瞿匪秋白即在闽就地枪决，照相呈验。"由于陈立夫派人对瞿秋白劝降，延迟了行刑时间。劝降人无功而返之后，蒋鼎文、李默庵在6月15日、16日、17日，连续三天催促第三十六师迅速执行蒋介石对瞿秋白的处决令。

1935年6月18日上午，瞿秋白在福建长汀城西的罗汉岭从容就义，时年36岁。瞿秋白遇害后不久，7月5日的《大公报》刊登了《瞿秋白毕命纪》，为我们留下了瞿秋白慷慨就义的真实记录。

这篇文章前几段叙述了瞿秋白被捕之后的情况。当得知"瞿之末日已临"，记者"至其卧室"，看见瞿秋白正提笔在书写他集唐人诗句所得绝句。

作者在瞿秋白就义处的留影

福建长汀瞿秋白囚室

这时，驻汀州的国民党军第三十六师特务连连长徐冰进来，向瞿秋白出示了枪决命令。瞿秋白平静如常，提笔继续往下写——

　　方欲提笔录出，而毕命之令已下，甚可念也。秋白曾有句"眼底云烟过尽时，正我逍遥处"，此非词谶，乃狱中言志耳。秋白绝笔。

记者最后写道：

　　书毕乃至中山公园，全园为之寂静，鸟雀停息呻吟。信步行至亭前，已见菲菜四碟，美酒一瓷，彼独坐其上，自斟自饮，谈笑自若，神色无异。酒半乃言曰："人之公余稍憩，为小快乐；夜间安眠，为大快乐；辞世长逝，为真快乐。"继而高唱国际歌，以打破沉默之空气，酒毕徐步赴刑场，前后卫士护送，空间极为严肃。经过街衢之口，见一瞎眼乞丐，彼犹回首顾视，似有所感也。既至刑场，彼自请仰卧受刑，枪声一发，瞿遂长辞人世矣！

1950年12月31日，毛泽东应瞿秋白夫人杨之华请求为《瞿秋白文集》出版题词，高度赞扬瞿秋白不死的精神。其中写道："他在革命困难的年月里坚持了英雄的立场，宁愿向刽子手的屠刀走去，不愿屈服。他的这种为人民工作的精神，这种临难不屈的意志和他在文字中保存下来的思想，将永远活着，不会死去。"[1]

1955年6月18日，在瞿秋白遇害20周年之际，中共中央举行迁葬仪式，将瞿秋白遗骨由福建长汀迁到北京八宝山革命公墓。周恩来主祭，并亲自扶送瞿秋白骨灰盒放入墓穴。

作者手记：梦回汀州

———————————

[1]《毛泽东文集》第六卷，人民出版社，1999，第128页。

带着《共产党宣言》长征的人

在中国，《共产党宣言》是广大共产党人初心使命的思想理论基础。许多中国共产党人手不释卷的就是《共产党宣言》。正因为如此，才会在长征之前行李精简再精简的情况下，仍然有人舍不得丢下《共产党宣言》，带着它一起长征。

《共产党宣言》自1848年正式发表以来，就一直是广大共产主义者的行动指南。中国大批先进的知识分子和有志青年走上革命道路，也正是《共产党宣言》引导的结果。1949年7月，第一届中华全国文学艺术工作者代表大会在北平召开。会上，周恩来就曾当着代表们的面，深情地对《共产党宣言》在中国的首译者陈望道说："陈望道先生，我们都是你教育出来的。"①

终生酷爱读书的毛泽东，自接触《共产党宣言》后就爱不释手。《共产党宣言》成为他一生中

---

① 周晔：《周恩来与陈望道》，《学习时报》2022年6月10日，第4版。

读得最多、读得最熟的一本书。1939年年底，他同曾志谈话时就说过："《共产党宣言》，我看了不下一百遍，遇到问题，我就翻阅马克思的《共产党宣言》。"[1]

在中国，许多中国共产党人手不释卷的就是《共产党宣言》。正因为如此，才会在长征之前行李精简再精简的情况下，仍然有人舍不得丢下《共产党宣言》，带着它一起长征。这位带着《共产党宣言》长征的人，就是中央红军长征前夕刚刚大病初愈的成仿吾。

成仿吾在陕北

成仿吾是湖南省新化县人，早年留学日本，是著名革命文学团体"创造社"的创始人之一，1928年在巴黎留学时加入中国共产党。1931年回国后，成仿吾到鄂豫皖根据地工作，任中共鄂豫皖省委宣传部部长。1934年年初到达中央苏区，先后在中央宣传部和中央党校工作。

中央红军长征前夕，成仿吾刚刚身患疟疾大病初愈。当时的中央组织局主任李维汉征求他的意见：走还是留？他毫不犹豫地坚决要求随部队走。这样，中央组织局把他编入了干部休养连，和谢觉哉、董必武、徐特立等老同志编在同一个党支部。

休养连都是年龄偏大或体弱多病的同志。准备出发前，每个人都要精简行李，能不带的东西坚决不带。但成仿吾在收拾行装时，除了不能再减的日用品和衣物外，坚持带着瑞金当时唯一的一本德文版《共产党宣言》长征。随后的漫漫长征路，成仿吾和其他人一样，东西丢弃了不少，那本德文版的

---

[1] 《缅怀毛泽东》编辑组编《缅怀毛泽东》（上），中央文献出版社，1993，第400页。

《共产党宣言》却始终带在身边，长征路上一有空就拿出来阅读。

然而，成仿吾宝贝似的带着的那本德文版《共产党宣言》，并没能带到陕北。原来，长征中张闻天作为中央领导携带有许多文件资料，组织上分配给他两头牲口。有一天，张闻天看见成仿吾背着行囊行军很吃力，就好心地将其中的一匹小马给了成仿吾。不幸的是，有一次行军休息时，成仿吾把马放在路边吃草后，与大家交谈甚欢。待要出发时，成仿吾才发现小马不见了。他寻遍附近的山头沟壑也没找到那匹马，放在马背上挂包里的那本《共产党宣言》也随之丢失了。

这本德文版《共产党宣言》的丢失，让成仿吾懊恼不已，并始终念念不忘。长征胜利到达陕北后，他终于又欣喜地找到了一本德文版的《共产党宣言》。后来他和徐冰合作，将《共产党宣言》翻译成中文在延安正式出版，使之成为延安时期中共中央专门指定的干部必读书之一。

成仿吾从此与《共产党宣言》的翻译和学习宣传工作结下了不解之缘。1976年5月，时任中央党校顾问的成仿吾专门把自己新译的《共产党宣言》送给了朱德，这让朱德十分高兴。尽管已经90岁高龄，朱德对照旧译本仔细研读了一遍后，不顾工作人员劝阻，5月21日亲自去中央党校看望成仿吾，对他的工作表示感谢和鼓励。

一家九口的长征

一说到长征，我们首先想到的是野战部队的"红色铁流"，一般不会想到有扶老携幼举家长征的情形。这是因为，且不说长征路上随时会有战斗牺牲，光是想一想走出故土之后何处是归途这个问题就会让人望而却步。然而红军长征的真实情况，恰恰就是有拖儿带女踏上漫漫征途的。

相比较而言，在四路红军长征队伍中举家长征情形最少的是红二十五军。因为红二十五军长征的时候，这些童子军的父辈或者已经牺牲，或者已经开创川陕革命根据地去了。最多的是红四方面军，本篇说的九口之家的长征故事就是出自红四方面军。这个九口之家的户主叫李惠荣，今四川省达州市通川区碑庙镇千口村人。这个九口之家长征之后幸存下来了兄妹四人。

遵义会议结束后五天，即 1935 年 1 月 22 日，中共中央政治局、中革军委致电红四方面军领导人，指示红四方面军迅速集结部队向嘉陵江以西进攻，以策应中央红军渡江北进。这个时候的红四方面军正在按照1934年11月清江渡军事会议提出的"川陕甘计划"，集中18个团的兵力发起广（元）昭（化）战役，准备发展新的苏区。红四方面军领导人都明白，执行这个电令就意味着红四方面军的主力将离开川陕根据地。但是为了中国革命的大局，红四方面军坚决执行中央指示，总部迅即在今四川旺苍县东河镇召开紧急会议，讨论决定立即收缩兵力完成进攻准备。1935年3月28日，强渡嘉陵江战役打响——红四方面军的长征也由此开始。

李惠荣夫妻和五子二女共九人，这个被迟浩田上将誉为"满门革命赤子，辉煌永留青史"的革命家庭，就这样在"打过嘉陵江，迎接党中央！"的口号声中，随红四方面军主力离开川陕苏区，踏上了漫漫长征路。但是谁也没有想到，红四方面军的长征后来如此艰难曲折，这一家人会因此经历如此多的磨难。

父亲李惠荣是在离开根据地之初，为掩护红军通信员而牺牲的。他在山上砍柴准备回炊事班煮饭的时候，正遇到敌人追杀一名红军通信员。危急之中，李惠荣把刚好跑到自己身边的通信员的帽子抓过来戴在自己头上，把敌人往山崖上引，在与敌人周旋搏斗的过程中英勇牺牲。

母亲王氏参加长征时已经53岁。因为小时候缠过脚，她是迈着一双"三寸金莲"随大部队长途跋涉的。1935年6月红一、红四方面军在四川懋功会师以后，由于张国焘个人野心膨胀，与中央闹分裂，导致红四方面军多数部队南下北上，几次爬雪山过草地。在这反复折腾的一年多时间内，为了不拖累在战斗队伍中的红军儿女，王氏带着几个年龄小一点的孩子，艰难地跟随部队行进，渡过了嘉陵江、涪江、渠江和岷江，翻越了夹金山。但是，在红四方面军再次北上的过程中，1936年7月7日，走到四川省炉霍县冬古喇嘛寺附近时，王氏终于挺不住倒下了。

李惠荣的子女中，最早投身革命的是三子李中权。早在达县第五高小读书时，李中权就在以老师身份从事地下工作的中共党员张爱萍引导下参加了革命，长征的时候李中权已经担任了大金川独立第二师政委。长征路上，他曾经三次与母亲和在母亲身边的几个弟妹见过面。他后来回忆，其中最令他刻骨铭心的是1936年6月最后一次见面。

就在1936年6月6日，张国焘在四川炉霍召开的党的活动分子会上，被迫取消了第二"中央"，红四方面军因此准备北上。李中权带独立师的一个排到东边红一团驻地检查北上准备工作的路上，在今四川甘孜州丹巴县的边耳村遇到了母亲带着弟弟中柏、中衡和妹妹中秋。这里现在属党岭自然保护区，是许多旅游爱好者的打卡地。但是，红四方面军当年翻越党岭山这座大雪山时，数不清的红军战士永远留在了这座海拔近5500米的大雪山上。一位红军战士牺牲后仍高举手臂紧握党证和银元的感人故事就发生在这里。

李中权回忆道：

第二天清晨，队伍就要出发了。在阵阵军号声中，母亲将我紧紧地搂在怀里，目光中燃烧着炽热的母爱，用朴实的话对我说："孩子，你放心地走吧！不要惦记我们，你要爱惜自己，好好活着。"就这样，我匆匆离别了母亲，踏上了继续行军的征途。

大约过了两个多月后的一天，我率部在由丹巴到了巴旺的行军路上，再次遇到亲爱的母亲，这时母亲的面容极度憔悴，神情忧郁，只是呆呆地望着我，似乎累得已经不能开口了。中柏弟弟向我述说了母亲带领他们兄妹三人，先后两次翻越夹金山和跋涉丹巴河的经过。弟弟的话一字一句都像重锤砸在我的心坎上，母亲这时已经重病缠身，还要带着三个年幼的孩子，跟随大部队长途跋涉，翻山越岭，这是多么的不容易啊！看着坐在眼前的母亲，我真不忍心再让她这样走下去了！可眼下部队都已分批北上，我无法把母亲妥善安置下来，也无法为母亲提供更多的帮助。但我知道，再往前走就是人迹罕至的茫茫草地，身患重病的母亲还能走过去吗？想到这些，我的心简直要碎了。我望着母亲，心里暗想：这可能是我与母亲的最后相见了，一定要好好地看看我的母亲……这时，通信员提醒我说："政委，我们的队伍已经走远了。"我看着已经远去的队伍，想到就要与母亲分手了，心如刀绞。这时我对母亲说："娘，你还是在这里养养身子再走吧。"母亲听后无力地摇摇头，什么也没有说。这时，通信员看着我，说："政委，要不就把我留下来照顾伯母吧！"……

没想到母亲却坚定地说："不成，队伍上的红军一个也不能少！我两年都坚持走过来了，还愁走不到陕北？"……我还在犹豫着。这时，战马长长地嘶叫了两声，通信员再次提醒我说："政委，队伍都走远了。"母亲也用颤抖的声音催促我说："孩子，你们快走吧，别误了队伍上的大事呀。"……我预感到这会是我与母亲的永别，心里非常的难过，便拍着中柏弟弟的肩头，流着眼泪对他说："你要多照顾好娘和小妹，我走了！"说完这句话后，我和警卫员[①]又踏上了北上的征途。[②]

凭着惊人的毅力和李中权留下的战马、一块大洋、一小袋干粮，李中权的母亲和弟妹翻过了雪山。但1936年7月7日走到四川炉霍县冬古喇嘛寺附近时，王氏再也走不动了。王氏在弥留之际告诉孩子们：一定要继续跟着红军走！李中柏兄妹仨在草原边掩埋了母亲后，顽强地紧随部队一直走到了陕北。1937年春节期间，幸存下来的兄妹四人终于在宝塔山下团聚。

---

① 原文如此。——著者注
② 李中权：《长征途中的悲情与亲情》，《军事历史》2007年第1期。

李中权四兄妹长征到达陕北的合影（左起：小妹中秋、四弟中柏、五弟中衡、中权）

　　李惠荣一家的长征，可以说是红四方面军长征付出巨大牺牲的一个缩影。一家九口人长征，先后牺牲了五人。大儿子李中泮，在家乡时被选为乡苏维埃政府主席，后来到部队工作，担任了红三十三军赤卫团的政委，但在张国焘领导的"肃反"运动中被无辜杀害。二儿子李中池在今四川阿坝藏族羌族自治州理县的一次战斗中英勇牺牲。女儿李中珍在过草地时不幸遇难，伴随着她牺牲的，还有她的丈夫石映昌。

打不烂的红二十五军

1931年11月诞生于鄂豫皖革命根据地的红二十五军，属红四方面军建制，是被毛泽东称赞为"中央红军之向导""为革命立了大功"的英雄部队，也是一支愈挫愈勇、越打越大的队伍，长征到陕北后成为红十五军团的组成部分。

元朝关汉卿《一枝花·不伏老》的结尾有一句话是："我是个蒸不烂、煮不熟、捶不扁、炒不爆、响珰珰一粒铜豌豆。"这话用来形容红二十五军，再恰当不过！

1932年10月，第四次反"围剿"失败后，红二十五军主力随红四方面军主力撤离鄂豫皖苏区向西作战略转移，留在鄂豫皖苏区坚持斗争的部队，加上其他的部队，1932年11月30日在今湖北省红安县七里坪镇檀树岗村宣布组成新的红二十五军。这个时候的红二十五军大约7000人，军长吴焕先，政治委员王平章。

王平章不久后调任红二十八军政委，1933年3

月在商城县门坎山的作战中英勇牺牲。失利后的红二十八军在4月初编为红二十五军的第七十三师。整编后的红二十五军达到1.2万余人，军长吴焕先，政治委员戴季英。

红二十五军在1933年上半年连续打了几场大胜仗，这使得中共鄂豫皖省委对形势作了过高的估计，错误地号召根据地军民趁热打铁，夺回中心城市。结果，历时43天的七里坪阵地攻坚战失利，红二十五军蒙受重大损失。

1933年7月，国民党军共80多个团采取分进合击的战术，对鄂豫皖苏区发动第五次"围剿"。中共鄂豫皖省委急令在麻城北部地区活动的红二十五军返回以保卫中心区域。在省委"与土地共存亡"的要求下，红二十五军将士顽强抗敌。8月18日开始的鄂东北中心保卫战，红二十五军经五天血战，战斗失利，减员达1500多人。到了形势最严峻的10月份，红二十五军被分割在鄂东北、皖西北两个地区，主力部队打到仅剩1000多人。

1933年10月16日，中共鄂豫皖省委在红安县七里坪镇紫云寨村召开第三次扩大会议，全面检查斗争方针。由于敌人突然进攻，会议仓促结束。会后，省委宣传部部长成仿吾去中央汇报鄂豫皖革命根据地的斗争情况，请中央派军事和政治干部到鄂豫皖苏区来工作。成仿吾后来就留在中央苏区，参加了中央红军的二万五千里长征。

而省委书记沈泽民，则根据省委扩大会议精神，代表省委于11月10日完成了《中共鄂豫皖省委给中共中央的报告》，对过去的斗争作了深刻检讨。呕心沥血的沈泽民写完这个报告没几天，就于11月20日因病在今红安县七里坪镇天台山刘家湾逝世，年仅34岁。

沈泽民的老家就是现在非常有名的浙江省嘉兴市桐乡市乌镇。他是著名作家茅盾的亲弟弟。他的夫人张琴秋曾任红四方面军政治部主任，是红四方面军级别最高的女干部。

作者手记：
呕心沥血的沈泽民

　　1934年2月12日，中共中央发出给鄂豫皖省委的指示信，指出鄂豫皖省委当前的任务是，保全活力，保全队伍，创造新的苏区。按照中央的最新指示，红二十五军实行战略退却。休整再战的红二十五军采取灵活机动的战术，部队重新壮大起来，很快发展到3000多人。这个时候，军长是徐海东，政治委员是吴焕先。

　　1934年11月4日，中共鄂豫皖省委收到中共鄂东北道委书记郑位三的来信，说中央派程子华送来重要指示，要鄂豫皖省委火速率领红二十五军到鄂东。11月6日开始，红二十五军连续行军200多里，经过数次激烈战斗，接连突破敌人四道封锁线，8日拂晓，到达河南光山县东南部的斛山寨休整。在这里，取得了毙伤俘敌约4000人的斛山寨大捷。

　　11月11日，中共鄂豫皖省委在今光山县文殊乡花山村的花山寨举行第十四次常委会议，根据中央指示精神，讨论决定红二十五军实行战略转移。11月16日，红二十五军以"中国工农红军北上抗日第二先遣队"名义，由河南罗山县铁铺镇何家冲出发西进，踏上了长征之路。而这个时候的中央红

红二十五军政委吴焕先（左）和军长徐海东

红二十五军长征出发地河南罗山县何家冲

军，正在突破长征路上的第三道封锁线。

红二十五军是平均年龄最小的长征队伍。1936年，《共产国际》第7卷第3期有篇文章叫《中国红军第二十五军底远征》。文章介绍说："最堪注意的，就是这支队伍差不多没有年逾十八岁以上的战斗员。"徐海东、程子华、吴焕先三位军领导平均年龄刚好30岁，在这支队伍中已经算是"老同志"了。而就是这样一支"娃娃队伍"，却斩关夺隘，一路西进北上，成为第一支到达陕北的长征队伍。而且，长征路上的红二十五军不像其他部队那样严重减员，居然越打越壮大，出发时只有2980多人，1935年9月15日到达陕北时，有3400多人。

红军长征中的『七仙女』

红军长征时，各路大军中都有红军女战士一起长征。女战士最多的是红四方面军，出发时有2000多人。最少的是红二十五军，只有七位。这七位女红军在长征路上既做宣传工作鼓舞士气，又精心照料伤病员减轻他们的痛苦，被战士们亲切地称为"七仙女"。

1934年11月16日，红二十五军在中共鄂豫皖省委的率领下，以"中国工农红军北上抗日第二先遣队"的名义，从河南省罗山县铁铺镇何家冲出发西进，从此踏上了长征之路。在这支2980多人的红军队伍里，有周东屏、戴觉敏、田喜兰、余国清、曾纪兰、张桂香、曹宗楷七名女战士，她们当时的身份都是护士。

红二十五军出发长征后，为了甩开敌人的围追堵截，每天都是急行军。当时军政治部负责同志考虑到一路上军情紧急，担心七名女同志在急行军中掉队出危险，决定发给她们每人8块银元作为生活费，动员她们留在根据地，自己寻找生存出路。但七名女红军坚决要求跟部队走，经过她们软缠硬磨，最后副军长徐海东和参谋长戴季英商定，同意她们跟随红二十五军长征。

1934年11月16日红二十五军出发长征时有2980余人，1935年9月15日到达陕甘革命根据地延川县永坪镇时，红二十五军有3400多人，成为红军长征各路队伍中唯一兵员不减反增的队伍。这除了红二十五军在长征中战略战术正确、广大红军指战员英勇善战外，还有一个不容忽视的因素，那就是"七仙女"在长征途中的宣传鼓动提振了士气，对伤病员的精心照料减少了伤亡。

经过10个月的长征，"七仙女"中周东屏等五位走到了陕北，曾纪兰于1935年7月牺牲在今陕西省宁陕县四亩地镇柴家关村，曹宗楷在渡过渭河后不久因伤病牺牲在担架上，就近掩埋在华家岭附近的一座断崖下面。

周东屏原名周少兰，1917年出生于今安徽省六安市裕安区狮子岗乡，1931年参加红军，同年加入中国共产党。随红二十五军长征到达陕北后，与徐海东结为伉俪。在徐海东要求下，周少兰改名为周东屏，意为"徐海东的屏障"。周东屏也确实像徐海东在长征路上的生命守护神。在残酷的战争环境中，徐海东曾经九次负伤。长征中最凶险的一次，一颗子弹从徐海东左眼下方钻进去，由颈后穿出，生命垂危。虽经抢救止住了流血，可是徐海东的喉咙里被淤血和痰堵着，呼吸困难。周东屏毅然俯身用人工呼吸，一口一口地将徐海东喉咙里的淤血清除出去，接着又四天四夜没合眼，衣不解带守护着徐海东，硬是从死神手中把徐海东的生命抢了回来。

徐海东是红二十五军长征队伍中走出来的79位将军中军衔最高的将领，1955年被授予大将军衔。他1900年出生于湖北大悟县新城镇江冲村。我们现在从大悟县城到徐海东故居参观，要途经徐海东大将亲属烈士陵园。陵园里的纪念碑上刻着徐向前元帅手书的"光荣流血"四个大字，是徐海东家族为中国革命付出巨大牺牲的历史写照。

大革命失败后，国民党当局不仅四处通缉徐海东，而且对徐海东家族施行惨无人道的赶尽杀绝。1936年6月，美国记者埃德加·斯诺在宋庆龄的帮助下来到陕甘宁地区，采访了许多中共领导人和红军将领，包括徐海东。当他听到徐海东说"被杀的有我二十七个近亲，三十九个远亲""老老少少，男男女女，甚至婴孩都给杀了"时，他在《西行漫记》中写道："我几乎不相信自己的耳朵。"①

戴觉敏1916年9月出生于湖北红安县檀树乡上戴家村，是黄麻起义领导人戴克敏烈士的胞妹。1932年春，她在校读书时，红四方面军总医院来招收护士，她来不及征询父亲的意见，就跟堂妹一起，报名参加了护士班，成为红军中的一名白衣战士。在戴家两代人中，共有14人参加了革命，其中11人为革命事业英勇献身，2人病逝在革命工作岗位上，唯一幸存的就是长征到达陕北的戴觉敏。她后来成为开国中将饶正锡的夫人。

田喜兰后来与钱信忠结婚。红二十五军长征时，钱信忠是医院院长。新中国成立后钱信忠担任过卫生部部长兼党组书记，1955年被授予少将军衔。

余国清后来与李资平结婚。李资平是随中央红军长征的，一直从事医务工作。新中国成立后李资平任海军卫生部第一部长，抗美援朝战争爆发后调任东北军区担任卫生部副部长、部长，1955年任沈阳军区后勤部副部长兼卫生部部长。后李资平转业到地方工作，担任过四川医学院党委书记和北京医学院党委书记。

张桂香后来与红二十五军参谋长戴季英结婚。新中国成立后，戴季英被任命为河南省委常委和开封市委书记。

---

① 埃德加·斯诺：《西行漫记》，董乐山译，生活·读书·新知三联书店，1979，第274页。

十一岁女红军的长征

11岁，对今天的孩子们来说，还是躺在大人怀里撒娇的年龄。可是，红军长征时期，却有一位不满11岁的女红军，全程走完了长征路。

1935年3月底，一位年幼的女红军，一边在红军队伍里急切地找寻自己的哥哥和姐姐，一边随着大部队渡过嘉陵江，踏上了万里长征的漫漫征途。

这位小红军叫王新兰，那一年还没满11岁。今天的人们可能会感到很奇怪，这么小的孩子怎么就成了红军战士呢？而实际情况是，王新兰在9岁的时候就正式加入了红军。批准她参加红军的，是时任红四方面军第四军政治部主任徐立清。王新兰参加红军时由于个头小，那套小军装还是专门为她定制的。参军后她分在红四方面军第四军宣传委员会，和姐姐王心国吃住在一起，姐妹俩都在宣传队做宣传员。

王新兰原来叫王心兰，她后来说自己也不记得什么时候改成了现在这个名字。她的丈夫就是创作了著名的《长征组歌》的萧华上将。夫妻俩都是在年幼的时候就参加了革命。萧华12岁入团，14岁就入了党。王新兰还分别小了一岁，11岁入团，13岁入党。但1916年出生的萧华比王新兰大了8岁，所以萧华参加革命的时间比王新兰早一些。

王新兰

王新兰祖籍是四川省达州市宣汉县清溪镇，她出生于王家坝的一个大户人家。她的叔叔叫王维舟，当年可是个叱咤风云的人物。1920年4月就加入了朝鲜共产党上海支部，1927年转为中共党员。大革命失败后，他在极端困苦的环境中，创建了川东北第一个游击根据地，而这个根据地日后成了入川后的红四方面军站稳脚跟并发展壮大的基地。朱德对此有过高度评价。1943年春节，毛泽东为王维舟题词："忠心耿耿，为党为国。"正是在叔叔的引领下，王新兰在幼年就参加了革命工作。她第一次冒险为红军游击队送信时，年仅6岁。而正是因为这封信，红军游击队打了个大胜仗。

王新兰在红四方面军第四军做宣传员时，军长是著名战将许世友。许世友第一次看过王新兰的演出后，就喜欢上了这个聪明伶俐的女娃子。西渡嘉陵江的那天晚上，王新兰探头探脑在滚滚铁流中找自己的亲人时，许世友正好走过她的身边。得知她想找自己的哥哥和姐姐，许世友对她说，这十万大军过江，你到哪找去啊？赶紧回你的宣传队去。等过了江，我帮你找。

王新兰想要找的哥哥王心敏、王心正和姐夫任峻卿都在红三十三军工作，姐姐王心国后来从红四军调到川陕省委工作。但令人痛心的是，连军长许世友都不知道，他在答应王新兰帮她找亲人的时候，王新兰的这几位亲人都已死于张国焘的错误"肃反"。

　　王新兰所在的宣传队是在嘉陵江战役的第三天，即1935年3月30日晚上渡过嘉陵江的。渡过江，就意味着从此跟川陕革命根据地挥手告别了。渡过江，就开始了王新兰后来回忆长征时所说的"没完没了地走路，整天整天地走，整夜整夜地走"。这种长途跋涉，对还不满11岁的王新兰来说是个严峻的考验。为了不掉队，她用绳子把自己的胳膊和走在前面的大人系在一起。她后来说，掉队可能就是死亡，自己当时对这一点有十分清醒的认识。

　　王新兰的信念和意志是坚定而顽强的。但长征是对人的生理极限的考验，加之宣传队队员还要跑前跑后为战士们加油鼓劲，实际上比一般人要走更多的路。身材瘦小的王新兰终于扛不住病倒了。长征路上对带不走的伤病员，一般都是凑一些银元将他们寄养在当地老乡家。生病的王新兰自然也不例外。但王新兰这次很幸运。当时担任红四军政治部主任的洪学智，听说要把王新兰留在老乡家养病，特意赶到宣传队，说一台好的演出对部队是一股巨大的精神力量，这个孩子的表演技术不错，应该留在部队发挥作用。于是他给宣传队下了一道特别命令：再大的困难也要把她给我带上，谁把她弄丢了，我就找他算账！

　　就这样，王新兰躺在担架上由战友们抬着走了一个月。在战友们的精心呵护下，到四川理番也就是今天的理县的时候，她终于能够下地走路了。与死神擦肩而过的王新兰又恢复到她活泼可爱的宣传员样态，吹笛、唱歌、打快板，为长征路上的战友们带来了欢乐。爬雪山的时候，宣传队要提前到险要处搭好宣传棚。11岁的王新兰和宣传队的大姐姐们一起，一遍又一遍地向源源不断路过的红军官兵说唱爬雪山注意事项的顺口溜。

　　我们现在都知道，草地是红军长征中非战斗减员最多的地方。而年仅11岁的王新兰先后三次过草地，居然能够活下来，真是一个奇迹。

　　但第一次过草地的经历就给王新兰留下了恐怖的记忆。红一、红四方面军懋功会师以后，在川西北待的时间比较长。这一带当时人烟稀少，粮食本来就匮乏，加之部队滞留已经消耗了很多粮食，所以部队在进草地前筹集到的粮食极其有限。王新兰后来说，过草地的七天，真是恐怖的死亡行军。尤其是从第四天开始，整个人成天饿得发慌，挪动一步就浑身摇晃，眼冒金花。早晨起来，总能看到不少人坐在原地一动不动，上去一拉，发现他们早已浑身冰凉。

王新兰所在的红四方面军第四军，过草地的时候是编在右路军。右路军艰难走出草地后，徐向前指挥我疲惫之师，取得歼敌胡宗南部4800余人的包座战役大捷。然而就在大家欢呼雀跃的时候，张国焘电令陈昌浩率部"南下，彻底开展党内斗争"。编在右路军的红四方面军部队，不得不又在草地艰难跋涉了一回。

南下的红四方面军将士们在"赤化四川""打到成都吃大米"等诱人口号的鼓励下，初期战事进展顺利。但百丈关决战失利后，红四方面军陷入困境，被迫在夹金山以南的天全、宝兴、芦山一带休整，在这里度过了一个漫长而难熬的冬天。正是在休整期间，王新兰加入了共产主义青年团，成为宣传队当中年龄最小的团员。

南下碰壁的张国焘不得不同意北上。这样，王新兰和她的许多战友第三次踏进了草地。这次过草地时粮食更短缺，而经过前两次草地行军，草地上能吃的野菜草根都早已被挖光了，因而饿死的战士越来越多。不少人走着走着，一头栽倒在水草地，就再也没能起来。王新兰凭着自己坚定的信念和顽强的意志，加上宣传队大哥哥大姐姐的关心帮助，终于艰难地走出了茫茫水草地。她后来说，当她在草地边缘远远看见藏民用牛粪饼垒的那几间黑乎乎的房子时，好像见到了天堂。

1936年10月，三军大会师，长征胜利结束。那一年王新兰12岁。她是所有长征队伍中年龄最小且全程走完了长征路的女战士。

很多人都知道，红二十五军长征中有七位女红军，被战士们称为"七仙女"。但很少有人知道，参加中央红军长征的女红军中，有八位女同志被红四团的战士们亲切地称为"八大姐"。

很多人都知道，参加红二十五军长征的女红军只有七位，分别是：周东屏、戴觉敏、曾纪兰、曹宗楷、田喜兰、余国清、张桂香。她们当时的身份都是护士，被战士们称为"七仙女"。"七仙女"中，曾纪兰、曹宗楷牺牲在长征路上，另外五人坚持走到了陕北。

但很少有人知道的是，参加中央红军长征的30名女红军中，有八位女同志被战士们亲切地称为"八大姐"[1]。她们分别是邓颖超、贺子珍、康克清、蔡畅、刘英、刘群先、廖似光、杨厚珍。

四渡赤水之后，中央红军进到云南。这时中央派了刘少奇、陈云随前卫团红一军团第二师第四团

---

[1] 杨成武：《杨成武回忆录》（上），解放军出版社，2005，第129页。

行动，上述八名红军女战士也跟随红四团行军，由红四团负责她们的安全。当时红四团的政委是杨成武，他后来回忆说，由于这些大姐都是参加革命很久的老同志了，她们在行军中处处以身作则，做好榜样。“八大姐”中有的体弱多病，为了照顾她们，红四团抽出八匹骡子给她们骑，但是好几个大姐自己不骑，用骡子来驮伤病员，载弹药。她们的模范行动，不仅受到了战士们的好评，而且使得战士们打心眼里对她们格外的敬重。

邓颖超
贺子珍
康克清
蔡畅
刘　英
刘群先
廖似光
杨厚珍

长征路上的“八大姐”

　　除了刘英，"八大姐"中其他七位长征时都结了婚。贺子珍是毛泽东的夫人，邓颖超是周恩来的夫人，康克清是朱德的夫人，刘群先是博古的夫人，蔡畅是李富春的夫人，廖似光是凯丰的夫人，杨厚珍是红九军团军团长罗炳辉的夫人。她们和丈夫一起在长征队伍里，但是她们的丈夫都忙着指挥红军作战，按照规定夫妻都不能住在一起。

　　"八大姐"中长征时年龄最长的是蔡畅，她1900年5月出生于湖南省双峰县荷叶镇。出身名门的她，1923年就加入了中国共产党，是中国妇女解放运动的先驱。长征时她已经34岁，身材纤弱，但在漫长的二万五千里长征路上，她经常唱歌、讲故事，进行宣传鼓动，提高战士们的士气。康克清曾经把蔡畅讲的故事和笑话称为长征中的"精神食粮"。

蔡畅（左）与回民妇女工作者

　　1982年8月6日，出席中国共产党第十一届中央委员会第七次全体会议的同志，以全会的名义，向蔡畅发出致敬信。信中说："您从一九一九年就投身革命，是我国妇女运动的杰出领导者和国际进步妇女运动的著名活动家。您在我国革命的各个历史时期，总是站在斗争的前列，特别致力于党领导下的妇女解放事业，坚持妇女运动的正确方向……您身上表现出的无产阶级革命家的优秀品质，长期以来受到人们的尊敬。无论是在国民党反动派的白色恐怖下，在二万五千里长征的艰难险阻中，在革命根据地的艰苦环境里，您都坚贞不渝。"[1]

　　"八大姐"都完成了长征，但有一位没有看到新中国的成立，她就是博古的夫人刘群先。刘群先原名刘琴仙，是一位1926年8月就成为中共正式党员的"老革命"。大革命失败后，中央鉴于白色恐怖严重，决定选派暴露了身份的工人领袖前往苏联学习，刘琴仙被江苏省委选中，于1927年10月前往莫斯科学习。在这里，她听从自己的入党介绍人、无锡地委委员秦起的建议，将名字改为刘群先，意为"做群众的先锋"。长征到达陕北后，多年的艰苦斗争和繁忙的工作使刘群先积劳成疾。1939年，党组织安排她赴苏联治病，但她不幸于1942年在苏联卫国战争中遇难（失踪）。

　　"八大姐"中年龄最小的是康克清，1911年9月出生于江西省万安县罗塘湾的一个贫苦渔民家庭，长征时刚满23岁。长征对每个人来说，都是对生命的极限考验，而女红军的长征尤其艰难。但长征结束后，康克清却对海伦·斯诺说过，她觉得长征并不十分艰难，"就像每天出去散散步一样"。

　　关于这一点，我们在《康克清回忆录》中也能读到她自己的轻松描述："每次行军总有人掉队。为做这些人的工作，每天走完一半路程后，我就留在最后，收容掉队的人。帮他们背枪，背背包。起先，他们不肯让我背，但

① 中共中央文献研究室编《三中全会以来重要文献选编》（下），人民出版社，1982，第1309—1310页。

经不住长途行军的劳累，当我再一次从他们一瘸一拐咬牙走路的身上拿下枪和背包时，已无人再同我争了。我的身体壮实，从小受过磨炼，这样做也不觉困难。同志们看着我这个女同志还能吃苦耐劳，都受到鼓舞，打起了精神。"①

而康克清其实是比红一方面军其他长征女红军经历了更多磨难的。她不但比红一方面军其他女红军多走了一年的长征路，而且在"八大姐"中，唯有康克清经历了红军长征的全过程，三次翻越雪山，历时整整两年。所以，对于她的"散步说"，我们只能从她的豁达、乐观、敢于蔑视一切困难的人格魅力角度去理解。因为康克清的长征，和其他红军战士一样，也常常与死神擦肩而过。

1935年1月28日的贵州省习水县土城镇青杠坡之战，因情报不准，敌人越打越多，十分惨烈凶险。最后是朱德总司令亲自出马，率领军委干部团来回冲击厮杀才稳住阵脚。担任红军总部直属队政治指导员的康克清也在一线战斗，最后子弹打光了，撤离时连自己的背包都被敌人夺了去，险些被俘。

过雪山时，康克清差点就永远留在了夹金山。据她自己回忆，翻越夹金山前，随着海拔的升高，她走到硗碛村就开始感到气短。医生告诉她这是高山反应，爬山时要特别当心。开始爬山时，她只觉得浑身无力，头晕，而按照规定，为防冻坏腿脚，爬山时所有的人都一律不准骑马。所以越往上走她越感到气短，憋不过气，来到了有雪的地方，两条腿再也抬不起来了，浑身软绵绵的，只想坐下来歇一歇再走。杨尚昆的夫人李伯钊死命地拽着她往前挪，告诉她千万不能坐下，一坐下就起不来了。两人搀扶着拼尽全力向上攀爬，快到山顶时，康克清渐渐地又感到难以支持，累得连眼皮都睁不开，就要瘫倒了。

---

① 康克清:《康克清回忆录》，中国妇女出版社，2011，第76页。

康克清

　　所幸这时有一匹驮东西的骡子走到了她的身边，饲养员让她赶紧拽住骡子的尾巴千万不能撒手。她听了心头一亮，猛一使劲，一把抓住了骡子的尾巴，又在手臂上绕了一圈，身不由己地由骡子拉着走。不知过了多久，忽然眼前出现了湛蓝的天空，李伯钊沙哑着喊了一声："啊！我们终于到山顶了！"康克清顿时感到一阵轻松，艰难地前行几步，到了山峰的那一边，和其他红军战士一样，顺着前面的人滑出的雪道呼呼地滑下山去。对于过夹金山的经历，康克清后来在回忆录中写道："现在回想起来，那真是惊心动魄的一幕。"①

　　"身体壮实"的康克清尚且如此，对于用一双"解放脚"走完长征路的杨厚珍来说，其困难就更加可想而知。"八大姐"当中的杨厚珍是唯一一位从小缠过脚的。1927年春，她与罗炳辉在赣州结为夫妻。1929年11月随丈夫在江西吉安率靖卫大队起义，从此投入如火如荼的中央苏区斗争生活中，

_____

① 康克清：《康克清回忆录》，中国妇女出版社，2011，第92页。

并于1931年加入了中国共产党。在苏区，她放开包裹了多年的小脚，从医护员做起，先后担任过护士长、管理员、指导员和福建军区机关合作社主任等职务。但那双包缠多年的小脚即便放开，也不可能恢复如初。所以长征开始后，杨厚珍是迈着她那双"解放脚"出发的。漫漫长征路上，无论多么艰难，甚至因敌机轰炸差点牺牲，杨厚珍都无惧生死坚毅面对，咬牙坚持着和战友们相扶相持，终于在1935年10月走到了陕北。

长征是对每个人意志和生理的极限考验，而女红军的长征则更加困难得多。她们尤其怕在长征路上生孩子。虽然说作为女人她们都有做母亲的权利，但长征的残酷环境，结婚怀孕对于女同志来说却是一种灾难。孩子生下后，又没法带，对于做母亲的感情上无疑是一种酷刑。"八大姐"当中的贺子珍和廖似光，就都曾经无奈地将在长征路上生下的孩子留给当地老乡，从此再没见到过。所以博古的夫人刘群先在长征中就说过一句笑话："行军中骡马比老公好！"虽是笑话，却说得实在。

1935年2月上旬，中央鉴于川滇追敌有形成夹击红军之势，北上渡过长江的计划难以实现；而黔北敌军兵力空虚，故决定回师东进，在川滇黔边境发展。2月15日，军委纵队进抵四川省古蔺县的白沙，准备二渡赤水。当天晚上，贺子珍在几个女战士的搀扶下来到白沙街上一户人家，借用这户人家的房子生下了一个女孩。但战情紧急，孩子生下来连名字都来不及取就由毛泽民的爱人钱希钧找到一个老婆婆，托付给她代为抚养。遗憾的是，红军走后三个月，贺子珍留下的这个女孩满身长毒疮，没有能够活下来。

廖似光原来叫廖姣，长征前取"曙光"的谐音为自己改名。长征开始时，廖似光已有四五个月的身孕。一路上，她挺着个肚子，以惊人的毅力，跟上了队伍步伐。红军进入贵州少数民族地区后，廖似光早产生下怀胎七个月的男婴。但长征路上是没法带孩子的，她只好把孩子送给当地老乡，从此孩子杳无音信。

正因为如此，长征时的女红军都不敢谈恋爱结婚。康克清回忆道：刘英大姐是1932年从莫斯科中山大学毕业回国的。早在莫斯科时，她就与张闻天认识。在中央革命根据地和长征路上，他俩因工作关系，朝夕相处，彼此爱慕。但刘英怕婚后怀孕影响工作，长征路上坚决不结婚。遵义会议以后，张闻天曾向刘英求婚，刘英死活不答应，而且生硬地说："我早有打算：五年不结婚！"[1]直到中央红军长征结束，后来到达瓦窑堡以后，张闻天再次征求刘英的意见，说这下革命安了家，可以了吧？刘英这才松了口，两人结成了终身伴侣。刘英在回忆录中写道："没有举行任何仪式，也没有请客，情投意合，环境许可，两个行李卷合在一起就是了。倒是毛主席到瓦窑堡后，来窑洞闹了一闹，算是补了'闹新房'的一课。"[2]

长征中还有一件令女红军麻头的事情，就是长虱子，身上头上都长。浑身瘙痒，又毫无办法。到陕北后，身上的虱子消灭了，头发里的却搞不干净，只好剃光头。刘英和贺子珍、刘群先就都为此剃过光头。虱子还使刘英1937年1月中旬被派去西安巡视青年工作的时候没法上街，因为她戴着一顶红军的棉帽，出门就暴露；而摘了帽子上街，头发又没长起来，更容易引起怀疑，弄得十分尴尬。最后只好由秘密交通把当地学生领袖带到刘英房间来接头、交谈，总算完成了任务。

"八大姐"当中，刘英在进入中央苏区之前，就在莫斯科接受过正规的高等教育。毛泽东后来推荐刘英做中央秘书长，既有撮合刘英和张闻天婚事的意思，也是因为刘英有这个能力"顶得上"。刘英的前一任中央秘书长是邓小平，1935年6月26日召开的两河口会议以后，中央决定调邓小平担任红一军团政治部宣传部部长，中央秘书长一职出现了空缺。基于上述原因，毛泽东推荐了刘英担任这一职务。

---

[1] 刘英：《刘英自述》，人民出版社，2005，第67页。
[2] 刘英：《刘英自述》，人民出版社，2005，第91页。

刘英

　　刘英后来回忆，她得知工作调动是接到政治部代主任李富春的一张条子。条子上写道：调刘英同志到中央队代替邓小平同志工作，立即前往报到。她感到很突然，骑马奔到总政治部，跟李富春说：中央队秘书长我可干不了。李富春笑呵呵地说："刘英同志谦虚起来了嘛！不要紧，到那里自有人会帮助你嘛！"到中央队报到的时候，正好毛泽东和王稼祥都在，聊起来之后刘英才知道，是毛泽东提议她到中央队来当秘书长的。①

　　"八大姐"家庭出身不同，文化水平不一。但她们有一个共同的特点，就是信念坚定，矢志不渝。"八大姐"当中，邓颖超长征时是身体最差的一位，出发前就被确诊患有肺结核病。过草地的第一天，她就遭遇了险情。她骑的马受惊，她从马背上颠落下来掉进了沼泽。她以顽强的意志，在雨中静待坚持并想办法自救出泥沼，但一直没有成功。直到后边的人马路过，才将她从泥沼里拉了出来。这时她浑身上下已经被雨水淋透，当天晚上就开始发高

---

① 刘英：《刘英自述》，人民出版社，2005，第69页。

烧、拉肚子，身体极度虚弱。在走出草地的最后一天，她看到了一家藏民房子，疲惫之极的身体刚一进屋，就倒在满地的牲口粪尿中，在地上躺了两个多小时才苏醒过来。蔡畅赶来看她时，见她那满身牛粪的模样，以为她活不成了，放声大哭。蔡畅后来回忆说：那时邓大姐只有三分之一像活人。她硬是凭着顽强的意志支撑着过了草地，走完了整个长征路。

"八大姐"结婚以后，她们的丈夫都是我党我军的高级领导干部，但她们都像普通战士一样，战斗中奋不顾身，冲锋陷阵，长征路上抬担架、救伤员，样样抢着干。有时候为了掩护同志，她们舍生忘死，不惧牺牲。

1935年4月12日傍晚，太阳刚下山，贺子珍正随卫生部担架队在贵州兴义县与云南富源县的界桥寡妇桥西约7里的威舍镇猪场村（现在叫红军村）一座小山边准备找地方宿营。突然飞来几架敌机，对担架队轮番俯冲扫射、扔炸弹。由于敌机来得突然，一些担架来不及转移，二打遵义时负重伤的钟赤兵躺在担架上，动弹不得，而他的警卫员已经牺牲在担架边。贺子珍见到后，立即冲上前去拖钟赤兵的担架。

就在这时，一枚炸弹尖叫着落下。千钧

贺子珍

一发之际，贺子珍纵身跃起，扑在钟赤兵身上。炸弹瞬间爆炸了。贺子珍头部、背部和四肢多处受伤，血流不止。医生赶到后，检查发现她身上共有17处弹伤。有的弹片嵌入身体太深，当时取不出来。1938年1月，贺子珍到了莫斯科。在东方大学八部学习之余，她到莫斯科最大的皇宫医院，希望能取出身上的所有弹片。但医生仔细检查后告诉她，身上的弹片已经与肉长在一起，无法取出了。这些弹片伴随了贺子珍的一生，直到她逝世后才从骨灰中找出来。

1947年秋天，贺子珍离开祖国近10年后回到哈尔滨，当时正在东北工作的曾志赶来看她。1930年6月，曾志和蔡协民离开苏区去厦门做地下工作。贺子珍和曾志在闽西这一别，一晃17年过去了。两人彻夜长谈，感慨万千。

长征中的『特种部队』（上）

中央红军长征时，有一支很特别的部队。这支部队无论是人员编成、武器装备，还是作战能力、遂行任务都与其他的部队很不一样，堪称红军长征中的"特种部队"。这支部队就是红军干部团。

红军干部团是中央红军长征前夕临时组编的。中央苏区第五次反"围剿"失败以后，准备作战略大转移，各类军校自然也都在转移之列。中革军委为了在流动状态的长征中继续培养红军干部，决定将中国工农红军大学、红军第一步兵学校（彭杨步兵学校）、红军第二步兵学校（公略步兵学校）和特科学校中，除了已经毕业分配到部队工作的学员外，尚未毕业的学员合并组成中国工农红军干部团。团长由红军第一步兵学校校长陈赓担任，政治委员由红五军团第十三师政委宋任穷担任。

红军干部团的性质和任务跟其他的长征部队不一样。它既是专门培养干部的学校式的组织，又是战斗部队式的组织，具有随营学校的性质，担负着

红军干部团团长陈赓（左）和政委宋任穷

在实战中培养干部和进行战斗的双重任务。对学员的培训，不是课堂讲授或进行野外演习，而是通过真枪实弹的战斗来教育和培训学员。长征中遇到难得的休整时，红军干部团不仅与其他部队一样忙着筹粮筹款、宣传和发动群众，他们还多一个任务，就是抓紧时间进行各种军事科目的训练。红军干部团还有一个重要使命就是为红军各部队储备、培训和输送干部。

因此，红军干部团的人员编成和其他部队就很不一样。红军干部团设一个培养营、团两级军事政治干部的上级干部队，由红军大学培养营、团军政干部的学员编成；一个培养连、排级干部的政治营，由两个步兵学校的连队指导员等学员编成；一个培养特种兵干部的特科营，由培养炮兵、工程兵等类型干部的特科学校学员编成；两个步兵营，由两个步兵学校的连、排级干部学员组成。红军干部团不但兵员素质高，装备也好，每人配发一顶钢盔，一长一短两支枪，弹药充足。这在所有长征队伍中是武器装备最精良的。所以在长征路上，兄弟部队一眼就能认出红军干部团。

红军干部团虽说是团一级的架构，干部级别却都非常高。以它所属的上级干部队为例，战士都是营、团级甚至更高层级的军政干部。队长萧劲光在中央苏区时期曾经担任过中央军事政治学校校长、红五军团政委、红七军团政委、闽赣军区司令员，后来被当作"罗明路线在军队中的代表"遭"左"倾冒险主义领导人的错误批判，被贬到红军大学当教员。政委余泽鸿1929年在上海曾担任过中央秘书长。1935年2月，中央红军长征进入云南扎西地区时，他奉命组建中国工农红军川南游击队，领导开展游击战争，同年底率部突围时牺牲。余泽鸿离开上级干部队后，政委由曾任红八军团政治部宣传部部长的莫文骅接任。

肩负着双重任务的红军干部团，既要警卫和保障中央纵队首长行军宿营的安全，还要在关键时刻顶上去参与主力红军的战役战斗。1935年1月，中共中央政治局在遵义召开扩大会议期间，蒋介石调集了148个团共约40万人的兵力对中央红军进行围追堵截，而中央红军此时只有3.7万余人，敌我兵力对比超过10∶1。为了摆脱国民党军的围攻，中央红军按照遵义会议的决定，计划迅速北渡长江，向川西或川西北挺进，与红四方面军会师，寻机创建新的根据地。1月24日，右路纵队红一军团突破黔军侯之担部约3个团的拦阻，进入赤水境内，攻占土城；中央纵队红五、红九军团攻占三元场、习水。1月25日，左路纵队红三军团进占土城东南的回龙场、临江场、周家场等地。

但是，就在中央红军挺进贵州赤水方向时，国民党川军潘文华部两个旅先于红军到达赤水城，正部署阻击红军北进；而尾追的川军郭勋祺等两个旅则从习水县的温水、东皇尾追而来，且已经与红军后卫部队接火，中央红军面临被南北夹击的危险。1月26日，毛泽东等人到达土城。在获悉尾追的郭勋祺等部只有2个旅4个团后，为争取主动，中央红军决定歼灭尾追之敌，再全力北进。青杠坡战斗由此打响。

青杠坡战斗是遵义会议后毛泽东指挥的第一仗，既关系到全军的士气，也关乎毛泽东的威信。而且，击败了南北夹击的川军，就打开了北渡长江的通道，对实现中央红军到川西或川西北去会合红四方面军的战略计划，具有关键意义。因此毛泽东对这一仗十分重视，和周恩来、张云逸、李富春、左权等领导亲临前线，指挥所就设在贵州习水县土城镇白马山山脊中部垭口一个叫大埝上的地方，距毛泽东在土城的住址约半公里，距青杠坡战场约3公里。

1月28日早晨，青杠坡战斗打响。红三、红五军团及干部团在彭德怀、杨尚昆的指挥下，从南北两面向进占枫村坝、青杠坡的川军教导师、独立第四旅发起进攻，经过激战，击溃川军一部。然而，就在红军欲乘胜扩大战果之际，川军增援部队陆续赶到。正午时分，川军廖泽旅先头部队首先投入战斗，敌人依仗兵力优势和武器精良，采取小正面、多梯次、连续冲锋的战术，向红五军团阵地轮番进攻，红军部分阵地被突破。

危急关头，朱德亲临一线指挥。毛泽东命令陈赓、宋任穷率红军干部团向敌军发起冲击。陈赓领受任务后，命令特科营重机枪掩护，率部向盘踞在山头上的川军发起仰攻。红军干部团攻势凶猛，锐不可当。担任主攻的一营连破敌人几道防御工事，一度攻到郭勋祺的指挥部附近。守敌眼看已渐渐不支，这时敌人增援的部队突然赶到，依仗人数优势对红军干部团实施反冲锋。所幸此时红一军团第二师已经由猿猴场跑步回援到位，广大红军将士向敌人主阵地营棚顶发起十多次冲锋，与川军展开白刃肉搏，在付出沉重代价后夺取营棚顶，与敌人形成对峙。

彭德怀指挥部队打到这时发现对敌情的判断严重失误，原来战场上的川军不是原先情报所说的4个团，而是3个旅9个团，附近还有章安平旅、达凤岗旅，而且敌军的后续部队还在源源不断地开来。经过交手同时发现川军的战斗力和武器装备比黔军要强得多，而且"防共入川"的作战意图非常明显，因而拼死抵抗红军的进攻。

彭德怀首先意识到这是一场难以为继的危险战斗。他立即建议中革军委"脱离此敌，转向新的地区前进"。在我军完全巩固两侧阵地、敌人退缩平川地带以后，毛泽东、周恩来等人立即回到土城镇驻地，在土城商会召开紧急会议，决定采纳彭德怀的建议，不与川敌恋战，立即突围撤出青杠坡，西渡赤水河，寻机再实行北渡长江的计划。

和彭德怀在一线指挥作战的杨尚昆后来回忆："那天晚上我们都没有睡觉。当晚，毛主席、朱总司令亲临前沿观察，只见周围的山头上，四面都是敌军的探照灯、信号弹，照得夜空雪亮，电台的马达声也隆隆直响，反而使我们知道他们在哪里。判明情况后，军委当机立断，改变原定的渡江计划，命令红军赶快撤，在第二天拂晓前脱离此敌，西渡赤水，向川南的古蔺地区转进。这就是一渡赤水。"①

红军干部团在青杠坡战斗中发挥了关键性作用。如果不是红军干部团顶上去稳住阵脚，3万多中央红军被压制在土城地区不足30里的狭长河谷地带，将被数倍于己的敌军四面围攻，有全军覆灭的危险！

根据中革军委主席朱德的命令，1月29日拂晓前，红军除以少数部队阻击敌人外，主力分左、中、右三路紧张而有序地全部西渡赤水河。红军干部团也迅速而隐秘地脱离当面接触之敌，从猿猴场渡口过了赤水河，和大部队一起向四川古蔺县南部前进。

中央红军四渡赤水的穿插转战由此展开。而红军干部团在接下来的征途上，类似青杠坡战斗中那样的临危受命还有多次，我们在下篇继续介绍。

---

① 杨尚昆：《杨尚昆回忆录》，中央文献出版社，2001，第123—124页。

红军干部团作为长征中的"特种部队"，从四渡赤水开始，类似青杠坡战斗中那样的临危受命还有多次，但他们总是不负使命，屡立奇功。

疾驰救援老鸦山

1935年2月5日晚至9日，中央政治局在进军途中，在云南威信县的水田镇水田寨、扎西镇的大河滩和江西会馆，几乎是一天变换一个地点地连续开会（统称扎西会议）研究敌情，商讨对策。这时，滇军孙渡纵队和川军潘文华部从南北两面逼近扎西，中央红军北渡长江已不可能，而黔北敌军兵力相对空虚，遂决定二渡赤水回兵遵义地区。2月11日，中央红军分三路由扎西地区掉头东进。

在扎西期间，根据中革军委决定，各军团都进行了缩编，红军干部团则因其特殊性继续保留编制并充实加强了。全军除了红军干部团，共编成16个大团。在扎西地区扩红的3000多名新兵，也利用这次整编补充到各战斗连队去了，但还没有彻底戒掉烟瘾的新战士，则仍然留在新兵连训练、戒烟。

扎西整编以后，红三军团撤销了师的建制，领导干部都下放一级任职。师长张宗逊担任了第十团团长，师政委黄克诚担任团政委。红军二占遵义后，蒋介石调集吴奇伟、周浑元两个纵队向我军进攻。敌人仗着人多武器好，不断组织反扑，敌我双方在老鸦山反复攻夺，战斗进行得异常激烈。老鸦山是俯瞰遵义城的主要制高点，控制它就掌控了战场主动权。张宗逊、黄克诚率第十团攻上老鸦山后，追击溃逃之敌时形势却突然反转。黄克诚后来回忆道："第十团当时有二千五百多人，善于打硬仗……我们趁敌人新的反扑被打退之机，组织部队勇猛追击。团长张宗逊看我没有眼镜，跑山路很困难，就让我带领少量部队守在山头阵地上，他和参谋长钟伟剑率领第十团主力向溃退之敌猛追而去。追了一阵子，敌人发现我军兵力并不很大，便稳住阵脚，重新调整部署，向我追击部队反攻过来。因敌人兵力占绝对优势，攻势又很猛烈，我追击部队顶不住了，吃了很大的亏。张宗逊再次负伤，腿被打残；钟伟剑英勇牺牲。这时我身边只有两个班的兵力，用一挺重机枪守在山头阵地上。当我发现溃退的敌军突然像潮水般又压过来时，情知不妙，便对身边这两个班的战士们说：'山下就是遵义城，领导机关就在城里，我们一定要守住阵地，决不能后退一步！'我们连续打退了敌人数次进攻，坚持了两个来小时。但敌军仍然轮番向山上冲锋，攻势越来越猛，情况已相当危险！恰在这时，陈赓率干部团赶到，接替了我们据守的山头阵地防务。"[1]

奉命驰援老鸦山的红军干部团一营政委丁秋生后来也回忆过这场战斗："从27日傍晚到28日傍晚，整整一昼夜里，全团四个营走了130多里蜿蜒盘旋的山路，几乎粒米未进。许多人都和我一样，累得腰都直不起来。但干部团战士都是连排干部，个个懂军事，人人会打仗。一看阵地上那情景，他们

---

① 黄克诚：《黄克诚自述》，人民出版社，1994，第132—133页。

老鸦山旧照

就知道是胜败瞬间的当口，不等下命令，就知道这仗该怎么打。我一摆手，战士们便忘记了饥渴疲乏，呐喊着杀上去顶着敌人打，一下就遏制住敌人的攻击势头。"[1] 这时红一军团主力从敌人后路包抄上来了。两个师的敌人阵脚顿乱，拔腿就往回跑。红军乘胜追击，一口气将敌人撵出 100 多里，追到鸭溪南边的乌江大渡口将敌人大部歼灭。

先遣抢占皎平渡

中央红军四渡赤水南渡乌江后，暂时把几十万敌军甩在身后。但中央红军要按照计划转入川西消灭敌人，建立起苏区根据地还必须渡过金沙江这道天险。4 月 29 日，中革军委决定红军分左、中、右三个纵队北进，分头抢占金沙江南岸的龙街渡、皎平渡和洪门渡三个渡口迅速渡江。

---

① 张嵩山：《跟随毛委员出安源——开国中将丁秋生传》，解放军出版社，2013，第77页。

红军干部团随中共中央、中革军委和红五军团组成的中纵队前进。在中纵队的红五军团一直是负责殿后掩护的，抢占皎平渡就只能靠干部团了。中革军委决定总参谋长刘伯承担任渡江先遣司令，到干部团加强领导，并带军委工兵连和一部电台随干部团的先遣营行动。5月1日上午，周恩来亲自在云南禄劝县翠华镇界牌村干部团驻地当面向陈赓和宋任穷交代任务，张闻天也特地来到干部团，做了抢夺皎平渡的战前动员。

5月2日清晨，刘伯承和宋任穷率先遣部队以急行军速度，于5月2日深夜赶到渡口。5月3日晚，红军干部团第二营的前卫第五连在副营长霍海元、连长萧应棠带领下，在皎平渡抢渡金沙江成功。毛泽东、朱德、周恩来等人率领军委纵队赶到皎平渡过江，在北岸的一排山洞里组成渡江指挥部。

皎平渡水深流急，无法架桥，只能靠船渡江。人马多渡船少，过江任务艰巨。红军将滇川两岸37名船工组织起来，分成两班，7条船不分昼夜，人歇、船不歇地摆渡。每船6名船工，3人一班，来回摆渡10次换一次班，如此循环不间断。2条大船，每次渡60人；4条较小的船，每次渡40人；最小的那条船，每次只能渡六七个人。到5月5日下午，军委纵队全部渡江完毕。

这时，红一军团在龙街渡口，因江面宽、水深流急，无法架设浮桥，而来敌已经逼近，难以渡江；红三军团也因洪门渡江水急，不能搭桥，靠一条船渡江速度太慢，只渡过了第十三团。在这种情况下，中革军委急令红一、红三军团于6日至7日在皎平渡过江。两军团按时赶到渡口，陆续过江。渡江先遣司令刘伯承当年就站在江边的一块巨石上，指挥部队有条不紊渡江。

担负掩护任务的红五军团，与先行赶来的敌军第十三师激战数日，迫敌退守禄劝县皎平渡南面的团街镇一带，完成任务后于5月9日傍晚撤离阻击阵地，当晚渡过了金沙江。这样，经过七天七夜，中央红军全部渡过了金沙江，进入四川会理县，暂时摆脱了一直尾追的几十万敌军的围追堵截。

以少胜多通安州

中共中央和中革军委所在的中纵队在皎平渡过江后，形势是非常严峻的。红军干部团拿下皎平渡的时候，从俘虏的敌税卡人员口供得知，在皎平渡北边40里的通安州地势险要，除了原有的一个江防大队，增援的敌人即将开到皎平渡来守渡口，并准备破坏渡船以断绝金沙江南北交通。这时中央机关已经过了江，但皎平渡北岸的保卫力量却非常薄弱。红五军团主力正在距皎平渡南岸约80里的团街镇一带阻击敌人；左纵队的红一军团和右纵队的红三军团，分别走到龙街渡和洪门渡才发现既找不到船又架不起桥，根本无法过江，只好按照中革军委主席朱德电令都往中间的皎平渡赶，准备集中到皎平渡过江。

也就是说，中央红军所有的主力军团此时都还在金沙江南岸，护卫中央过江到达北岸的部队，就只有一个红军干部团，而增援通安州的几千兵马敌军就要压过来了，距离金沙江边仅40里。此时红军干部团经青杠坡血战和沿途减员已不足千人，能否抢占通安州并挡住敌人的进攻，是一副关乎全军和中央机关安危的千钧重担！所以红军干部团主力全部渡过金沙江后一刻也不敢耽搁，除留下一个连警戒皎平渡口外，主力立即沿着崎岖陡峭的山路向通安州疾进迎敌。

通安州属四川会理县，是一个距金沙江北岸约40里的镇子。小镇位于山顶，居高临下，敌人据此展开部署好兵力，即可控阻红军继续北进，并迫使红军背水而战。万幸的是，负责金沙江防务的川军第二十四军第一旅旅长兼川康边防军副司令刘元瑭判断失误，他断定红军主力不会从皎平渡过江，开始只派了其属下第二十九团的一个营前往通安州，协助当地的江防大队防守，得知红军从皎平渡过江后才急速派兵增援。

红军先遣队司令刘伯承深知占据通安州的重要性，他反复强调形势已到严重关头，红军干部团必须不惜一切牺牲，占领通安州，坚决消灭敌人，确保中央安全，确保全军过江。红军干部团所有干部战士也都知道所处的险境：背后就是党中央，而大军还正在昼夜不停渡江，红军干部团已退无可退。所以干部战士个个奋勇争先，仰攻拿下狮子山后继续猛进，在离通安州不远的一个山隘口，将敌江防大队击溃。但当前卫第五连乘胜穷打猛追，将敌人撵到通安州北边的"一把伞"附近时，敌旅长刘元瑭亲自率领第二十九团两个营和特务连、工兵连火速增援上来，又把我前卫第五连挤出了通安州。

此时通安州敌军兵力已达2000多人，由于兵力悬殊，敌我双方在通安州反复拉锯争夺。陈赓率红军干部团主力赶到后，见敌阵前地域开阔，火力凶猛，当即调整部署。在夜幕降临之际，全团干部战士个个头戴钢盔、枪上刺刀，采取正面强攻和侧翼迂回包抄攻击结合的战术，冒着枪林弹雨多路突进，激战了几个钟头，敌人终于溃败下去，逃回会理城的残部大约只剩400人。

1935年6月中旬，红一、红四方面军在四川懋功会师后，中央红军干部团与红四方面军的红军学校合并成立红军大学，红军干部团被编为红军大学特科团。中央红军长征到达陕北后，根据中革军委命令，红军干部团与陕北红军干部学校在瓦窑堡合并，组成了中国工农红军军事政治学校，红军干部团也由此结束了自己的历史使命。

红二、红六军团长征时，红六军团出发地的瑞塔铺，居然因为当地群众读音的差异，被以讹传讹成了"水獭铺"，且流传甚广。可见，深入到党史大事的发生地去学习是多么重要。

红二方面军的长征，是从红二、红六军团1935年11月19日晚上撤离湖南桑植县开始的，而中央红军刚好在一个月前到达陕北吴起镇胜利结束长征。

那个时候，长江以南除了红二、红六军团，已经没有其他红军主力部队了。尽管有南方八省15块游击区的游击健儿们抗击敌人的"清剿"，但他们彼此之间已经被敌人切断了联系，都是在各自的游击区域孤军奋战。因此，对红二、红六军团在湘鄂川黔革命根据地的斗争已经起不到直接的战术配合作用。而从1935年9月开始，蒋介石调集130个团的兵力，对湘鄂川黔革命根据地发动新的"围剿"。

11月4日，中共湘鄂川黔省委和军委分会在桑植县刘家坪召开联席会议，就反"围剿"的斗争方针问题进行讨论。会议认为，国民党军对湘鄂川黔根据地的"围剿"包围圈已经形成，红一方面军早已渡江北上，红四方面军退到了西康和四川边界，因此红二、红六军团现在的斗争失去了此前三者互为支撑的战略格局，面临独木难支的困难境地。会议因此决定：突围远征。

我们在看红二、红六军团长征资料时，发现对红六军团长征出发地的表述至少有四种：水獭铺、瑞塔铺、水獭铺（瑞塔铺）、瑞塔铺（水獭铺）。那么，红二、红六军团长征时，红六军团的出发地究竟是叫水獭铺还是瑞塔铺呢？

2016年8月我去湘鄂川黔革命根据地考察，第一站到湘鄂川黔革命根据地纪念馆。这个馆就在张家界市城区解放路上，刚刚完成改造。湘鄂川黔革命根据地几个创始人的雕塑也才刚安放好。

红二、六军团长征出发地旧址（位于湖南桑植县刘家坪乡）

接着我实地考察了湖南桑植县红二、红六军团长征出发地。到了那里我才弄明白，水獭铺、瑞塔铺实际上是同一个地方，之所以有那么多似是而非的表述，完全是当地方言的读音造成的。当地人把"瑞"念成shui，所以红六军团长征出发地的准确称呼是"瑞塔铺"，而不是"水獭铺"。红六军团集中出发地就是现在桑植四中的操场。这里当年是河边的一大片田地，如今已经看不出一点历史的痕迹了。

巧的是，红六军团西征出发地的江西遂川县及其周边县的群众，也多把"瑞"念shui。而红六军团西征以来，沿途不少青壮年加入红军队伍，来自五湖四海的这支队伍的其他人，可能就将"shui塔铺"以讹传讹成了"水獭铺"，所以有些红六军团的老红军后来回忆他们是从"水獭铺"出发长征的。外地的研究者对水獭铺、瑞塔铺把不准，为了保险起见，于是就有了"水獭铺（瑞塔铺）"或"瑞塔铺（水獭铺）"这样括注的表述。

在瑞塔铺镇上还有红六军团司令部旧址，已经是危房。我们进去后发现，标示当年红六军团司令部办公和任弼时、萧克住房的字迹还依稀可见。

瑞塔铺位于桑植县城东边，离县城大约10公里。瑞塔铺的西北面与红二军团长征出发地刘家坪毗邻，两支部队的集结出发地相距大约五六公里，我们开车十多分钟就到了。中国工农红军第二方面军长征出发地纪念碑就立在刘家坪，新修的红军长征纪念馆里展陈的红二方面军长征资料还比较丰富。

红二、红六军团艰苦长征七个多月之后，于1936年7月1日在四川甘孜与红四方面军胜利会师。7月5日，根据中革军委命令，红二、红六军团和红一方面军中后来随红四方面军行动（左路军）的红九军团（红三十二军）一起，组建了中国工农红军第二方面军。从此，红二、红四方面军相互策应，继续长征。

长征走出的唯一女将军

红军长征的四路队伍中，每支部队都有一些女红军。参加了授衔且军衔最高的是红二方面军的李贞，她也是长征队伍中走出来的唯一一位女将军。

红军长征的四路队伍中，每支部队都有一些女红军。其中，红四方面军参加长征的女红军最多，有2000多人，三大主力红军会师的时候还有1300多人，并以此为基础改编为妇女抗日先锋团；红二十五军参加长征的女红军最少，只有7位。中央红军（红一方面军）和红二方面军（红二、红六军团）参加长征的女红军分别有30人和21人。这些长征女红军中，牺牲占比最大的是红四方面军，妇女抗日先锋团后来参加西路军基本牺牲了。参加了授衔且军衔最高的是红二方面军的李贞，她也是长征队伍中走出来的唯一一位女将军。

李贞是湖南省浏阳小板桥人，1908年正月出生，6岁时就被送给人家当了童养媳，受尽了苦难。19岁那年，姐姐悄悄告诉她，本地建立了妇女组织，是干革命的。李贞后来回忆说，虽然当时还不懂革命是什么意思，但仿佛意识到这会给自己的命运带来一些改变。于是，"我就在妇女会的表上填了名字，也就是'李贞'这两个字。在这以前，我一直被人喊作'旦娃子'，十八九年来，连一个正式的名字都没有"①。从那个时候开始，她以"李贞"这个名字投身革命洪流。1927年3月，不满20岁的李贞就加入了中国共产党，不久便参加了湘赣边界的秋收起义，后来在湘赣革命根据地工作。

1934年7月23日，继红七军团改编为北上抗日先遣队，离开中央苏区北上后，中共中央和中革军委又发出训令，决定派出红六军团作为红一方面军转移的先遣队，从湘赣革命根据地突围西征。8月7日下午，李贞和红六军团9700多人一起，从江西遂川出发，踏上了漫漫征程。

部队出发之前，组织上原计划是要将李贞留下来的。因为她随军的妹妹已经临产，需要女同志照顾。李贞得知这个消息后，死活不肯留下，最后直接找到了中央代表、红六军团军政委员会主席任弼时。李贞心直口快，进门就冲任弼时嚷嚷："弼时同志你说说，当前是打仗重要，还是照顾妹妹重要？"任弼时笑着随口说了一句，当然是打仗重要。李贞马上抢答道："既然如此，那就应该让我继续随部队转移，行军打仗。"②任弼时于是只好同意李贞的要求。

李贞当时的身份是红六军团政治部的组织部部长，在红六军团算是级别很高的干部了。但当时的组织部并没有几个工作人员，作为部长的李贞，既要和部队一起行军打仗，又要做党团工作、干部工作和收容伤员的工作，每天还得统计部队的伤亡数字，工作是非常辛苦的。李贞后来回忆说："在长征

---

① 李贞：《从童养媳到女战士》，载本书编辑组编《红六军团征战记》（上），解放军出版社，1994，第98页。

② 李贞：《革命理想高于天》，载本书编辑组编《红六军团征战记》（下），解放军出版社，1994，第349—350页。

1955年毛泽东为李贞授勋

路上吃的苦，是现在人想象不出来的。特别是我们这些女同志吃的苦比男同志更多……尽管领导和同志们关心、照顾我们女同志，把干粮让给我们吃，把马让给我们骑，可还是要付出比别人更多的气力。"①

这些困难，李贞都挺过来了。李贞后来回忆道："那时候虽然面临极大的困难，但大家心里都有个盼头，有个坚定的信念，那就是党的事业必胜。""当时，我只有一个想法，无论如何要战胜困难，坚持下去，大家'风雨浸衣志更坚，革命理想高于天'。"②

更重要的是，在长征路上，红军官兵的关系真是亲如兄弟姐妹、情同手足，谁也不愿意让一个同志掉队落伍。让李贞终生难忘的是，快走出草地的时候，她不幸得了可怕的伤寒病，整天昏迷不醒，是疲惫不堪的战友们轮流抬着她，走出草地，走到了哈达铺。在哈达铺吃了几剂草药，她的病情才稍

① 李贞：《革命理想高于天》，载本书编辑组编《红六军团征战记》（下），解放军出版
　　社，1994，第351页。
② 李贞：《革命理想高于天》，载本书编辑组编《红六军团征战记》（下），解放军出版
　　社，1994，第351—352页。

微好转，但整个人依然虚弱得连坐都坐不住。在甘肃省甘谷县磐安镇过渭河的时候，正赶上上游暴雨，河水猛涨，为了确保安全，战友们只好把她紧紧地绑在马背上，这才艰难地渡过了渭河。大家团结一致，闯过了一道又一道难关，终于在1936年10月到达陕北。

李贞不但胜利地完成长征到达陕北，在长征路上她还找到了自己的终身伴侣，这就是红六军团的政治部主任甘泗淇。他们二人是一起在湘赣革命根据地工作，同时出发长征的。1935年元月，在湖南省永顺县的塔卧镇，经任弼时的爱人陈琮英热心撮合，两人结为夫妻。1955年中国人民解放军首次授衔的时候，甘泗淇被授予上将军衔。所以，甘泗淇和李贞是1955年授衔时唯一的一对"将星夫妻"。

李贞和甘泗淇是唯一一对既参加过长征又参加了抗美援朝的高级干部夫妻。李贞任中国人民志愿军政治部秘书长，甘泗淇任中国人民志愿军副政委兼政治部主任。

必须说明的是，参加过长征的女红军当中，按照职务资历能评为将军军衔的，实际上并不止李贞一个人，比如红四方面军的张琴秋。她曾经担任过红四方面军的总政治部主任，这是女红军干部在我军担任过的最高职务。红二、红四方面军一起长征北上后不久，组建了中共中央西北局，统一领导这两个方面军。中共中央西北局共有朱德、任弼时、徐向前、贺龙、刘伯承等20名委员，张琴秋是其中唯一的一位女性委员。

张琴秋后来和陈昌浩、徐向前、李卓然等人率领西路军西征，担任西路军政治部的组织部部长，西路军兵败祁连山，她在突围时被俘，后来被押解到南京"首都反省院"。第二次国共合作时经过周恩来交涉，才回到延安，从此离开部队，在地方上工作。新中国成立以后，张琴秋担任过纺织工业部副部长，她的丈夫苏井观则担任了卫生部副部长，这在当时也是很罕见的一对"部长夫妻"。

打过嘉陵江，迎接党中央！

根据中央电令要求，为策应中央红军行动，红四方面军放弃发展态势良好的川陕革命根据地，强渡嘉陵江，踏上了长达18个月的漫漫长征路。

对红四方面军的长征，过去可能由于张国焘的因素，研究难以深入。红四方面军长征的意义，也没有得到足够的重视和宣传。实际上，参加长征的红四方面军广大将士谁也不会想到，红四方面军长征的历史后来会变得这么复杂。但他们都记得动员出征那句激动人心的口号："打过嘉陵江，迎接党中央！"

如果不是接到中共中央的那份电报，红四方面军的领导人压根儿也不会想到要过嘉陵江。因为与中央红军第五次反"围剿"几乎同时，红四方面军在川陕苏区进行了一场规模空前历时10个月的反"六路围攻"作战，取得了毙伤川军6万多人、俘虏2万多人的辉煌战绩。那会儿他们正在按照1934年11月清江渡军事会议提出的"川陕甘计划"，集中18个团的兵力，主动出击，发起广（元）昭（化）战役，准备依托老苏区，发展新苏区。

这个时候，遵义会议刚结束。中央红军正按照遵义会议的决定，计划迅速北渡长江，向川西或川西北挺进，与红四方面军会师，寻机创建新的革命根据地。

1935年1月22日，遵义会议结束后的第五天，也就是红四方面军发起广昭战役的同一天，中共中央政治局、中革军委致电红四方面军领导人，指示红四方面军配合中央红军北渡长江转入川西的行动，要求红四方面军迅速集结部队完成进攻准备，于最近时期，向嘉陵江以西进攻，以策应中央红军渡江北进。

红四方面军领导人都明白，执行这个电令向嘉陵江以西发展，就意味着红四方面军的主力将离开川陕革命根据地。但是为了中国革命的大局，他们毫无怨言。徐向前后来回忆说："形势紧迫，不容我们犹豫不决。我从前线匆忙赶回旺苍坝，出席总部举行的紧急会议，讨论这一牵动全局的作战方针问题……大家认为，如果不是中央红军的处境相当艰难，中央不会作出这样的决定，因而西进策应中央红军作战，是头等紧要的事。"[1]

为打好西渡嘉陵江这场事关全局的战役，红四方面军总指挥徐向前带着参谋人员，沿嘉陵江东岸仔细勘察地形、水文，了解川军防御特点和兵力配备情况，发现了川军防线的薄弱地段，决定从苍溪南和阆中之间约百里的沿江地段，实施偷渡和强渡相结合的战术，多路突击撕开田颂尧部的防线，乘胜占领嘉陵江、涪江之间的广大地区，为进击甘南创造条件。

为了确保战役的隐蔽性，以便发动突然袭击，各支渡江部队和苏维埃政府组织的群众，都是从几里甚至几十里外把船只抬到江边下水的，所以渡

---

[1] 徐向前：《徐向前回忆录》第四版，解放军出版社，2007，第289页。

江前敌人毫无觉察。3月28日夜，担任突击的红三十军第八十八师一部于塔子山附近以神速秘密的动作开始渡江，徐向前等人直接在塔子山一线靠前指挥。部队迅速登岸，并巩固了登陆场。后续部队快速跟进并击退援敌。同时，第三十一军在苍溪以北的鸳溪口强渡成功，第九军也在阆中以北渡过嘉陵江。之后，红军接连攻陷剑门关等战略要地，迅速集中主力西进，至4月21日攻克北川县城，渡江战役宣告胜利结束。

渡江战役历时24天，共歼敌12个团，攻克9座县城，控制了纵横二三百里的广大地区，打破了敌人川陕"会剿"的计划，为红四军方面军继续向甘南发展创造了极为有利的条件。这次战役，是红四方面军战史上大规模强渡江河的模范战例，有力地策应了中央红军第四次渡过赤水后的南下西进行

红四方面军强渡嘉陵江渡口遗址

动。嘉陵江战役期间，中央红军一路顺风，疾速挺进，下一步就要巧渡金沙江了。

向西强渡嘉陵江后，红四方面军主力即告别了朝夕相处两年多的川陕苏区父老乡亲，踏上了长达18个月的漫漫长征路。

红四方面军参加长征的部队共5个军11个师33个步兵团，加上红军大学、妇女独立第一团和第二团、炮兵团、特务团，以及随军行动的地方干部，共约10万人，比中央红军出发长征时人数还多。

"敌人的子弹是打不中我的"

红军总司令朱德在几十年的革命生涯中，多次不顾生命危险，身先士卒带头冲锋，使陷入危境中的红军转危为安。子弹是不长眼睛的，无论是谁上了战场一线，随时都可能付出生命的代价。朱德却将生死置之度外，甚至满不在乎地说："敌人的子弹是打不中我的。"

1935年1月19日，中共中央和红军总部撤离遵义。中央红军按照原定计划兵分三路向北挺进，准备在四川宜宾与泸州之间的蓝田坝、大渡口、江安一线北渡长江，与红四方面军会合，寻机在川西或川西北创建新的根据地。为此，中革军委电令红二、红六军团在川黔湘鄂边界主动出击牵制敌人，并要求红四方面军集中主力向西线进攻以策应中央红军的行动。

中央红军要北上渡过长江，首先就要拿下赤水城，否则没有支撑点。但担此重任的红一军团这次却没能抢得先机，因为国民党川军潘文华部两个旅先于红军占据了赤水城。红一军团的第一师、第二师在黄陂洞、复兴场作战都没有得手，从赤水入川的大门被川军封堵。军团首长赶紧把这个不利消息向中革军委报告了。

这样，就出现了一个对中央红军非常不利的复杂局面。前进的道路被堵住，尾追的川军郭勋祺等几个旅又从习水县的温水、东皇等地不管不顾地追了上来，并且已经与红军后卫部队接火。也就是说，此时的中央红军真正处于被"前堵后追"的境地。

本来红军在长征路上除了阻击战，对尾追的敌人是不怎么搭理的，因为这种"送行队伍"见得多了。只要不对我方造成伤害，一般都是甩掉"尾巴"继续往前冲。但这时却"尾大不掉"，不管不行了，而且敌人还缠上了我们的后卫部队。所以，当中革军委根据情报获悉尾追的国民党川军只有4个团时，就决定在习水县土城镇青杠坡围歼这股尾追的敌人，再全力冲破前面的阻拦渡过长江去。

这就是青杠坡之战的由来。

由于红一军团已经先行北上去抢占赤水城，青杠坡战斗以红三军团和红五军团为主力，由彭德怀统一指挥。1月28日早晨战斗打响不久，彭德怀很快发现情况不对，川军的武器装备和战斗意志与黔军的"双枪兵"相比，高出不止一个等量级。更要命的是，我们的情报这次完全没有搞准——战场上的敌人根本不是4个团，而是将近9个团，还有后续部队源源不断合围而来！

1月28日中午前线激战正酣的紧急关头，周恩来亲自给红三军团第四师师长张宗逊、政委黄克诚发电报下达战斗任务，告知他们被指定为预备队的红一军团第二师已经到达，下午二时开始参加红五军团方面的突击。要求第四师集中兵力在挡住郭勋祺旅的追击后，立即向潘佐旅出击，并承担向东皇追击的任务。在遵义会议上，周恩来被指定为"党内委托的对于指挥军事下最后决心的负责者",但他单独以自己的名义直接向师级单位发出作战电令,这是唯一的一次,可见当时情势之危急。

由于敌军先我占领有利地形,红军部队无法展开,处境十分危险。敌我双方在青杠坡的来回冲杀持续了几个小时,红军的部分阵地被敌人突破。

这样一来,战场上最危险的情形出现了!周恩来、毛泽东、朱德等人的指挥位置叫"大埂上",是一个比较平缓的山坡。这个地方距离青杠坡战场只有3公里。如果挡不住敌人的进攻,敌军组织骑兵分队一个冲锋,就能直接上来把红军的指挥机关给端了。

关键时刻,朱德提出自己直接上一线去指挥战斗。毛泽东开始不同意,说你是总司令,战场上子弹又不长眼睛,出了问题怎么办?朱德一听就急了,说只要红军胜利,区区一个朱德又何惜!为了打破沉闷空气,他还开玩笑说,敌人的子弹是打不中我的。①毛泽东被他说服了。朱德总司令直接上一线,极大鼓舞了战士们的斗志。干部团顶上去后,红军终于逐渐稳住了阵脚。

朱德这种舍身为党的壮举已经不是第一次了。1929年1月中旬朱毛红军下井冈山转战赣南,遭遇的情况跟长征路上差不多。2月初,这支3000多人的队伍再次遇险。在江西瑞金城外不远的地方,朱德军长亲率的红二十八团被敌人团团围住。

生死攸关之际,朱德对身边几个干部说:"前面有敌人拦住我们,后面有敌人追击我们,我们还往哪里去呢?要是贪生怕死,那就等敌人来时交枪投降,屈膝求饶;要是愿意为人民去死,那就干一仗,把敌人消灭掉。"②说完,朱德发出三道短促的命令:全团一个方向!一营跟着我从中间突破,二、三

---

① 中共中央文献研究室编《朱德传》,人民出版社、中央文献出版社,1993,第338页。

② 中共中央文献研究室编《朱德年谱(一八八六—一九七六)》新编本(上),中央文献出版社,2006,第135页。

营左右配合！全团上刺刀！

狭路相逢勇者胜！军长的身先士卒更激发了战士们奋死拼杀的血性。他们端着明晃晃的刺刀，跟着朱德排山倒海似的杀向敌人。经过惨烈的近身拼刺，终于在敌人的铁壁合围中杀开一条血路呼啸而去，与毛泽东率领的红三十一团胜利会合。

当年的青杠坡战场，现在已经开发成了一个漂亮的红色旅游景区，就处在"贵阳—遵义—仁怀—习水—赤水—泸州"这条精品旅游线上。走一圈下来，可以饱览周边黔川渝几个地方的国家级风景名胜区和四渡赤水纪念馆、红色土城等红色旅游景点。人们可以在这里寄情山水，尽情享受80多年前红军先辈们用青春、热血和生命拼来的"幸福红利"。

那一排排整齐的红军烈士墓，在无声地提醒人们，今天的幸福安康来得是多么的不容易！

作者手记：
说说朱德的身先士卒

青杠坡红军烈士纪念碑

长征路上的『战略骑兵』

红军长征的时候，红九军团曾单独行动两个多月，有力地策应了中央红军主力北渡金沙江的行动，被周恩来称赞为长征路上的"战略骑兵"。

红九军团是中央红军长征五大主力军团中最有特色的一支部队。出发长征的时候，红九军团军团长是罗炳辉，政治委员是蔡树藩，全军团共有11538人。中共中央政治局候补委员凯丰以中央代表身份，随红九军团行动。

1934年9月28日，红九军团从今福建长汀县南山镇中复村附近的松毛岭战场撤离，进行休整补充。9月30日上午，红九军团在钟屋村（中复村）观寿公祠堂门前大草坪上，召开告别群众大会。当天下午三时，红九军团兵分两路，开始向西战略转移。所以，红九军团是在位置最东的战场撤离的军团，是离指定集结地点于都河最远的军团，是唯一没有过于都河的军团——他们是从江西会昌出发长征的，长征路上的代号为"汉口"。

作者在福建长汀南山镇中复村考察时的留影

依照中央红军出发后的行进顺序，红九军团一般是随红一军团后跟进，掩护左翼或右翼安全。湘江血战后各军团损失很大，红九军团从凤凰嘴渡口过河后也折损过半。1935年2月，中革军委在云南威信进行了扎西整编和人事调整，红九军团缩编为3个团，政治委员蔡树藩改任中央军委纵队第二梯队政委，原第二梯队司令员兼政委何长工调任红九军团政委。何长工后来回忆说："当时，我对九军团的情况是有所闻的，它要离开主力，执行别动队的任务，远离领导，单独执行任务，感到责任的重大。"[1]

果然，四渡赤水后，3月26日，中革军委主席朱德电令红九军团暂留苟坝以西的马鬃岭地域，伪装成红军主力吸引敌军向北，配合红军主力南进。3月31日，中央红军经金沙县后山乡的梯子岩、大塘、江口3个渡口南渡乌

---

[1] 何长工：《何长工回忆录》，解放军出版社，1987，第333页。

江，进入息烽县境，跳出了几十万国民党军队的合击圈。负责掩护主力行动的红九军团，完成任务后转移到金沙县沙土镇附近准备南渡乌江时，发现渡口已经被国民党军队控制，而在后面追击的黔军犹国才部也咬了上来。红九军团此时欲进不能、欲退不成，局势非常危急。军团领导紧急讨论敌情和军团处境后决定立即向金沙县的老木孔一带转移，经过一天一夜的隐蔽急行军，红九军团于4月3日到达该地区。在这里，红九军团打了一场单独行动中转危为安的关键之战。

为了打好这一仗，红九军团进行了广泛政治动员。军团长罗炳辉、政委何长工召开连以上干部会议，讨论决定选择适合打伏击的菜籽坳消灭追敌。4月5日上午，敌人若无其事地大摇大摆行进，进入了红九军团的伏击圈。红九军团选择黔军鸦片烟瘾上来的中午时分发动攻击，而且集中火力进攻走在队伍中间的犹国才的指挥机关。黔军都是"双枪兵"，这个时候鸦片烟瘾困劲上来了，浑身软绵绵的，哪里架得住红九军团集中火力的猛烈攻击，战局很快一边倒。红九军团战士们乘胜追击，将五倍于己之敌击败。黄昏时分战斗结束，俘敌副团长以下官兵1800余人，缴获步枪1000余支。这个大胜仗使得红九军团立即摆脱了困境，受到中革军委通令表扬。

4月28日下午，中央军委纵队进抵云南曲靖、马龙两县交界的上下西山、西屯村一带宿营，毛泽东、周恩来、朱德等中央红军总部首长宿营于今云南曲靖市西城街道西山社区下西山村三元宫，在这里召开了中共中央、中革军委负责人联席会议，研究北渡金沙江的行动部署。

三元宫会议又对红九军团提出了专门要求：作为钳制部队，继续独立行动，以分散尾追之敌。具体行动中，应在会泽、巧家县之间自行选择渡江的地点，渡江以后再同主力会合。红九军团一路攻击北上，先后占领宣威和会泽县城。进入会泽县城以后，红九军团广泛宣传红军和共产党的政策。军团长罗炳辉就是云南会泽县北边的彝良县人，他带着乡音的宣传鼓动话语让会泽的贫苦农民倍感亲切，更是取得了意想不到的效果。广大穷苦矿工和贫苦农民踊跃参军，仅仅三天时间就扩红1500多人，在会泽还筹得银元6万多枚。5月5日，红九军团在今昆明市东川区拖布卡镇西北部的树桔渡口，渡过了金沙江。

这个时候，中央红军主力部队还没有全部过完金沙江。红九军团渡过金沙江后，按照中革军委的命令焚烧船只阻碍敌军过江，同时节节迟阻过江之敌。之后，红九军团根据中革军委规定的进军路线，经宁南县披砂镇北上，到达普格县以后，经一天一夜急行军于5月21日到达四川西昌市礼州镇。中央正在这里召开礼州会议。红九军团和大部队胜利会合。周恩来对红九军团这两个月的行动赞赏有加，多次称赞红九军团是长征中的"战略骑兵"。

红九军团在两个月的单独行动中，除取得了老木孔菜籽坳伏击战的重大胜利，后来还在瓢儿井、冬瓜坪等多次战斗中，消灭了国民党军许多部队，在主力红军侧翼牵制迷惑敌人，有力地配合了中央红军北渡金沙江的行动。

将滇军调出云南就是胜利

中央红军四渡赤水期间，毛泽东指挥红军在川滇黔边境地区转战腾挪，调动敌人，都是为了北渡金沙江去会合红四方面军这个目的。在这个过程中，毛泽东又特别重视把滇军调出云南，他甚至还说过"只要能将滇军调出来就是胜利"。这是为什么呢？

1935年1月中央红军攻占遵义以后，蒋介石立即调集各路部队从四面八方向黔东北拥来，企图将中央红军歼灭于乌江西北的川黔边境地区。其中来自西面的就是滇军孙渡的第三纵队。当时的滇军装备精良，战斗力远非黔军等地方部队可比。而且，滇军孙渡第三纵队的兵力，与当时中央红军战斗部队的人数差不了多少。据当时担任第三纵队指挥官的孙渡后来回忆："第三纵队共辖有云南步兵第一、第二、第三、第五、第七、第九等六个旅，两个新兵团和两个独立营……全纵队合计共有官兵约2.4万人左右。装备武器系新自法、捷、比三国购置，不但黔军不能相比，即蒋嫡系军的装备也赶不上。"①

　　还有一点很重要的就是，孙渡在滇军中属于足智多谋的少壮派，被称作滇军的"小诸葛"。他针对红军行动迅速、神妙莫测、常使敌猝不及防的实际，通令各步兵团，必须挑选行军力强并有特种技能的官兵，各编一个能分能合使用的游击队，由纵队部、旅部或者团部直接掌握指挥，不论行军、驻军都在主力外围一天行程之内进行游击活动，以掩护主力的安全，并收集红军的情报。

　　因此，中央红军要在云南境内北渡金沙江，敌孙渡的第三纵队比任何时候的威胁都要大。

　　中央红军二渡赤水、重占遵义，把敌王家烈的8个团和吴奇伟的2个师打得稀里哗啦，引起了蒋介石的震怒，认为这是"国军自追击以来之奇耻大辱"。1935年3月2日，蒋介石携陈诚等人飞抵重庆"督剿"，第二天立即发布号令："本委员长已进驻重庆。凡我驻川、黔各军，概由本委员长统一指挥；如无本委员长命令，不得擅自进退，务期共同一致完成使命。"②他要撇开那些他认为无能的将领，亲自指挥各路大军对中央红军的围攻。但蒋介石指挥部队有个毛病，他往往"伸手太长"，喜欢直接调动一线作战部队，结果常常弄得属下无所适从。

　　3月7日，敌孙渡因为各方来电"意旨不一"，使部队徒劳往返，向龙云发电报表示不满："日来所奉各电，意旨不一，遵循为难，以后究应如何遵办，请先预示，以免往返贻误。"③敌孙渡之所以向龙云发这个牢骚，是因为

① 孙渡：《滇军入黔防堵红军长征亲历记》，载中共中央党史研究室编《红军长征纪实丛书·国民党军围追堵截卷1》，中共党史出版社，2016，第391—392页。

② 中国人民解放军历史资料丛书编审委员会编《红军长征·参考资料》，解放军出版社，1992，第327页。

③ 云南省档案馆编《国民党军追堵红军长征档案史料选编（云南部分）》，档案出版社，1987，第123页。

前一天他奉蒋介石和薛岳的命令，刚刚将部队移动集结在黔西、大定一带布防，龙云就命令他把部队拉到打鼓新场去，刚要执行这个电令，薛岳却又命令孙渡将部队集结在黔西防堵。弄得孙渡左右为难，十分恼火。但是龙云也没办法，只好发电报安抚孙渡："日来委座电令，似觉有朝令夕改之弊；所示部署，亦有各个击破之虞。"并要孙渡"凡有所见，务需用电直呈，俾委座得明了实地状况为要"。①

孙渡的第三纵队原来在毕节、大定、黔西一线担任防堵任务，由于中央红军的行踪飘忽不定，弄得蒋介石对第三纵队的调动也日益频繁。他曾经命令第三纵队在赤水河两岸穿梭似的来往，使第三纵队时而由贵州北渡赤水河开往四川，时而由四川南渡赤水河返回贵州，时而又在赤水河南北跨川黔两省地区布防。敌军被拖来拖去，往返跋涉将近两个月之久，疲于奔命，却始终没有见到过一个红军。所以也难怪孙渡要发牢骚了。

中央红军撤出鲁班场战斗后，于3月16日晨分三路向茅台镇进发，16日晚至17日十二时，从容地从茅台镇渡过赤水河，向四川古蔺、叙永方向前进。进入古蔺县境后，红一军团立即派出一个团向古蔺县城方向前进，伪装主力西进，公开摆出要北渡长江的姿态。这下蒋介石可着急了，他误认为红军又要北渡长江，急忙调整部署，命令所有部队赶往川南，企图把红军聚歼于长江南岸的古蔺地区。正当全部敌军再次扑向川南而尚未形成包围之际，中共中央、中革军委当机立断回师，第四次渡过赤水河，3月31日经金沙县后山乡的梯子岩、大塘、江口三个渡口南渡乌江进入息烽县境，跳出了敌军几十万人的合击圈，把敌军重兵甩在乌江以北地区。

中央红军南渡乌江以后，要西进北上在云南境内渡过金沙江，敌孙渡的第三纵队始终是一个大麻烦。为此，毛泽东命令进入息烽境内的红军部队，

---

① 云南省档案馆编《国民党军追堵红军长征档案史料选编（云南部分）》，档案出版社，1987，第139页。

大张旗鼓地直趋蒋介石坐镇的贵阳方向，并一度打到离贵阳城仅40里的飞机场。这个时候，敌军在贵阳周边仅有一个师的兵力，要兼顾城防及郊区碉堡的防守已经捉襟见肘，其他敌军又都隔在乌江北岸，急切之中调不过来。这下可把蒋介石吓坏了。他急得像热锅上的蚂蚁，紧急电召孙渡的第三纵队以急行军速度经大定、黔西火速驰援贵阳。孙渡接令后率领部队日夜兼程，三四天走了400多里地从黔滇边境赶往贵阳"救驾"。

时任蒋介石侍从室主任的晏道刚后来回忆：孙渡的第三纵队终于按照蒋介石电令赶到贵阳以后，人心才算安定。尤其是蒋介石，对孙渡第三纵队及时赶到贵阳"救驾"非常高兴，平时喜怒不形于色的蒋介石，"真是喜上眉梢笑在心头，嘉奖他们动作迅速，作战勇敢，对该纵队及各旅长均有犒赏"①。除传令嘉奖外，奖赏孙渡2万元，到了贵阳的各个旅长也各得到了1万元的奖励。蒋介石为了拉拢"云南王"龙云，后来又特别发电嘉奖了龙云一番。

为了进一步造成蒋介石的错觉，4月5日，毛泽东指挥威逼贵阳的中央红军突然进到开阳县东南部的清水江西岸，派出小股兵力和工兵在清水江上的几个渡口架桥，摆出一副东渡的架势，主力则秘密集结待命。在贵阳坐镇的蒋介石断定，红军主力还是要东进与红二、红六军团会合。于是，他立即急调湘军3个师向石阡、余庆堵截；命令桂军一部向清水江以东集结，阻止红军东进南出；命令已经到达贵阳及其以北地区的吴奇伟第一纵队、孙渡第三纵队和第五十三师，分三路向东追击，第二纵队周浑元部则位于息烽以北的乌江北岸筑堡，防止红军北渡乌江。

实际上，中央红军的上述举动，既不是要占领贵阳，更不是准备开往湖南，而是要调动国民党军队让路，为红军进军云南创造条件。当各路敌军朝东疾行，特别是滇军孙渡纵队已经调往贵阳以东时，整个云南境内的金沙江

---

① 晏道刚：《蒋介石追堵长征红军的部署及其失败》，载中共中央党史研究室编《红军长征纪实丛书·国民党军围追堵截卷1》，中共党史出版社，2016，第68页。

河段就基本上没有敌军把守了，出现了毛泽东所期待的"只要能将滇军调出来就是胜利"的有利局面。4月8日开始，中央红军兵分三路与敌军相向而行，在贵阳、龙里之间突破国民党军的防线，越过湘黔公路，向云南方向疾进。这时中央红军的西进北上如入无人之境，以每天120里的速度，直奔金沙江南岸。

誓死掩护主力过江

　　中央红军长征安全渡过金沙江，是红军长征史上意义非凡的一件大事。从此，中央红军算是比较彻底地摆脱了几十万国民党军队的围追堵截。但中央红军为什么能在国民党"追剿"军全力压过来的情况下，还能在云南禄劝县的皎平渡如此从容地渡过金沙江呢？这主要是因为有红五军团在石板河的那场顽强阻击战。

　　1935年4月初，中央红军在贵阳附近佯动将滇军孙渡纵队调出云南以后，4月上旬兵分三路西趋云南，目标是金沙江南岸各渡口，计划在抢占沿江渡口后分路渡江北上。4月24日，中央红军进入云南境内。4月27日，红一军团行进到今云南曲靖市麒麟区西山乡关下村时，缴获"云南王"龙云送给薛岳的比例尺为十万分之一的云南军用地图20余份。中央红军立即按图索骥，5月1日分左、中、右三路纵队，向金沙江疾进，去抢夺南岸的龙街渡、皎平渡、洪门渡。

　　左纵队是红一军团，从寻甸县柯渡镇出发，目标是元谋县江边乡的龙街渡口。右纵队是红三军团，目标是禄劝县北部大松树乡（今乌东德镇）的洪门渡口。中纵队是军委纵队、干部团和红五军团，由干部团负责抢占禄劝县北部皎西乡（今皎平渡镇）的皎平渡渡口，红五军团负责殿后。为顺利渡江，成立了以总参谋长刘伯承为渡江先遣队司令的渡江司令部，统一指挥全军渡江。

　　红五军团在中央红军长征路上都是殿后掩护，打得顽强，牺牲壮烈。为了掩护全军安全渡过金沙江，红五军团奉中革军委命令，在今云南禄劝彝族苗族自治县撒营盘镇坎邓村的石板河一带布防阻击敌人。前沿阵地设在能攻能守好退的制高点小庙垭口山梁子上。石板河背靠一座上60里下50里的大山，山北边就是波涛汹涌的金沙江。为了减少伤亡，部队把兵力分散配置，占据山前高地和纵深各个制高点，利用有利地形节节抗击，有机会则在夜间

作者在石板河战场遗址向为红军带过路的村民杨少先孙子（右）了解情况的合影

袭扰敌人。

红五军团到达石板河布防三天以后，蒋介石嫡系部队的主力吴奇伟部队才匆忙赶到。由于在遵义附近被红军"吃掉"了一个多师，吴奇伟这一回异常谨慎小心，进攻前先以猛烈炮火轰击红军防守的山头。但红军在每个山头只配置了一二十人，敌人的炮火并没有造成多大的伤亡，而敌人往山上冲锋时，红军战士却能居高临下，甩出一排排手榴弹给敌人以大量杀伤。所以红五军团的阻击战打得非常主动高效。

红五军团预定的作战方案，是以节节抵抗的手段，不断给敌人以严重的杀伤，争取到一定的时间后，便主动往后撤，到另一个制高点继续抗击敌人。敌人在红军这种灵活的阻击战术前，虽然付出了重大的代价，但每天依然前进不了几里地。打到第五天，敌人陆陆续续到达的两个纵队已经云集山下。这时红五军团也撤到最后一线阵地，准备按照原定计划抗击一阵敌人之后，抽身北上渡江。但就在这个时候，中革军委派红军总政治部代主任李富春到红五军团来传达新的紧急命令。

原来，红一军团在上游元谋县的龙街渡口连一条渡船都没有找到，刚刚架了一部分的浮桥又被湍急的水流冲走，部队无法在龙街渡口过江；红三军团在下游的洪门渡口只找到一条小木船，但费了三天时间才渡过了红三军团的先头部队红十三团，大部队无法在这里从容过江。中革军委得知情况后，立即电令红一、红三军团抓紧时间往中间的皎平渡赶，务必于5月6日至7日在皎平渡过江。这样，中央红军全部兵马就都要在皎平渡也就是红五军团阻击敌人保护的那个渡口过江。为此，中革军委要求红五军团再坚守三天三夜。

这一突然变故，使红五军团面临的形势骤然紧张起来。在军团部召开的团以上干部会议上，李富春介绍了中央红军整个的渡江形势之后说："三路大军都赶到皎平渡过江，目前最大的困难是船少，7条小船要把几万人马渡过去，即使日夜抢渡，也不是一两天或者三四天就可以完成的，所以中央不得不再加重你们后卫的掩护任务。"红五军团勇敢地挑起了这副重担！军团长董振堂、政治委员李卓然向李富春表示："请报告党中央和毛主席，就是五军团打光了，也要掩护主力安全过江！"[1]

红五军团立即调整战斗部署，一个排一个连地分散守卫，在"之"字拐的山路上安排优秀射手。同时充实一线战位力量，团长、团政委和各机关干部都在前沿阵地和战士们并肩作战。由于敌人是仰攻，加之地形不利，火力作用发挥有限，兵力也展不开，因而每往上前进一步都要付出巨大伤亡。红军战士们则抱着"誓死掩护主力过江"的决心，以一当十，越战越勇，始终坚守在阵地上。久攻不克的敌军被迫暂停进攻休整，并往南退回到团街一带等待援兵。

到5月8日，红一、红三军团先后渡江完毕，红五军团胜利地完成了阻击任务。中革军委电令红五军团迅速有序撤出现战斗阵地，快速渡江，在金沙江北岸布防。红五军团在战斗过程中就已经陆续把伤员全部送到渡口过江，所以接到命令以后，5月9日早晨，红五军团军团部和红三十九团开始撤离，阻击阵地上只留下红三十七团作后卫警戒敌人。9日傍晚，担任后卫的红三十七团利用夜色悄悄撤出阵地，一口气跑了50多里地，赶到金沙江南岸后，连夜渡过了金沙江。

至此，"巧渡金沙江"完美落幕。

作者手记：
两次改编，两种结果

---

① 张掖红西路军精神研究会、中共高台县委编《董振堂传》，甘肃人民出版社，2013，第184页。

没过草地路，难知长征苦

一提起草地，现在我们很多人都有"风吹草低见牛羊"的草原牧歌遐想。但九十年前的草地对长征路上的红军来说，却是生死沼泽。"没过草地路，难知长征苦。"这是所有走过草地的老红军共同的回忆结论。

长征路上，除了要对付国民党军穷凶极恶的围追堵截，广大红军指战员还要战胜自然界的种种艰难险阻。大致来说，除了路上行军，长征时红军将士们要战胜自然界的三大障碍：一是江河，二是雪山，三是草地。这三大障碍都使红军队伍遭受了巨大损失。就红军个体来说，最难熬的则是风吹草低不见牛羊的茫茫水草地。

这是因为整路红军队伍过一条江河的时间比较长，但对于个人而言，就算是最凶险的大渡河也只要几十分钟就到对岸了。给中央红军造成了最大减员的湘江，并不是因为湘江难渡，而是因为仗打得窝囊。红军翻越的雪山，海拔都在5000米上下，甚至更高，上山下山有几十里路，但咬牙坚持，最多一天多时间也能翻越过去。而草地就完全不一样了。

当年红军长征走过的草地，位于青藏高原与四川盆地的过渡地带，海拔在3500米以上，面积1.5万多平方公里。这个区域历史上一直是松潘县管辖，所以通称松潘草地。新中国成立后，县辖地区作了较大调整。这样，红军当年经过的草地，如今分属于松潘、红原、若尔盖、阿坝等县。其中红军过若尔盖草地的时间最长，走得最艰苦而且是红军一、二、四方面军三大主力在四川境内唯一共同经过，并由此出川北上的地方。①

茫茫数百里的草地，气候恶劣且变化无常。草地上既无道路，又无人烟，腐草结成的草地表面十分松软，人在上面行走，"扑哧扑哧"作响，一不留神陷进沼泽，就可能是灭顶之灾。邓颖超过草地时就曾陷进沼泽里，前面的人已经走远了叫不应，她趴在那里不敢动等了很久，后面的人来了才把她慢慢拉上来。刘英后来回忆说："过草地牺牲最大。这七个昼夜是长征中最艰难的日子。到班佑，我觉得仿佛是从死亡的世界回到了人间。"②

过草地为什么如此艰难？

第一，道路难行。茫茫水草地，根本就没有路！为了避免陷进泥沼里，人和骡马必须踏着草甸走，从一个草甸跨到另一个草甸，跳跃前进，这种走路方式特别容易使人疲劳。碰到雨天就更麻烦。草地又软又滑，脚下一闪失就会掉进泥沼里，想拔出来非常不容易。开始大家不知道掉进泥潭以后不能往上挣扎，否则会越陷越深，结果牺牲了很多同志。救人也没有经验，直接跳进去又拉又推的，造成了许多无谓的牺牲。后来找到了窍门，知道掉进泥沼以后要斜躺着，一边蹬草蔸，一边往旁边腾挪移动，这样就能够脱险。以后这方面的牺牲就慢慢减少了。

① 石仲泉：《长征行》（增订本），上海人民出版社，2016，第275—276页。
② 刘英：《刘英自述》，人民出版社，2005，第85页。

还有一个危险就是在草地过河。很多人不知道的是，红军过草地实际上是蹚过了许多河汊，而且有些河水面很宽且水流湍急。不少身体虚弱的红军战士，就是在过河时被河水吞噬了生命。黄克诚大将后来回忆说，有一次他所在的部队正在蹚水过河，突然暴雨来袭，河水猛涨，已经上到对岸的战士，眼睁睁地看着还在河中的不少同志被洪水吞没卷走。[①]

第二，粮食短缺。中央对过草地的困难是充分估计到了的，所以在毛儿盖休整的时候，专门下命令努力筹粮，并要求每人必须带足15天的粮食。但当时红军控制的地区人口就20万左右，而红军有10万之众，每人每天算1斤粮食，10万人带足15天的粮食就需要150万斤。在当时人烟稀少、农作物产量极低的高寒藏区，要筹集这么多粮食是非常困难的。更何况，红军住在这里的一个多月，已经消耗了上百万斤粮食，还能筹集到的就非常有限了。因此，尽管花了一个月左右的时间紧张筹粮，也没有办法达到每人带15斤的要求，最多的8—10斤，一般的只能弄到五六斤，有的甚至只有三四斤。

靠这一点青稞麦炒面或麦粒，是根本走不出草地的，不少人三四天就吃完了。前面那一半的路程，就靠吃野菜、草根充饥。没有了这些，就将皮带、皮鞋，甚至皮毛坎肩，还有马鞍子，弄来煮着吃。为了吃，红军什么办法都想。贺龙过草地时就曾经把补衣服的针弯成鱼钩，钓小鱼熬野菜汤喝。殿后的部队就更困难，因为能吃的野菜都被前面的部队吃光了。过草地时殿后的红三军团还没有走出草地就全军断粮了，最后是军团长彭德怀亲自下令，将仅剩的6匹骡子全部杀掉救急。军团部只留了一点杂碎，连骨头带肉全部分给了各个连队。就是靠着这一点骡子肉，挽救了许许多多红军战士的生命，全军团终于艰难地走出了草地。

第三，无处宿营。一天走下来，疲惫不堪的战士们都渴望美美地睡一

---

① 黄克诚：《黄克诚自述》，人民出版社，1994，第140页。

觉。但放眼草地，满世界都是泥泞渍水，根本找不到可以躺下来睡觉的干地方。大家只好铺点东西将就着露宿，或就地而卧，或坐着打盹，或背靠背坐等天明。遇到风雨交加，就只好淋雨过夜。加上草地天气一日三变，温差极大，夜间气温会降至零度左右。而过草地前，不少红军战士仍然穿着草鞋甚至赤脚，因此很多衣单体弱的战士被饥寒、疲劳、疾病夺去了生命。越接近草地尽头，死亡越来越多，后边的人无须向导，顺着络绎不绝的尸体，就可以准确地找到行军路线。三大主力红军过草地究竟牺牲了多少指战员，至今没有一个准确的数字。我看到过四川阿坝藏族羌族自治州党史研究室一份研究材料，上面说三大主力红军两年数次过草地期间，非战斗减员在万人以上。

尽管过草地的艰难困苦世所罕见，但广大红军指战员靠着坚定的信念和

作者在日干乔大草地向牧民阿果洛（右）了解情况时的合影

顽强的意志，互相关心，互相帮助，发扬阶级友爱精神，绝大多数人终于走出草地，看见了各支红军部队走出草地见到的那个相同的寨子——四川若尔盖县班佑乡班佑村。许多红军战士后来都回忆说，到了班佑，看到了村庄，看到了人，看到了牛羊，真是高兴极了，好像重新回到人间一样。

当然，现在的草地已经今非昔比了。前些年看过一篇文章，叫作《若尔盖湿地之忧》。据该文介绍，和红军经过时的20世纪30年代相比，如今草地中的沼泽地起码减少了60%。现在的草地已没有了那连绵的沼泽地，很多地方可以随意放牧，不必担心牛羊会陷进沼泽，真是一派"风吹草低见牛羊"的景色了。

这个『大地方』原来不是个大地方

红军长征经过的有些地方，因为地名的特殊性误导了后来的研究者，比如红六军团甘溪战斗失利后决定"向大地方转移"，这个"大地方"就让人困惑了好多年。

红军长征胜利已经过去89年了。当年红军长征经过的有些地方，因新中国成立后行政区划的变更，地名在原区划范围内已经找不到了；有的地名因为听岔了当地的读音，当地人都不知道这个地方在哪里，比如"俄界"这个地名就困扰了后人几十年；还有的则是因为地名的特殊性误导了后来的研究者，比如红六军团1934年10月7日甘溪战斗失利后决定"向大地方转移"，这个"大地方"就困惑了我好多年，一直不知道这个"很大的地方"在哪里。

红六军团是湘赣革命根据地的主力红军。1934年8月7日，红六军团作为中央红军长征的先遣队出发西征。十五时，红六军团第十七师、第十八师和红军学校9700多人，在湘赣独立第四团的掩护接应下，从江西遂川横石、新江口出发，分兵两路，一路经五斗江、大坑，另一路经衙前、上坑，连续突破敌人四道封锁线，于8月11日到达湖南桂东以南的寨前圩。至此，红六军团杀出重围。12日上午，红六军团在湖南桂东县寨前圩旁边的河滩上召开连以上干部会议，誓师西征。

红六军团这次突围是相当成功的。这支只有9700多人的部队，面对敌人8个师而且装备精良的重兵包围和封锁，竟能撕开它的防线，冲出重围，既充分显示了这支部队的英勇善战，也充分证明军团领导在指挥上，从突围前对敌情的掌握和准确判断到突围方向的判定、突围时机的选择、各项保障措施的落实，以及突围行动的指挥，都是十分正确的。红六军团的突围，打得敌人措手不及，迫使其不得不重新调整部署。这对中央主力红军的反"围剿"作战及以后的长征，是一个有力的配合。

突围而出的红六军团一路西进。进入阳明山地区后，发现这一带地瘠人稀、地区狭小，不利于发展，原定在这里建立根据地的计划无法实现，遂于8月26日急转南下，9月4日在广西境内渡过湘江。9月8日，红六军团在西延车田接到《中共中央、中革军委关于红六军团以后行动的补充训令致任弼时、萧克、王震电》。这是一个严禁向下传达的绝密电令，只允许中央代表任弼时及军团级首长知晓。这一电令虽然没有提及中央红军准备突围之事，但其目的很明确，就是以红六军团的积极行动，吸引与调动大量敌人，直接配合中央红军即将开始的突围行动。

10月2日，红六军团攻占贵州黄平县旧州。10月3日，红六军团撤离黄平，于4日进至位于乌江畔的瓮安县猴场，准备寻找合适的渡江点渡过乌江，甩掉追踪之敌，设法与红三军联系。而这前后两天，中革军委于10月3日和4日连续致电红六军团，称桂敌现向南开动，红三军已占印江，令红六军团迅速向江口县前进，无论如何不得再向西移。根据这个命令，红六军团放弃了西渡乌江的计划，于5日开始转而朝东北方向前进。

实际上，中革军委的这个情报并不准确，桂军当时并未南下。10月4日，湘、桂、黔国民党军在镇远召开联合"追剿"红军的紧急会议。会后，三省国民党军共24个团精心布置了一张大网，专等红六军团钻入其中。然而，红六军团对国民党军的计划却毫不知情。按照中革军委电报的指示，部队朝着东北方向一路前进，一步一步地进入国民党军的预设战场。此时，各路国民党军已向贵州石阡县甘溪乡合围而来。

甘溪一带山势虽不高，却十分险峻，尤其树林茂密，不易通行。两山之间有一块平地，约有1里宽，是这里唯一的通道，也是红六军团前往黔东会合红三军的必经之地。10月7日拂晓，红六军团按第十七师、军团部、第十八师的顺序由贵州石阡县西部的河坝场乡出发，向东北方向的甘溪乡前进，准备在那里休息后，待夜色降临再穿越石阡至镇远大道，往江口县开进。

十时许，红六军团第十七师第五十一团前卫第三营率先到达石阡西南30里的甘溪村，团本队和第四十九团在军团参谋长李达率领下随后跟进。前卫部队到达甘溪后，立即开始埋锅造饭，选择宿营地点，准备休息。而这时，桂军第十九师已迫近甘溪北面的坪望村，距甘溪不到10里。当第三营派出的侦察员从抓获的两名桂军俘虏口中得知敌人已近在咫尺的情况后，立即报告营长。第三营营长周仁杰见情况紧急，不待命令即抢先行动，指挥部队沿甘溪街头展开，准备迎敌。而红六军团军团部这时还在距甘溪6里的红岩村一带。由于未接到敌情报告，听到枪声还以为是前卫部队遭遇民团袭击而未加警觉，直到桂军迫近时，才发现敌情严重。

这样一来，在敌人24个团的围攻下，红六军团各部很快陷入被动。加上桂军装备比较精良，每个班都配置一挺轻机枪，而且大部分是广西人，动作灵活，善于山地作战，是地方军阀中战斗力较强的部队，因而战斗进行得很激烈，红六军团打得十分艰苦。红五十一团、红四十九团在甘溪东西街与敌人奋战四个小时，打退敌人多次冲击，暂时顶住了正面进攻之敌。战斗持续到十七时，参谋长李达率红五十一团、红四十九团两个团部和机枪连已突围而出，红五十一团、红四十九团主力眼看要陷入敌军包围之中，继续战斗下去十分凶险。军团领导决定部队立即撤出战斗，向东南面的大地方转移。

与敌人苦战之后收拢起来的红六军团官兵，听说能向大地方转移，立即振作起精神来了。但是，当王震亲率第五十三团在甘溪乡大土村以南一座上下40里的深山密林中披荆斩棘，开出一条通路，部队长途跋涉到了这个"大地方"时，大家才知道那不是原来心目中想象的"一个很大的地方"，而是今贵州省黔东南苗族侗族自治州镇远县大地乡的大地方村，当年是一个没几户人家的很小的村落，都不免有些扫兴。但终于暂时摆脱了敌人，而且总算有个说话的老乡，有块落脚的地方，战士们还是很高兴的。

甘溪战斗是红六军团入黔后打的一场凶险的恶仗。在这场战斗中，红六军团遭受了严重的损失。部队后来在向施秉县转移通过一条深山夹沟时，后卫红五十团完成掩护任务后却没能跟上，从此与军团部失去联系，后来自行突围。不幸的是，在行军中作为后卫的红十八师五十二团，遭敌包围，全团苦战数日，惨遭损失，指挥第五十二团担任后卫作战的红十八师师长龙云被捕牺牲。当地人民政府后来在当年鏖战的地方，为牺牲的死难烈士修建了一座纪念碑，萧克题写了碑名。

在这场惨烈的战斗中，不得不提到一个很关键的人物，这就是甘溪村民刘光荣。在甘溪战斗中，正是他为红军带路一天两夜，穿行在茫茫的佛顶山，才把红军带到了镇远县的大地方村，让幸存的红军战士们成功突围。1984年，萧克去到甘溪后，还特地去看望了他。

多年以后，时任红五十一团前卫第三营营长的周仁杰在回忆甘溪之战时说："甘溪遭遇战是令人心胆震惊的。这次战斗是有着深刻的教训值得我们永远记取的。最基本的一条就是思想麻痹，疏于戒备。湘赣突围前，任弼时等军团领导估计到这次西征的艰巨性，全军团上下有较充分的思想准备，因而能连续突破敌人四道封锁线，五次跳出敌人包围圈。虽然很危险，但仍比较顺利。在猴场接到中革军委'桂敌南移'的电报，谁也没有怀疑它的可靠性，特别是以后两天行军也没有发现任何敌情，加之，这里离红二军团所在的黔东根据地又很近，所以大家似乎松了一口气，因此，整个部队都没有应付意外事变的作战方案和精神准备。这对一个始终处于湘、桂、黔三省敌军包围之中的突围之旅来说，是十分不应该的。在这种情况下，当部队在甘溪跟敌人遭遇，特别是被敌人截为三段，部队打散，联系几乎中断的情况下，部队未能先敌展开占领有利地形，从而形成了各自为战的局面，削弱了部队的战斗力使部队受到严重损失。"①

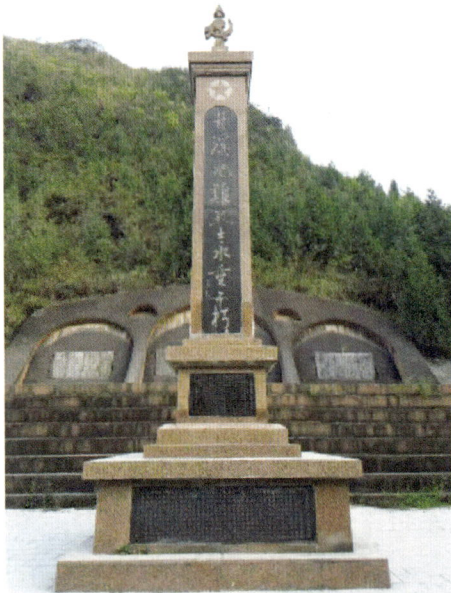

晚年萧克在回忆甘溪之战这一段的转战时也说："这是一个极端紧张而又关系到六军团大局的战斗行动，直到现在，一经忆起，心胆为之震惊，精神为之振奋。"②

甘溪红军死难烈士纪念碑（位于贵州省石阡县甘溪镇）

---

① 周仁杰：《震惊心胆的甘溪之战》，载本书编辑组编《红六军团征战记》（上），解放军出版社，1994，第392—393页。

② 萧克：《红六军团的西征》，载本书编辑组编《红六军团征战记》（上），解放军出版社，1994，第289页。

现在一谈到红军爬雪山，大家都不约而同会想到中央红军翻越的夹金山，但夹金山并不是红军在长征中翻越的海拔最高的雪山。红军长征翻越的海拔最高的雪山是位于四川省甘孜藏族自治州巴塘县夏邛镇与亚日贡乡之间的藏巴拉雪山。

首先需要明确一点，我们说的红军翻越雪山，并不是像今天的登山队员那样，登上峰顶之后再下去，而是从可供上山下山的雪山垭口翻过去。我们比较红军翻越雪山的海拔高度，也是从这个意义上来界定的。

现在一谈到红军爬雪山，大家都不约而同会想到中央红军翻越的夹金山，因为它太有名了。我们读到过的红军爬雪山相关材料，大多与夹金山有关。而且，在四川宝兴县穆坪镇还建有红军长征翻越夹金山纪念馆。为红军长征翻越一座雪山建纪念馆，在全国也是绝无仅有的。

　　夹金山是四川宝兴县和小金县之间的界山，红军长征曾经三次翻越这座雪山。第一次是在1935年6月中旬，中央红军主力陆续从四川宝兴的硗碛翻越夹金山王母寨垭口进至山北麓的达维，与红四方面军会师；第二次是在1935年10月下旬，红四方面军一部及中央红军中没有随主力北上而留在左路军的那部分从懋功翻越夹金山，退回到夹金山南麓后南下西康；第三次是在1936年2月，红四方面军及留下的那部分中央红军南下在西康发展受阻，又从宝兴翻越夹金山王母寨垭口，经达维、懋功、丹巴向西转移去康北。

　　但是，夹金山并不是红军在长征中翻越的海拔最高的雪山。

　　1936年4月下旬，红二、红六军团在任弼时、贺龙率领下，渡过了金沙江，翻越雅哈雪山进至中甸也就是今天的香格里拉市休整补充后，分两路向甘孜进发，准备去那里会合红四方面军。向甘孜进军的长征路，是红军长征中经过的自然环境最艰苦的地区之一。途经的得荣、巴安（今巴塘）、白玉三个县，当年地域荒僻辽阔，人口极其稀少，其间还横亘着一座座大雪山。

　　按照原定计划，红军前进到四川甘孜州得荣县城后，立即在这里休整补充，筹粮筹款。5月10日，红二军团先头部队占领得荣县城。13日，军团全部兵马陆续到达得荣县城及其附近地区。但部队进城后才发现，得荣县的这座所谓县城实际上就是一个小村子，全城仅十几户人家。红二军团从中甸出发时有9995人，而得荣县后来在1938年的户籍人口统计才3982人。当年这里的荒凉程度由此可见一斑。当然，现在的得荣县城已经今非昔比了。

　　因此，红军在这里根本就筹不到粮食，部队濒临绝粮的境地。在这种情况下，贺龙他们不得不放弃原定在得荣县城休整补充的计划，离开得荣县向巴安县方向前进。5月底，红二军团翻越帕聪亚山到达中咱休整后兵分两路，继续向巴安前进。

　　贺龙总指挥亲率红六师从中咱经昌波进至金沙江畔，计划沿江边小路迂回巴安；任弼时、关向应则率红二军团主力经亚日贡、东南多翻越藏巴拉山，进取巴安县城。但因西藏噶厦政府已令防守于金沙江西岸的藏军隔江用火力封锁了金沙江东岸的羊肠小道，使红六师无法通过。为避免不必要的伤亡，贺龙率红六师循原路退回中咱，在红四、红五师之后向巴安前进。

就是在这段艰难的征途中，6月3日，红军翻越了长征路上海拔最高的雪山——藏巴拉山。这座雪山位于四川省甘孜藏族自治州巴塘县城夏邛镇与亚日贡乡之间，海拔高度为4903米。

"藏巴拉山"藏语的意思是"财神之山"。藏巴拉山盛产冬虫夏草。藏族先人们可能早就知道它日后的价值，所以把这里称之为"藏巴拉"，现在可真是一座财富之山。山脚下那个叫"刀许"的小村子，靠着这满山的冬虫夏草，如今的村民每年都能赚几十万，个个笑逐颜开。

最后过草地的
长征队伍

红军长征时，过草地是部队非战斗减员最多的地方之一。而1936年7月至8月上旬，红二方面军作为长征路上最后一支过草地的队伍，他们所遇到的困难和付出的牺牲更是常人难以想象的。

1936年7月1日，红二、红六军团全部到达甘孜及其附近地区，与红四方面军胜利会师。7月5日，按照中革军委的命令，红二、红六军团和红三十二军正式组成红二方面军。两军在甘孜联欢和休整期间，红四方面军政治部下达了《北上抗日的政治工作保障计划》，召开各种会议动员和加强过草地的保障工作，并组织了团营连三级收容队。红二方面军则深入进行思想动员，积极筹集粮食、衣服、草鞋和帐篷等，尽力做好物资准备。

红二、红四方面军短暂休整后，分左、中、右三个纵队穿越草地北上。这是红军长征史上第三次穿越大草地。这次过草地，和前两次相同的是，经过的都是松潘大草地。新中国成立后，行政区划作了较大调整，红军当年经过的草地，如今分属于松潘、红原、若尔盖、阿坝等县，其中过若尔盖草地的时间最长，走得最艰苦。不同的是，这次过草地的起点要远得多。就红二方面军来说，大致分为两个大段的路程。第一大段是在甘孜休整后，从甘孜东谷一带出发，经壤塘县的西倾寺到阿坝，约500公里的大草地；第二大段是从阿坝到包座，也是约500公里的草地，但这一大段多数路段是水草地，而过水草地比过旱草地更困难也更凶险，人马一旦陷入泥潭连尸骨都找不到。

虽然红四方面军很多指战员已经是第三次过草地了，但红二方面军却是第一次，绝大多数指战员对将要跋涉的草地缺乏基本的认知和对付的经验。红军总部为此专门派了总参谋长刘伯承到红二方面军指导工作。因为刘伯承先后两次分别随红一、红四方面军经过草地，有草地行军的经验。同时，他还要负责在红二方面军教练打骑兵的战术。

红二方面军在左纵队后跟进。由于担负断后和总收容任务，红二方面军是最后出发的。作为最后一支过草地的队伍，红二方面军部队的筹粮等物资准备工作极其困难。部队7月6日陆续出发前往阿坝时，原准备筹集七天的粮食，但根本筹集不到这么多，多数部队带的粮只能吃两三天。我在读关向应、陈伯钧、王恩茂等同志这一段行程的日记时，看到的都是"无粮食采野菜吃""六军团仍在绒玉休息，以野菜充饥""各部队还是没找到粮食，全吃野菜"。原来计划十天走到阿坝，结果走了近二十天。直到7月26日，红二方面军各部队经过艰难跋涉才陆续到达阿坝。

当时的阿坝是大草地的中心，有很大的喇嘛庙，有很多住房、大块的田地，地里也种了大片的青稞。但此时青稞还没有成熟，不能收割来吃。加之藏民受国民党反共欺骗宣传的影响已逃走一空，根本就找不到人买粮食。时任红二方面军政治部总务处处长的王恩茂参加了突击动员收集粮食工作，他后来回忆："开头找不到一颗粮食，以后七找八找在牛粪堆里找到了一些粮食，在喇嘛寺佛像里头找到了一些粮食，但杯水车薪，解决不了多大问题，既不能吃饱肚子，更不能解决通过阿坝到包座千里大草地的粮食。"[1]

因为缺粮，在第二大段的水草地，红二方面军广大将士把所有能吃不能吃的东西都弄来吃了。草地很多野菜是有毒的，先由党员组成"试吃组"鉴别，不少党员因试吃了毒野菜而牺牲。到了最后，连总指挥贺龙的马也宰了，马骨头都不舍得丢弃。当时在红二方面军总医院当看护，后来写过《朝阳花》，担任过广州军区司令部管理局副政委的马忆湘曾经回忆："马的骨头也是宝贵的，把它放在火里烧得焦黑焦黑之后拿来啃，啃不动了再烧。"[2] 马忆湘的丈夫，就是著名的独臂将军晏福生中将。

即便这样想尽办法，离草地尽头还有老远的路程，所以走出草地前那几天，部队每天的"主食"都是野菜草根。更要命的是，茫茫水草地不但没有房子，连个能避雨的树林都没有。红六军团的指战员曾经连续九夜都是坐在草蔸上露营。而草地的气候恶劣，往往一天历四季。一会儿天晴，一会儿下大雨，一会儿刮大风，一会儿下大冰雹。王恩茂后来撰文回忆："有的冰雹像大碗那样大，有的人被冰雹炸死了，有的骡马被打死了。"[3] 如果不是亲历者回忆，我们真难想象，草地的冰雹能把骡马砸死。在这种恶劣的自然条件下，加上红二方面军进草地前刚刚连续翻越多座大雪山，给养没有得到足够的补充，战士们的体力还没有恢复，紧接着就进入环境如此恶劣的草地，遇到的困难和牺牲，今天的我们是难以想象的。红二方面军在这一段路上究竟有多少人因困饿而长眠草地，已经成了一个永远的谜。

---

[1] 王恩茂:《在雪山草地的艰难日子里》，载本书编辑组编《红六军团征战记》（下），解放军出版社，1994，第455页。

[2] 马忆湘:《在长征的道路上》，载本书编辑组编《红六军团征战记》（下），解放军出版社，1994，第485页。

[3] 王恩茂:《在雪山草地的艰难日子里》，载本书编辑组编《红六军团征战记》（下），解放军出版社，1994，第456页。

在草地行军的生死考验中，红二方面军充分发挥"政治工作是红军的生命线"的作用，政治工作部门的同志深入指战员中做思想工作，大家都以"走出草地就是胜利"互相鼓励，增强了战胜困难走出草地的勇气和信心。同时，政治部门号召广大干部和党团员发扬阶级友爱和团结互助精神，帮扶体弱生病的同志。各级领导干部更是身先士卒，与战士们同甘共苦。红二方面军总指挥贺龙还亲自出面抓部队的收容工作。他下令，集中全军的骡马运送伤病员，无论多么困难都不准丢弃一名伤病员。不少伤病员因此得以走出草地，一些极度虚弱的战士也是靠抓着马尾巴坚持走了下来。

正是由于贺龙、任弼时、关向应等红二方面军领导和各级干部以身作则，广大共产党员充分发挥先锋模范作用，使指战员们备受鼓舞。全军上下团结一心，怀着坚定的理想信念，忍着饥寒疲劳，以大无畏的革命英雄主义和超人的毅力进行了近十天的艰苦行军，终于走出了这片不堪回首的茫茫水草地。8月8日至11日，红二方面军各部队陆续到达四川若尔盖县的包座、巴西和求吉等地。

第二部分

检验真理谱新篇

长征途中，党和红军不但面临凶恶残暴的追兵阻敌，面临着严酷恶劣的自然环境，而且面临着同党内错误思想的激烈斗争。党中央在长征途中召开的遵义会议，是我们党历史上一个生死攸关的转折点。这次会议确立了毛泽东同志在红军和党中央的领导地位，开始确立以毛泽东同志为主要代表的马克思主义正确路线在党中央的领导地位，开始形成以毛泽东同志为核心的党的第一代中央领导集体，这是我们党和革命事业转危为安、不断打开新局面最重要的保证。

真理只有在实践中才能得到检验，也只有在实践中才能得到确立。经过长征的千锤百炼，党和红军更强大了，成为中国人民进行抗日战争的中流砥柱，成为中国革命赢得最后胜利的中坚力量。

湘江那一湾
悲壮的灰色

湘江血战，是中央红军撤出中央苏区以来打得最惨烈、损失最惨重的一仗。红军广大指战员与优势的国民党军苦战五昼夜，终于突破了国民党军重兵设防的第四道封锁线。

一提到湘江，人们自然会想到湖南。但湘江战役的主战场，却是在广西境内，那是湘江的上游。

湘江战役，从1934年11月25日十七时中革军委主席朱德在湖南道县寿雁镇豪福村急电各军团及军委纵队首长发布抢渡湘江命令，到12月1日十七时中共中央、中革军委机关和红军大部渡过湘江，共七天时间；从11月27日下午新圩阻击战打响，到12月1日下午红军主力渡过湘江，血战了五昼夜。

湘江战役的残酷性主要体现在三大阻击战中，即新圩阻击战、脚山铺阻击战、光华铺阻击战。我们平时讲湘江战役异常惨烈，主要是指这三场阻击战。新圩阻击战和光华铺阻击战都是彭德怀、杨尚

新圩阻击战博物馆（位于广西灌阳）

昆指挥红三军团打的，阻击的是桂系军阀部队由南北上的进攻；脚山铺阻击战是林彪、聂荣臻指挥红一军团打的，阻击的是湘军由北南下的进攻。当时敌人的企图是南北对进，封锁湘江。

新圩阻击战

新圩镇位于广西灌阳县西北部，南距县城约15公里。新圩镇西北方向一直到湘江岸边都是一马平川，无险可守。红三军团第五师两个团和第六师一个团以及后来奉命赶来接防的红五军团第三十四师，在这里阻击企图截击红军主力部队的桂军七个团及其后援部队。中革军委命令红三军团第五师挡住南来的桂军，要不惜一切代价，坚守三至四天。11月27日，新圩阻击战打响。血战三天后，30日凌晨，红五师接到紧急驰援红四师光华铺阻击阵地的命令，新圩阵地交红六师第十八团接防。

中革军委在电令红三军团第六师第十八团赶到新圩接防时，同时电令红五军团第三十四师应于30日晨接替红三军团第六师在枫树脚阵地阻击桂军的任务。但中革军委不知道，这个命令发出时，新圩镇枫树脚的红军防御阵地已经失守。毫不知情的红三十四师依然按照命令前往该地，孤军陷入敌军重围，最后全军覆没。

脚山铺阻击战

脚山铺是广西全州县才湾镇南一村下辖的自然村，位于湘江西岸。脚山铺阻击战是湘江战役中敌我双方投入兵力最多的一场战斗。红一军团的全部兵力1万多人都摆在这里，由全州南下企图与北上的桂军合龙的第一路"追剿"司令刘建绪指挥的6万多湘军部队也倾巢而出。

脚山铺（后改觉山铺）阻击战旧址（位于广西全州）

双方投入兵力最多的脚山铺，原本是桂军的防守地盘，但白崇禧耍了一个花招，11月20日借口南边的龙虎关形势吃紧，征得蒋介石的同意，把所有的部队往南撤了。几天后蒋介石接到何键转报的第一路司令官刘建绪电报了解实情后十分恼火，为了堵上这个缺口，蒋介石严令湘军急速南下。红一军团趁桂军南撤后的间隙从全州县凤凰乡的大坪渡口突破湘江，立即兵分南北两路，红四团南下抢占了界首渡口，但红五团北上想去抢占全州县城时，发现全州县城已被此前往南赶的湘军先行占领并派重兵继续南压。这样，红一军团只有在全州县城西南部的脚山铺一带构筑阻击阵地，抗击从北往南压过来的湘军。如果当时红一军团先敌抢占了全州县城，继而在全州县城边上的盘山脚天险布防，那么南下的湘军要越过这道天险将会付出沉重的代价。

从11月29日晨脚山铺阻击战打响，到12月1日正午时分得知主力红军基本上渡过了湘江，红一军团第一师和第二师交替掩护撤出战斗，红一军团在这一战中付出了伤亡4000多人的重大代价。

光华铺阻击战

光华铺阻击战也叫界首阻击战，战场位于广西兴安县城以北约15公里的湘江界首渡口两岸。这一仗，是红三军团第四师以及先后赶来增援的第五师、第六师阻击北上的桂军。因为中央机关就是要从界首渡口过江，这场阻击战就显得格外重要，这里的战斗也因此异常激烈。11月29日夜双方一接战，就在黑暗中拉锯厮杀。最危险的时候，桂军曾两次攻到离红三军团军团长彭德怀的指挥所"三官堂"不足100米的地方。第二天战况愈加凶险，一天时间内，红四师第十团就牺牲了沈述清和由师参谋长接任的杜中美两位团长，团政委杨勇也腿部中弹。

湘江血战，是中央红军撤出中央苏区以来打得最惨烈、损失最惨重的一仗。红军广大指战员与优势的国民党军苦战五昼夜，终于突破了国民党军重

作者（右二）在兴安县界首镇抢渡湘江红军指挥部三官堂考察

兵设防的第四道封锁线，粉碎了蒋介石围歼中央红军于湘江以东的企图。但红军付出了极为惨重的代价。担任掩护的红五军团第三十四师和红三军团第六师第十八团被阻于湘江东岸，在优势之敌的围攻下，大部分指战员壮烈牺牲。两支部队基本上成建制覆灭，这在红军史上还是第一次。

红八军团损失尤甚。红八军团出发长征时有近1.1万人，但因为是新组建的军团，新兵居多，缺少战斗经验，基本上被打成溃败状。湘江战役以后，红八军团仅剩1200人不到，军团建制不久即被撤销。

中央红军突破前三道封锁线后，还剩下6.4万多人，湘江战役一仗损失了3万多人。红军在整个湘江战役中的损失，除了三大阻击战的战斗减员之外，还来自国民党军对红军在渡江之前的截击、渡江之后的侧击和追击，包括敌机的轰炸。激战到最后一天即12月1日，红军掌控的屏山、大坪、界首三个渡口都已失守，全州县凤凰乡的凤凰嘴渡口就成为还在湘江东岸的红军各部抢渡的最后一条生命通道。但红八军团和红九军团在这个渡口徒涉湘江的时候，遭到追赶而来的桂军轻重机枪扫射和敌机超低空轰炸，许许多多的红军将士就这样长眠在湘江。凤凰嘴也成为当年牺牲红军最多的渡口。

全州县湘江的拐弯处有个叫岳湾塘的大水湾。因为有了这个水湾，湘江的来水到这里流速减慢。身着灰色军装的红军将士尸体，从上游漂下来后在这里缓缓堆积，将这一大片水域全部挤满。当地老百姓那年看到的水湾，是布满了红军尸体的满眼灰色！我们可以想象，那是怎样的撼人心魄？！

于是当地老百姓在湘江战役之后流传开来一句话："三年不饮湘江水，十年莫吃湘江鱼！"

我曾两次站在湘江边，在不同的渡口思考同一个问题：为什么这窄窄的湘江、浅浅的江水，竟然让千千万万红军将士的人生骤然而止？

我们今天的思考，当年的红军战士们却是用生命在体验。湘江对于他们来说，那才是真正意义上的不堪回首！而由此引发的思考，自然要痛心疾首得多。

正因为如此，湘江战役之后，广大红军将士对脱离实际瞎指挥的不满达到了顶点。曾经担任红军总参谋长的刘伯承后来在《回顾长征》一文中就说过："广大干部眼看反五次'围剿'以来，迭次失利，现在又几乎濒于绝境，与反四次'围剿'以前的情况对比之下，逐渐觉悟到这是排斥了以毛泽东同志为代表的正确路线，贯彻执行了错误的路线所致，部队中明显地滋长了怀疑不满和积极要求改变领导的情绪。这种情绪，随着我军的失利，日益显著，湘江战役，达到了顶点。"[1]

也因此，逐步形成了遵义会议的思想基础和群众基础。

[1]《刘伯承回忆录》，上海文艺出版社，1981，第4页。

中央红军长征路上的湘江战役，是敌我双方的生死拼杀。细论起来，除了此时基本上不怎么积极的粤军，实际上是中央红军、国民党中央军、湘军、桂军四股力量在博弈。

蒋介石企图一石二鸟

中央红军渡过于都河后，只用了不到一个月时间，就已经连续突破了敌人的三道封锁线，进展还是比较顺利的。但因为打的是掩护仗，部队缺乏机动性，施展不开手脚，全军上下都感觉很憋气，而且连过三道封锁线后已经损兵折将2.2万多人。所以蒋介石弄清楚了中央红军的意图和行进路线后，非常自信，认为此时的中央红军已经"流徙千里，四面受制，下山猛虎，不难就擒"[1]。于是他想在剿灭红军的同时，顺手牵羊把让他闹心的地方军阀问

---

[1] 晏道刚：《蒋介石追堵长征红军的部署及其失败》，载中共中央党史研究室编《红军长征纪实丛书·国民党军围追堵截卷1》，中共党史出版社，2016，第59页。

题也一并解决了。

张学良于1928年12月29日通电全国宣布服从以蒋介石为首的南京国民政府后,全国实现了形式上的统一。但是国民党中央与地方素有矛盾纠葛,蒋介石与桂、粤、湘以及西南各省一向矛盾很深。特别是广西和广东,基本上保持着半独立状态,而且广西的李宗仁、白崇禧还几次参与倒蒋活动。蒋介石想到这事儿就恨入骨髓,必欲除之而后快。

因此,蒋介石在制定湘江战役计划时,就想着这一战既能消灭中央红军,又能搞定地方军阀,达到一石二鸟的目的。

1934年11月12日,蒋介石作出了将中央红军歼灭于湘水、漓水以东地区的部署,调集了中央军和地方军30多万兵力,构筑第四道封锁线。任命湖南军阀何键为"追剿"军总司令,并立即批准了何键的五路"追剿"计划,企图将中央红军压缩在湘江以东、龙虎关以北的全州、灌阳、兴安三县交界东西不足60公里、南北不足100公里的三角地域,依仗其兵力和装备上的优势聚歼中央红军。

为实现一石二鸟的目标,蒋介石听任追击的中央军远远地跟在后面,而命令桂、湘两省军队南北夹击,与中央红军决战。在他看来,红军此时按计划去湘西,就要进入广西,桂系军阀是不会让红军在自己的地盘上生根的,桂军主力一定会拼死激战,这势必两败俱伤。如果红军与桂军激战后去会合红二、红六军团,那还得再与湘军对战,结果也将是两败俱伤。到那时候,他正好让后面的中央军乘虚而入收拾残局,坐收渔利,一举掌控湘、桂两省。

为了不让湘、桂军阀看出自己的用心,蒋介石在兵力安排上也颇费心思。他让嫡系薛岳部紧随在北面湘军主力刘建绪部的后面保持机动并监视其行动;周浑元部在湘南尾追红军的同时,也负牵制、监视湘军和桂军之责,为其追击红军入桂进而相机解除桂军武装作准备。同时,蒋介石又是空投唐诗勉励何键"全力督剿",又是立即拨给桂军三个月军饷和一大批军用物资激励"将士用命"。

蒋介石的如意算盘确实打得不错,但各方博弈的结果,却未必能如他所愿。

桂系既反共又防蒋

对于桂系军阀在湘江战役中的表现,国内有的学者认为是"防蒋甚于反共"。这实际上是忽视了桂系军阀的反动性。当时的地方军阀可能各有自己心里的小九九,但在反共这一点上却是一致的。广西军阀尤其突出。1927年蒋介石发动四一二反革命政变,就是与时任上海警备司令的白崇禧密谋的。白崇禧是四一二反革命政变的直接指挥者和执行者。在湘江战役中,对红军伤害最大的,也是桂军。

但桂系军阀在严防红军深入广西腹地、坚决进攻红军的同时,也确实做了防止蒋介石的中央军以追击红军为名进入广西的部署。他们在湘江战役中采取的基本方针,就是既反共又防蒋。李宗仁和"小诸葛"白崇禧商定的对策是,在红军入境前,实施严密防堵的方针,将部队布防于湘桂边界和湘江沿岸。这既是做给蒋介石看的,也是要让红军知道桂军已经做好决战的架势,令其知难而退。如果红军要强行过境渡江,看具体情形调整部署,与湘军协同配合实施夹击和侧击。总之以防堵红军深入广西腹地为首要目标,同时也不能让蒋介石的嫡系部队乘机入桂,必要时请求粤军支援,既保存实力又保住地盘。

恰在此时,白崇禧接到了已经打入国民党军委会机要部门的王建平紧急密电,说蒋介石在杨永泰等幕僚的协助下,秘密制定了"一举除三害"的计划。主要内容是压迫红军从龙虎关入桂,然后由广西腹地转入雷州半岛,粤军和桂军无力解决红军,中央军大举深入,在消灭红军的同时解决掉粤军和桂军；如果红军不走龙虎关，则驱使红军由清水、高木、永安、雷口"四关"入桂，那时桂军不得不与红军全面开战，中央军再从北、东两个方向跟进，收拾残局，解决广西问题。

看罢这个密电，白崇禧等人惊得目瞪口呆！也使广西军阀头子们更进一步坚定了既反共又防蒋的策略方针。

到了湘江战役后期，桂军之所以急于越过新圩向北展开，除了截击红军的后续部队，还有一个重要原因就是阻挡蒋介石的中央军南下进入广西。桂军第二十四师副师长兼第七十团团长颜仁毅，甚至率部在全州古岭头一带，阻击了企图进入广西的周浑元部万耀煌师的先头营，并将其包围缴械。

湘江战役的『四方角逐』（中）

湘军听命联桂反共

湘江战役时，湘军的行动是最积极主动的。当时何键统治之下的湖南，东北部和西北部分别有湘赣革命根据地和湘鄂西革命根据地，加上之前的湘南暴动，弄得湖南军阀焦头烂额。何键做梦都想把境内的红军剿灭。湘赣革命根据地的红军主力红六军团先遣西征时，何键就组织了7个师的兵力参与围堵。这次蒋介石任命他为"追剿"军总司令，连薛岳都归他指挥，他受宠若惊，在11月14日就迅速将指挥部由长沙迁驻衡阳。在就职通电中，他豪言壮语："兹奉新命，誓当益矢有我无匪之决心，穷匪所至，不歼不止。"他的这番表现，自然让蒋介石挺满意。

何键也知道，如果没有桂军的全力参与，要想在桂北湘江以东地区全歼中央红军是很困难的，行动也会有掣肘。只要桂军倾力堵击，湘、桂两军合力痛下杀手，红军即便有些部队过了湘江到湘西，在他看来那也是强弩之末，不足为虑了。因此在战役部署时，他时时处处都很主动和桂系沟通，并特意派白崇禧的保定军校第三期同学刘建绪与桂系共商联合防堵大计。相互试探算计之后，两家敲定了防区划分：以黄沙河为界，桂军主力负责兴安、全州、灌阳至黄沙河（不含）一线；湘军主力负责衡阳、零陵、东安、黄沙河一线。商定两家严密布防，合力封锁湘江，对硬闯湘江的中央红军南北夹击，互派一名军事联络员以协调行动。

但桂系军阀在与湘军联防时也有自己的心理底线，那就是所谓"保境安民"。一旦自家后院有风险，这种合作联防就要让路。当桂系军阀发现有红军一部往永明（今江永县）进军时，立即就将部队南撤回防龙虎关。因为历代以来，龙虎关一丢，南进的军队就很容易深入广西腹地。白崇禧将担负湘江江防任务的第十五军南撤到龙虎关、恭城地区后，留下了从兴安至全州段60公里的湘江防守空白。对红军来说，这无疑是天赐良机。但是，中央红军却因行动迟缓没能抓住机会。

没有交接就撤防这么大个事儿可不是闹着玩的！白崇禧不愧为"小诸葛"，破例以李宗仁的名义给蒋介石发电报告军情，说现在广西这边龙虎关、富川、贺县同时吃紧，桂军原来在全州、兴安一线防堵的部队，准备南移到恭城附近，兴安、灌阳以北只能留一部分部队，希望蒋介石让何键的部队向全州、兴安推进接替，以保无虞。不明就里的蒋介石居然还就同意了，并将桂电转发给了何键。这样一来，桂系这边就没有责任了。湘江战役之后，湘、桂军阀就为此事，还相互指责，打了好长一段时间的口水仗。

面对湘江洞开的防线，何键叫苦不迭，更有被戏弄的愤懑。此时何键明知湘军南下将与红军对撞，必有一场血战，造成自身重大损失是难免的。但如果不与桂军衔接，中央红军将从容渡江进入湘西与红二、红六军团会合，三湘大地从此将"后患无穷"，况且也没法向一直坐镇南昌行营的蒋介石交差。权衡再三，何键觉得与其让红军从容去湘西，不如仍然将其围困于湘江以东的桂北地区，与桂军、中央军合力三面夹击，完全有可能全歼红军，即使湘军主力付出重大代价，也是值得的。

此时红军大部还远在潇水一带，且行进速度缓慢。在何键看来，亡羊补牢还为时不晚，一切都还来得及。因此在部署上，何键让追击的部队想方设法迟滞红军行动，以便为刘建绪率部赶到全州争取时间，及时填补桂军南撤后的防守空白。同时他也自信地认为，即便白崇禧的桂军不配合，他统辖的15个师，加上后边追击而来的中央军，也足够对付中央红军。当然，事情的来龙去脉必须向蒋介石汇报清楚，绝不能干那种被人卖了还帮人家数钱的傻事。

11月26日下午，刘建绪率湘军4个师又1个团开进全州，并向南派出警戒部队后，当晚就以"追剿"军前敌副总指挥的名义，将桂军兵力南移后造成湘江沿岸已无兵防守的情况告知了何键。并表功自己率部进驻全州后，已经派出精干部队，星夜分途围歼渡河的红军。何键旋即将电报转给了蒋介石。

刘建绪的行动实际上并没有他自己说的那么积极主动。蒋介石是在11月22日同意桂军南移并让湘军接防全州的，从湘军的集结地湖南东安到广西全州县城不到100公里，最多两天时间就能到。而全州县城往南到兴安就更近，只有60多公里，部队行军一天就能到。如果刘建绪闻令而动，湘军依然可以抢在红军之前，南下到兴安与桂军衔接封锁湘江所有渡口。

正是军阀之间的钩心斗角，包括湘、桂军阀对国民党中央军的提防，桂军南撤致湘江防线洞开，而湘军为保存实力南下接防行动缓慢。这期间，行动迅速的红一军团前锋部队至11月27日，抢占了从界首往北到屏山渡30多公里的湘江沿岸所有渡口。之后，红一军团在北边的脚山铺，红三军团在南边的光华铺，抗击湘、桂军队的南北夹击，就是为了保住这条30多公里宽的生命通道。

蒋介石得知桂军南撤后湘江处于无兵防守而湘军畏缩不前不敢接敌的

情况后顿时震怒，连续发出急电，痛斥桂军放弃职守，严令桂军、湘军对红军已过河部队实施夹击，对未过河部队实施截击，同时命令追击部队加紧进攻，力图将红军歼灭在湘江两岸地区。蒋介石的雷霆之威此时发挥了作用，国民党军各路部队倾巢而出，从四面八方扑向红军。

于是，四股军事力量的几十万部队，在湘江两岸的新圩、光华铺、脚山铺三个主要战场，展开了持续五天五夜的惨烈搏杀。

中央红军硬闯湘江

中央红军在1934年11月中旬突破国民党军第三道封锁线以后，进入到湘南地区。红军在这里进行了革命宣传和组织工作，还成立了宜章县苏维埃政府，建立了赤卫队，这大大地鼓舞了湘南地区人民的革命斗争。与此同时，蒋介石也已经判明了红军西进的战略意图，加紧调兵遣将部署对红军的围追堵截。

中央红军长征初期，基本上是沿着红六军团探路西征的路径行进，所以要判定红军的战略意图并不是一件很难的事情。连当时国民党的报纸都笑话红军是"前头乌龟扒开路，后头乌龟跟上来"。

蒋介石判明红军西进的真实意图是与红二、红六军团会合后，心里既担忧又高兴。他首先担忧的是，这两路红军一会合，如果站稳了脚跟，那又会搞出一个新的苏维埃区域，自己前几年的"剿共"心血就付诸东流了。当然，他更多的是高兴，因为红军西进再北上去会合红二、红六军团，一定会面临潇水、灌江和湘江的阻隔，这一地区就可以成为

"剿灭"中央红军的最佳预设战场。而且，湖南的何键和广西的李宗仁是不会轻易让红军在当地站稳脚跟的，地方军阀与红军缠打厮杀，既减少了蒋介石中央军的伤亡，又为中央军坐收渔利赢得了时间。

此时的毛泽东早已没有多少话语权了，但他本着对党和红军高度负责的精神，依然向博古、李德等人建议，乘各路敌军调动之际，组织力量进行反击，杀一个回马枪，歼灭敌人一路或一部，以扭转战局。彭德怀也提过类似的建议。他还特别强调，如果红军被迫经过湘桂边界的西延山脉，同桂军作战，其后果是非常不利于我们的。但是，这些建议都被博古和李德否决了。他们一味消极避战，一路向西退却，顽固地坚持既定的西进计划。中央红军因此丧失了在湘南地区歼敌的良机，被迫在国民党军几十万部队中杀开一条血路，硬闯湘江继续西行。

即便如此，中央红军原本还是有机会不需要付出这么大的伤亡而顺利渡过湘江的。11月25日，朱德在湖南道县寿雁镇豪福村部署中央红军抢渡湘江。红八、红九军团根据部署作为第四纵队经永明向广西灌阳、兴安前进。桂系军阀发现红军一部进军永明大为恐慌，担心红军会一路西进直取桂林，因而将担负湘江的兴安至全州段60公里江防任务的第十五军南撤到龙虎关、恭城地区，以阻挡红军，保卫桂林。

桂系军阀这一招用意很明显，就是要确保广西腹地的安全。这样一来，客观上为中央红军让出了一条西渡湘江的安全通道。可惜的是，红军当时没有掌握到这个情况，中革军委是三天后才得到这个情报的。尽管此时战场态势已经发生了变化，但桂军撤防后留下的江防空白依旧存在，因为湘军的补防部队还没有到位。如果中央红军下决心精简辎重，轻装前进，渡江西去，还是可以避免与国民党军决战的。

但是，中央红军是带着中华苏维埃共和国的全部"家当"长征的。而且很奇怪的是，中央命令红六军团先遣西征的时候，就是让他们"搬家上路"

湖南道县寿雁镇豪福村中央机关、中革军委机关临时驻地旧址

的。萧克后来回忆："这次向西行动，中革军委指示我们一切都要带走。由于我们主要领导人不大了解西征意图，也没有接受红十七师北上的经验。结果，把省保卫局的犯人、医院、兵工厂、石印机，甚至连个老虎钳子都带了。""我们从湘桂黔边进入贵州，带的东西就扔得差不多了。就把情况报告了中央，可是中央不吸取经验教训。不久，中央红军从中央苏区向西转移，他们搬的比我们还厉害，打仗是打被动的掩护战，因而吃亏也就更大。"①

所以，长征初期部队行动完全缺乏机动性，"全军8万多人在山中羊肠小道上行进，拥挤不堪，常常是一夜只过一个山坳"②。而庞大的军委纵队，由

---

① 萧克：《红六军团的西征》，载本书编辑组编《红六军团征战记》（上），解放军出版社，1994，第286页。
② 《中国共产党简史》编写组编著：《中国共产党简史》，人民出版社、中共党史出版社，2021，第57页。

于辎重拖累，长长的队伍在崎岖的山路上像老牛拉车，行动更是极其缓慢，有一天竟然只走了8公里！军委纵队到达文市、桂岩一带时，距湘江最近的渡口只有80公里，如果轻装前进的话，一天多时间就可渡过湘江，军委纵队却走了整整四天！这直接导致后卫红五军团以及因改道而落在最后的红八、红九军团，没法及时过江。在北南两翼阻击敌人的红一、红三军团，为了保住向湘江前进的生命通道，不得不以巨大的伤亡苦苦支撑。

到12月1日晨，除了军委两个纵队已经过江外，全军总共12个师只有4个师过了江。所以这一天的战斗，关乎中央红军的生死存亡。就在中革军委下达紧急作战命令两个小时后的三时半，中共中央、中革军委、红军总政治部又联名向红一、红三军团下达了一定要保证执行军委一时半紧急作战命令的指令：

> 一日战斗，关系我野战军全部西进，胜利可开辟今后的发展前途，退则我野战军将被层层切断。我一、三军团首长及其政治部，应连夜派遣政工人员分入到各连队去进行战斗鼓动，要动员全体指战员认识今日作战的意义。我们不为胜利者，即为战败者，胜负关系全局。人人要鼓起作战的最高勇气，不顾一切牺牲，克服疲惫现象，以坚决的突击执行进攻与消灭敌人的任务，保证军委一号一时半作战命令全部实现。打退敌人占领的地方，消灭敌人进攻的部队，开辟西进的道路，保证我野战军全部突过封锁线，应是今日作战的基本口号。[1]

中央红军长征路上的作战命令，多是以中革军委主席名义下达的，而这份电报，却是用当时最高权力机关中共中央、中革军委、红军总政治部联合

---

[1] 中共中央文献研究室编《朱德年谱（一八八六—一九七六）》新编本（上），中央文献出版社，2006，第433页。

名义下达，其分量可想而知，而且在长征史上也是独一无二的。

　　1934年12月1日，这是湘江血战的第五天，也是红军作战历史上最惨烈的一天。战至12月1日十七时，硬闯湘江的中央红军大部分过了江。根据中革军委命令，在北南两翼担负掩护任务的红一军团和红三军团撤出战斗，湘江血战落下帷幕。

　　湘江血战，是中央红军撤出中央苏区以来打得最惨烈、损失最惨重的一仗。开始战略转移时，中央红军总兵力8.6万余人，在湘江之战后，部队锐减至3万多人。湘江战役也是中央红军长征中最为壮烈的一仗。经过五昼夜血战，红军终于打破了湘军、桂军和蒋介石嫡系中央军的围追堵截，突破了国民党军的第四道封锁线，彻底粉碎了蒋介石将红军歼灭于湘江以东的企图。红军在湘江之战中表现出的大无畏革命英雄主义气概，惊天地泣鬼神，连对手都不得不惊叹。战后，"追剿"军总司令何键不但承认失败，而且用了"实深惭悚"来形容自己的沮丧心情。

作者手记：
错误路线害死人

红军由此
『走通了道』

通道会议是中央红军长征史上一次非常重要的会议，红军由此"走通了道"。但对于会议本身，还有很多细节至今没有搞清楚，甚至连会议地点都还存在争议。

中央红军在长征路上开了很多会，1934年12月12日在湖南省通道县境内召开的通道会议是其中之一。这个会议议题只有一个，就是讨论红军下一步的前进方向问题。

中央红军经过湘江战役几天的血战，到12月1日傍晚时分大部过了江，但并没有完全脱离险境。中革军委12月3日决定，正在西延地区集结准备休整的中央红军立即脱离敌人，向西深入越城岭山区。以一部分兵力阻击追敌，一部分兵力牵制企图在翼侧截击红军的湘、桂军，以掩护主力西进。12月5日，中央红军经过近两天的奋力攀登，终于翻越了长征以来的第一座大山老山界，进入广西龙胜县境。

蒋介石及其参谋团实际上在中央红军突破第三道封锁线时，就已经觉察了中央红军主力与红二、红六军团会合的战略意图，并在湖南洪江、芷江，贵州松桃、铜仁、石阡一带集结了近20万军队。为阻止中央红军与红二、红六军团会合，国民党军很快在湘西城步、绥宁、靖县（现靖州苗族侗族自治县）、洪江、武冈布好一个口袋阵。这样一来，中央红军就失掉了北上到湘西去会合红二、红六军团的先机。

12月11日，中央红军先头部队红一军团第二师占领湖南省西南边的通道县城。补充说明一下，通道县当时的县城是县溪镇，位于今天的通道县城双江镇西北方向，当时离双江镇大约25公里。这时，在湖南境内的国民党"追剿"军主力大部已经进到城步、绥宁、靖县、洪江、武冈等地构筑工事，张网以待。毛泽东向中央建议，红军应该改变原定计划而向敌人力量薄弱的贵州进军，在川黔边建立根据地。但李德、博古仍然坚持北出湘西的计划，把中央红军摆脱困境的希望寄托在与红二、红六军团的会合上。

好在毛泽东的这一正确主张首先得到了王稼祥、张闻天的同意和支持。"三人团"成员之一的周恩来认为，要改变北出湘西与红二、红六军团会师的原定计划事关重大，必须商经博古、李德等人同意才行。于是，中共中央于12月12日在湖南省通道县的县溪镇恭城书院召开了紧急会议，讨论中央红军的进军方向问题。12月12日凌晨，中革军委二局破译了国民党军第一兵团总指挥刘建绪部署截击红军的密电，内容为在通道县以北的绥宁地区构筑封锁线，防止红军"北窜"。[1]这个情报，也成了通道紧急会议召开的一个重要推动因素。

参加通道紧急会议的有周恩来、毛泽东、张闻天、朱德、博古、王稼

---

① 冯军平：《中共最"神秘"的军委二局》，《党的建设》2007第8期。

祥、李德7人。会议由周恩来主持。毛泽东详细分析了敌我情况，具体阐述了自己的主张，王稼祥、张闻天等人发言表示支持。博古虽然不再坚持己见，却并没有放弃要北上和红二、红六军团会合的既定战略方针。因此，毛泽东提出的正确主张未能被会议完全采纳，只是在进军路线上作了改变，即不在湖南境内立即北上，而是西进贵州后再相机北上与红二、红六军团会合。这就是学术界通常所说的"战术转兵"，而非"战略转兵"。当然，这一变动也是意义非凡的。因为虽然没能从根本上改变博古、李德原定的计划，但通道会议改变行军路线的这个决定却避免了中央红军钻入国民党军预先布好的口袋阵，而可能招致全军覆没的危险。

根据通道会议精神，中革军委在12月12日十九时三十分发出"万万火急"电，命令中央红军先头部队迅速脱离桂敌，攻占黎平，打通西入贵州道路。12月13日，中央红军从通道分两路转兵西进。一路由通道的县溪镇进入靖县的新厂、平茶，然后由新厂、平茶分两路进入贵州；另一路由通道的播阳进入贵州的洪州，向黎平县进军。

我们上面说的这些会议相关内容，包括会议地点、会议主题、与会人员等，是目前比较一致的"官方叙事"。但实际上对这个会议还存在很多的争议。我是前些年开始关注这个会议的，越深入探究越困惑。

一是会议地点。关于这个会议的召开地点，还存在一个不同的版本。持此观点的民间人士——还包括一部分学者——坚持认为，这个会议不是在当时通道县城县溪镇的恭城书院召开的，理由是军委纵队长征没经过县溪镇，中央领导没在这个地方宿营，根本不可能在那里开会。有人认为是在芙蓉寨召开的，理由是12月12日军委第一、第二纵队都到了芙蓉镇一带会合宿营，此后连续两天都共同行进，有开会的条件。还有人认为是在通道县牙屯堡镇的外寨村召开的。

既然会议地点有争论，那为什么后来会把会议地点定在县溪镇的恭城书院呢？我看到过一个逻辑上说得通的解释。说是1994年纪念长征60周年的时候，通道会议的会址在哪里还没有搞准确，但马上就要举行纪念活动了，总得确定一个地方，而红军长征队伍到达过县溪镇是确定无疑的，那里的恭城书院是很有气势的清代建筑，而且整体保存完好，于是就将它确定为会址了。依据之一是，有同志回忆这个会议是在一个"像教堂，像学校"的地方召开的，这样就定在了恭城书院。今天看来这个过程有点不严肃，所以我只能说"逻辑上说得通"，因为事实上未必如此。

二是会议主题。李德后来在他的《中国纪事》一书中称这个会议为"飞行会议"，我们现在一般称为紧急会议。具体又有几个不同的叫法，有称之为"中央政治局紧急扩大会议"的，也有称之为"中共中央负责人紧急会议"的，还有称之为"军委扩大会议"的。由于没有留下任何文字记录，这次会议至今没有一个统一的叫法。最新的《中国共产党简史》没有提到这个会议。要说因为是简史不可能详细叙述，可书中对黎平会议却有具体而准确的表述："1934年12月，中央政治局在贵州黎平举行会议，根据毛泽东的建议，通过决议，放弃到湘西北同红二、红六军团会合的计划，改向贵州北部进军。"①

三是与会人员。涉及变更进军方向这样的大问题，而且是最高级别的会议，按说决策核心的所有人员都应该出席会议，可是与会者里面居然没有陈云。我们知道中共六届五中全会选举产生的中央政治局委员共11位，中央红军长征时，项英留在中央苏区，王明和康生在莫斯科，任弼时在红六军团，张国焘在红四方面军。其余6人是博古、张闻天、周恩来、毛泽东、朱德、陈云，他们此时都随红一方面军长征。可是，现有材料中，这个会议其他5个政治局委员都参加了，唯独陈云这个政治局委员没有参加，而中央政治局

① 《中国共产党简史》编写组编著：《中国共产党简史》，人民出版社、中共党史出版社，2021，第58页。

候补委员王稼祥却参加了。王稼祥参加会议说得通，因为他还有一个身份是中革军委副主席，研究部队进军方向变更的会议请他参加合情合理，但是陈云不参加就让人百思不得其解了。因为要电召在后卫部队当中的陈云来开会并非难事，而且到了贵州黎平县的时候，博古就曾经电召陈云在黎平县的洪州镇见过面。

虽然通道会议还有这么多问题至今没搞明白，但这并不影响它在中国共产党历史上的重要地位。这个会议在毛泽东的革命生涯中，也是具有标志性意义的。因为正是在这个会上，毛泽东的意见自他在1930年10月宁都会议被剥夺对中央红军的领导权以来，第一次在中央最高领导层得到多数人的尊重和响应。这是毛泽东个人的幸事，更是中国共产党和中国红军的幸事。

现在我们去湖南通道县，找个稍微熟悉历史的当地人聊聊，他们都会感到很自豪，说"通道"这个名字很吉祥，这里是中国共产党的"转运之地"，红军由此"走通了道"；说正是有了通道会议这个基础，才有了后来黎平会议、猴场会议、遵义会议逐步实现的伟大转折。我想，研究红军长征历史的人，对此观点是会持肯定态度的。

遵义会议　他在担架上促成

红军在长征路上，召开过一系列会议，其中中央红军召开的会议最多。所有这些会议中，最重要的无疑是遵义会议。而遵义会议之所以能够成功召开，不能不提到一个重要人物，那就是坐着担架长征，时任红军总政治部主任、中革军委副主席的王稼祥。

王稼祥于1930年2月从莫斯科回到国内后，最初是在上海中央机关负责中央党报工作，担任中央党报委员会的秘书长，是中共中央机关报《红旗日报》的主笔。1931年1月党的六届四中全会之后，王稼祥被派往中央苏区工作。他和任弼时、顾作霖一起，受中央委托，到中央苏区全权调查和解决"富田事变"问题。

在中央苏区，王稼祥出任了红军总政治部主任、中革军委副主席，刚到苏区不久就成功地参与指挥了著名的宁都起义。可能很多人不知道的是，王稼祥当时是和毛泽东、朱德、周恩来并列为红军四大领袖的。那时红军每个连队都有"列宁室"

和俱乐部，是战士们读书学习和娱乐的地方，室内除了挂有列宁、斯大林画像，红军的领袖像挂的就是毛泽东、朱德、周恩来、王稼祥四个人的相片。

在中央苏区与毛泽东共事的过程中，通过打赣州、打漳州等战斗的比较，王稼祥逐步认识到，只有毛泽东的军事思想、战略战术才符合中国实际，而临时中央军事冒险主义的"进攻路线"则是完全脱离中国实际的。因此，在1932年10月召开的宁都会议上，王稼祥出乎不少人意料态度鲜明地支持毛泽东。

中央红军取得第四次反"围剿"胜利以后，为庆祝胜利，进一步鼓舞部队的战斗情绪，红军总政治部于1933年4月，在今江西乐安县东南部的谷岗村一座祠堂里召开了全军青年工作会议，朱德、周恩来和王稼祥都参加了这次会议。不幸的是，会场遭到国民党军队飞机的狂轰滥炸，王稼祥身负重伤。弹片从右下腹打进去，嵌在右肠骨窝上，有可能导致结肠穿孔感染。受医疗条件的限制，当时只能切开引流，没能把弹片取出来，也没法把腐骨清

王稼祥负伤处：江西乐安县谷岗乡谷岗村祠堂

除，所以就一直流脓，只好每天换绷带。他就这样身体带伤一边治疗一边工作，第五次反"围剿"失败后躺在担架上开始了长征。

长征出发前，为便于随主力军团行动，中共中央、中华苏维埃共和国中央政府、中革军委机关和直属部队编为两个野战纵队。毛泽东、朱德、张闻天、王稼祥等领导编在第一野战纵队。两个野战纵队加上主力红军第一、第三、第五、第八、第九军团，共8.6万余人，组成战略转移野战军，准备突破敌人包围圈，到湘西同红二、红六军团会合。

在队伍编制时，中央最高"三人团"原准备将毛泽东、张闻天和王稼祥都分散到各个军团去随军行动，后经毛泽东建议，他们三人才安排在一起行军和宿营。这样，客观上就使他们有了讨论党和红军大事的机会和时间。部队离开中央苏区以后，毛泽东就开始对张闻天和王稼祥说明和分析第五次反"围剿"中李德、博古在军事指挥上的错误。王稼祥最先支持毛泽东的意见，认为要扭转党和红军的危急局面，必须开中央政治局会议改变中央领导。毛泽东本人对此印象很深刻。1945年6月10日，毛泽东在关于第七届候补中央委员选举问题的讲话中就特别提到："从长征一开始，王稼祥同志就开始反对第三次'左'倾路线了。"[1]

红军长征路上，广大干部眼看第五次反"围剿"以来迭次失利，尤其在湘江战役中陷入了差点全军覆灭的绝境，部队中因此明显地滋长了怀疑不满和积极要求改变领导的情绪。这种情绪，随着红军作战的不断失利而日益显著，湘江战役之后达到了顶点。也正是在湘江战役之后，王稼祥就提出了必须改变博古、李德错误领导的主张，并且在高层领导中积极地进行了酝酿。

王稼祥首先是找到张闻天，谈了毛泽东的主张和自己的看法。他认为，应该撤换博古和李德，改由毛泽东来领导红军作战，并明确提出："到时候要

---

[1]《毛泽东文集》第三卷，人民出版社，1996，第425页。

开个会，把他们轰下来！"张闻天实际上也一直在考虑这些问题，两人一拍即合，很快达成一致意见。接着，王稼祥又利用各种机会，找了其他一些负责同志，一一交换了意见，并取得了这些同志的支持。①

红一军团政委聂荣臻在湘江战役之后，因为脚伤坐担架随军委纵队行军，王稼祥就利用这个机会做聂荣臻的工作。聂荣臻后来回忆道："我们就经常在一起交换意见。认为：事实证明，博古、李德等人不行，必须改组领导。王稼祥同志提出，应该让毛泽东同志出来领导，我说我完全赞成，我也有这个想法。而这个问题，势必要在一次高级会议上才能解决。"②

中央最高"三人团"成员之一的周恩来和红军总司令朱德，历来就很尊重毛泽东，在临时中央打击排斥毛泽东时，他们对毛泽东的态度也没有改变。所以，他们两个对王稼祥的意见毫不犹豫地采取了坚定支持的态度。正是在这种大势所趋、人心所向的形势下，再加上毛泽东、王稼祥、张闻天做了大量的工作，召开遵义会议的条件已经成熟。

遵义会议是由博古主持的。会议开始后，博古和周恩来先后作了报告和副报告。讨论中，张闻天首先作了反对中央的错误军事路线的发言，这个发言后来被称为"反报告"。接着，毛泽东在会上就长征以来各种争论的问题主要是最紧迫的军事问题，作了长篇发言，对错误的军事指挥作了切中要害的分析和批判，正确地阐述了中国革命战争的战略问题。王稼祥在毛泽东发言之后，紧接着发言。他在发言中旗帜鲜明地支持毛泽东的发言和张闻天的"反报告"，批评博古、李德军事指挥的错误，并第一个提出由毛泽东出来指挥红军。

毛泽东后来多次谈到王稼祥对遵义会议的贡献。1945年，在党的七大

① 徐则浩:《王稼祥传》第二版，当代中国出版社，2006，第137页。
② 聂荣臻:《聂荣臻回忆录》第二版，解放军出版社，1986，第243页。

会议上，毛泽东专门讲了王稼祥和洛甫（张闻天）对遵义会议的贡献。他说："遵义会议是一个关键，对中国革命的影响非常之大。但是，大家要知道，如果没有洛甫、王稼祥两个同志从第三次'左'倾路线分化出来，就不可能开好遵义会议。同志们把好的账放在我的名下，但绝不能忘记他们两个人。"[1]"文化大革命"期间，当王稼祥遭诬陷迫害时，毛泽东即予以保护，并说，王稼祥在党的历史上是有功劳的，他是从教条宗派中第一个站出来支持我的，他在遵义会议上投了"关键的一票"。

红军长征胜利后，鉴于王稼祥病情的发展和陕甘苏区医疗条件的简陋，中央决定送王稼祥去苏联治伤。1936年12月初，王稼祥离开延安前往西安，准备经上海转赴苏联治病。不久西安事变爆发，情势一度紧张复杂，王稼祥于是辗转延安、西安多地滞留。直到1937年2月才坐火车经石家庄到天津，从天津坐轮船于3月3日抵达上海。但后来办理护照却颇费周折，前后耗费了几个月时间，直到6月中旬，王稼祥才在贺诚的护送下，化装成去比利时考察的植物学教授，乘苏联轮船离开上海前往符拉迪沃斯托克，于7月初到达莫斯科。苏联方面很重视，立即安排王稼祥进医院开刀治疗，在他腹部待了三年多的炸弹碎片和腐骨终于被彻底清除出来了。

---

[1]《毛泽东文集》第三卷，人民出版社，1996，第424—425页。

那面过不去的山坡

我们现在看红军长征的线路，就像毛泽东曾经风趣地说过的那样："一路扭秧歌，就扭到了陕北。"造成红军长征线路"扭秧歌"的原因，可能就是一面此前名不见经传的小山坡。

谈到长征时，毛泽东曾经风趣地说过，不是我们愿意走二万五千里，谁也不愿意丢掉江西根据地。是蒋委员长强迫我们走的。结果一路扭秧歌，就扭到了陕北。毛泽东这番话说明，长征是被迫进行的。而且，开始考虑的是到湘西去，谁也没想到会走那么远。

造成红军长征线路"扭秧歌"的原因，有时候是因为国民党军队的前堵后追，红军必须腾挪转战；有时候是因为自然界的山隔水阻，红军必须择路而行。当然，还有的时候是因为红军作战不顺利，未能达成战役目标而被迫转向——这时候阻隔红军的，可能并不是什么险山恶水，而是一面此前名不见经传的小山坡，比如中央红军长征路上的青杠坡。

青杠坡位于贵州省习水县土城镇青杠坡村。没有到现场之前，我想当然地认为，既然是一面山坡，应该写作"青岗坡"。到现场听了当地的同志介绍后才知道，因为那面山坡上长着漫山遍野的青杠树，所以当地人称之为"青杠坡"。

中央红军在1935年1月7日占领遵义后，引起了蒋介石的恐慌，他很快就集中了148个团共约40万人的兵力对中央红军围追堵截，而中央红军此时只有3.7万余人。为了摆脱国民党军的围攻，中央红军按照遵义会议的决定，准备迅速北渡长江。1月22日，中央政治局、中革军委致电红四方面军，要求红四方面军迅速集结部队完成进攻准备，以策应中央红军行动。1月24日至26日，中央红军分三路纵队向赤水急进，准备在宜宾和泸州之间选择合适的地方渡过长江，去和红四方面军会合，寻机在川西或川西北创建新的根据地。

但是，就在中央红军挺进赤水方向时，国民党川军潘文华部两个旅先于红军到达赤水城，正部署阻击红军北进；而尾追的川军郭勋祺等两个旅则从习水县的温水、东皇尾追而来，且已经与红军后卫部队接火，中央红军面临被南北夹击的危险。1月26日，毛泽东等人到达土城。在前往土城途中，毛泽东、朱德、周恩来、刘伯承等人边走边察看地形，最后决定在土城以东青杠坡地区围歼尾追的国民党川军教导师郭勋祺部，歼灭尾追之敌后，再全力北进。

1月28日晨，青杠坡战斗打响。毛泽东、周恩来等人在青杠坡附近的大埂上指挥战斗。红三、红五军团及干部团，在彭德怀、杨尚昆的统一指挥下，从南北两面向进占枫村坝、青杠坡之川军教导师、独立第四旅各三个团发起进攻，经过激战，击溃川军一部。但川军战斗力比较强，其主力仍在顽抗，且后续部队独立第三旅迅速增援上来，教导师第二旅由古蔺向土城方面迂回截堵，位于赤水的第五师两个旅及第一师第三旅第七团也从西北向红军侧后攻击。敌我双方在青杠坡展开了激烈的拼杀，红军部分阵地被突破。

危急关头，朱德总司令亲上火线指挥。毛泽东又令陈赓、宋任穷率干部团发起冲锋，经过浴血奋战，夺回了部分阵地。毛泽东在指挥现场看见后高兴地说："陈赓行，可以当军长！"①这时，红一军团第二师也由猿猴场（今贵州遵义赤水市元厚）跑步回援，阵地得以巩固。28日中午，中革军委调整部署，红一军团第二师正面攻击，红三军团攻击左翼，红五军团抄袭右翼。广大红军将士向敌人主阵地营棚顶发起十多次冲锋，与川军展开白刃格斗，在付出沉重代价后夺取营棚顶，与敌人形成对峙状态。但是，3万多中央红军被压制在土城地区不足30里的狭长地带，形势万分危急。

鉴于敌情的急剧变化，在我军完全巩固两侧阵地，敌人退缩平川地带以后，毛泽东、周恩来立即回到土城镇驻地，召集朱德、张闻天、陈云、博古、王稼祥、刘伯承、叶剑英、李富春等同志开紧急会议，商量对策。毛泽东在会上果断提出：原定由赤水北上过长江的计划，已经不可能实现了。为了打破敌人的尾击计划，变被动为主动，不应与川敌恋战，我军应甩掉笨重的包袱，改为轻装，迅速向川南转移，寻机再实行北渡长江的计划。

与会者一致赞同毛泽东这一提议。会议决定次日早晨，红一、红九军团从猿猴场，其余部队从土城过赤水河，向四川古蔺、叙永方向西进。1月29日三时，中革军委主席朱德发布《关于我军西渡赤水河的命令》，决定全军在29日拂晓前脱离接触之敌，西渡赤水河向古蔺南部西进；并要求各纵队渡河后，破坏浮桥的任务由红一、红三军团后卫完成。这就是一渡赤水。

中央红军向西一渡赤水后，右纵队改向四川叙永县的两河镇方向前

---

① 黄宏：《亲历长征》，人民出版社，2006，第474页。

进，中央纵队、左纵队经古蔺以南向川、滇、黔三省边界的云南扎西地区前进，准备相机北渡长江。后因敌情不断发生变化，这才有了四渡赤水的穿插转战。

有军史爱好者做过统计，在这场惨烈的战斗中，党的两代领导核心、共和国三任国家主席、一任国务院总理、五任国防部长、七大元帅、200多位将军参加了青杠坡之战，认为这是我军史上参战人员"级别最高"的战斗。有意思的是，当地政府还把这些内容写入了"青杠坡战斗遗址简介"。但实际上这种统计是没有意义的，因为中共中央、中革军委就是和红一方面军一起长征的，红一方面军长征中所有大的战斗，都可以做这种统计。

作者手记：
终于明白为什么会战斗失利

周
恩
来
与
『
博
洛
交
权
』

1935年2月5日，周恩来主持召开的鸡鸣三省会议，决定以洛甫代替博古在党内负总的责任，独立自主地变更了中共中央主要领导人；确定以毛泽东为周恩来在军事指挥上的帮助者，保证了红军灵活机动战略战术原则在实践中的有效运用。

1935年1月29日，中央红军主力分三路在猿猴场、土城南北地区一渡赤水，进入川南古蔺、叙永地区后，连日遭川军截击。2月3日晚，中革军委电令各军团迅速摆脱当前之敌，改向川、滇、黔交界的分水岭、水潦、水田寨、扎西集结，再寻机北渡长江。这期间，2月5日晚至9日，中央政治局在水田寨、大河滩、扎西镇的江西会馆，连续召开了一系列会议，统称扎西会议。

周恩来在2月5日主持召开的鸡鸣三省会议，就是其中的重要会议之一。会议决定在常委分工上，以洛甫代替博古在党内负总的责任（史称"博洛交权"），博古改任总政治部代理主任。同时，根据敌情讨论了中央红军北渡长江的可能性，议决如果渡江不可能，则中央红军就留在川、滇边境进行战斗和创造新的苏区。

据《毛泽东年谱》注释，"鸡鸣三省"村，一般认为在云南威信县水田寨附近。[①]

当然，目前对鸡鸣三省会议的召开地存在争议。涉及云、贵、川的三个地方分别是：云南威信县水田镇水田村楼上村民小组的花房子、贵州毕节市七星关区林口镇的鸡鸣三省村（曾一度名为"迎丰村"）、四川叙永县石厢子彝族乡的石厢子。

鸡鸣三省会议作为扎西系列会议之一，可看作是遵义会议的延续，因为它承接并完成了遵义会议已经确定但还没有来得及解决的重大问题，尤其是常委分工问题。而鸡鸣三省会议之所以能够顺利实现"博洛交权"，周恩来在其中起了关键作用。

鸡鸣三省会议要面临和解决的问题不少，其中的关键，是必须解开博古的思想疙瘩。这是因为，虽然遵义会议形成了比较一致的意见：由张闻天代替博古担任党中央负总责的职务，但由于张闻天本人再三推辞，会议对这个问题没有作出决定。因此，在常委"再进行适当的分工"之前，博古名义上还是在党内负总责的。而遵义会议开了三天，"博古同志没有完全彻底的承认自己的错误"[②]。会议结束后，作为党内负总责的博古心情沮丧，有一些问题思想上还没来得及想通。在这种情况下，做通博古的思想工作就成为解决问题的一个"扣"，而周恩来就扮演了这个"解扣人"的角色。

鸡鸣三省会议之前，张闻天找毛泽东商议，认为遵义会议之后，博古思

---

① 中共中央文献研究室编《毛泽东年谱（一八九三——一九四九）》修订本（上），中央文献出版社，2013，第445页脚注1。

② 陈云：《（乙）遵义政治局扩大会议》，载中共中央党史资料征集委员会、中共中央党史研究室编《中共党史资料》第六辑，中共党史资料出版社，内部发行，第8页。

想上还有抵触情绪，再领导下去有困难，大家也不服。毛泽东找到周恩来，把张闻天的意见告诉了他。2015年纪念遵义会议召开80周年的时候，石仲泉同志曾撰文《再论遵义会议》，披露了周恩来在鸡鸣三省村和博古推心置腹的促膝谈心。正是这一席谈话，博古解开了思想疙瘩，服从革命事业的需要，"博洛交权"顺利实现，完成了中共中央最高权力的平稳交接。

经过周恩来做工作，中共中央最高权力的交接，就在这个当年不起眼、如今却你争我夺的鸡鸣三省村平静地完成了。

周恩来在1972年6月10日党中央召开的一次会议上，对此有过具体回忆："当时博古再继续领导是困难的，再领导没有人服了。本来理所当然归毛主席领导，没有问题。洛甫那个时候提出要变换领导，他说博古不行。我记得很清楚，毛主席把我找去说，洛甫现在要变换领导。我们当时说，当然是毛主席，听毛主席的话。毛主席说，不对，应该让洛甫做一个时期。毛主席硬是让洛甫做一做看。人总要帮嘛。说服了大家，当时就让洛甫做了……从土城战斗渡了赤水河。我们赶快转到三省交界即四川、贵州、云南交界地方，有个庄子名字很特别，叫'鸡鸣三省'，鸡一叫三省都听到。就在那个地方，洛甫才做了书记，换下了博古。"①

实现了中共最高权力平稳交接的鸡鸣三省会议是遵义会议的延续，周恩来对会议的召开和圆满结束发挥了至关重要的作用。会议独立自主地变更了中共中央主要领导人，确定以毛泽东为周恩来在军事指挥上的帮助者，保证了红军灵活机动战略战术原则在实践中的有效运用，在整个红军长征史上都具有鲜明的标志性意义。

---

① 《周恩来军事文选》第四卷，人民出版社，1997，第562—564页。

存续时间最短的
红军主力军团

在中国工农红军的历史上，先后组建起来过10个军团，分别是红一、红二、红三、红五、红六、红七、红八、红九、红十、红十五军团。其中存续时间最短的是红八军团。红八军团从组建到撤并，前后不到三个月时间。

1934年8月25日，中革军委发布了《关于成立第二十一师的命令》，决定以第六十一团、第六十二团和由赣江独立团改编的第六十三团合编为第二十一师。任命周昆为师长，黄甦为政治委员，唐濬为参谋长，罗荣桓为政治部主任，全师共4300人。

9月21日，中革军委又决定以第二十一师、第二十三师合编为红军第八军团，周昆任军团长兼第二十一师师长，黄甦任军团政委兼第二十一师政委，唐濬任参谋长兼第二十一师参谋长，罗荣桓任政治部主任兼第二十一师政治部主任。红八军团司令部由第二十一师司令部代理。

红八军团的组建是相当仓促的，其成员基本是短时间内通过紧急扩红招募的新兵，而且绝大多数是没有参加过战斗的江西兴国县子弟。年仅19岁、任红八军团第二十一师第六十二团政委，后来成为开国中将的江西兴国籍将军温玉成回忆：由于战斗频繁，红八军团没有来得及集中起来开一个成立大会，许多战士也没有来得及进行起码的军事训练，便投入战斗，参加长征。老红军刘华连也曾回忆："根本就一直没有练过枪法，只是把子弹给他们以后，告诉他们怎么开枪就是。这还算好的，有的战士手里的枪连子弹都没真正打出去过，甚至许多人连枪都没有。"①

1934年10月8日晚，红八军团撤离江西兴国县古龙岗西北战场，9日在古龙岗集结。当天接到中革军委转移电令后，12日拂晓抵达兴国县南部的杰村、澄龙、社富地域，集结补充。

10月13日，中革军委向各军团、各纵队发布命令，为保守军事秘密起见，重新规定了军委及各兵团的代号。红八军团代号为"济南"，下辖的红二十一师、红二十三师分别为"定南""龙南"。红八军团是10月18日晚从于都县城西郊出发渡过于都河的。长征出发时，红八军团共有10922人。出发后随红三军团行进，担任全军的右路后翼。

通过国民党军第三道封锁线进入湖南后，红八军团变为长征部队的左后翼。这时，红八军团减员严重。为此，中革军委决定将红八军团压缩改编为一个师，为红二十一师。中央政治局候补委员刘少奇奉命负责红八军团的改编工作。

但是部队还没有来得及改编，湘江战役就打响了。以新兵为主组建的红八军团，战斗力偏弱，基本上被打成溃败状。1934年12月1日红八军团渡过湘江后，全军团战斗人员仅剩600多人，连挑夫和勤杂人员加起来也不到1200人。

---

① 颜梅生：《红八军团：存在时间最短的红军部队》，《党史文苑》2010年第7期。

　　渡过湘江后，12月4日，鉴于军委第一纵队和第二纵队及各军团、师的后方机关过于庞大，使所有野战军都成了掩护部队，致使红军行动迟缓，被动挨打，中革军委主席朱德，副主席周恩来、王稼祥发布后方机关缩编命令。其中规定红八、红九军团取消后方部保留后方机关，将后方机关、直属队编余人员全部编入作战部队，抛弃和销毁了不必要的担子。

　　12月13日二十时，中革军委主席朱德，副主席周恩来、王稼祥联名发出《中革军委关于红八军团并入红五军团的决定及其办法致董振堂等电》，决定红八军团全部人员除营以上干部外，全部编入红五军团第十三师各团。电令还规定：刘伯承从红五军团调回中革军委工作，陈伯钧为红五军团参谋长，罗荣桓为红五军团政治部主任（罗荣桓当时并未到职，后奉命到红三军团代理政治部主任），周昆、黄甦待改编完后即回军委。电令要求，改编工作限12月18日以前全部完成。

　　1935年1月，红八军团政委黄甦任红一军团第一师政治委员，与师长李聚奎率部参加了强渡乌江、攻占遵义、四渡赤水、强渡大渡河和策应第二师第四团飞夺泸定桥等战役战斗。长征到达陕北后，黄甦于11月调任红七十三师政委，他要求参加直罗镇战役之后再去赴任，但在战斗中不幸牺牲。

　　1935年3月10日至11日召开的苟坝会议，是中央红军长征途中的一次重要会议，会议接续开了两天，但只隔了一夜，头一天和第二天会议的结果却截然相反，这在中共历史上，恐怕是绝无仅有的一次。

　　中央红军长征二渡赤水、再占遵义后不久，1935年3月2日，蒋介石飞抵重庆"督剿"，亲自指挥对中央红军的围攻，电令驻川、黔各军在乌江设防，采取堡垒推进和重点进攻相结合的战法，南守北攻，企图围歼中央红军于遵义、鸭溪之间地域。

　　这期间，中央红军几次寻机歼敌未果。这导致了蒋介石的错觉，他一方面认为"红军战力仍未稍减，不可轻视"；另一方面又认为"贵州西北地瘠民贫，大军行动不仅米粮困难，就是柴草也不易得，红军徘徊于此绝地，乃系大方针未定的表现"[1]。于是，他调兵遣将，命令吴奇伟、周浑元、孙渡、郭勋祺各纵队，采取"分进合击"的战法，企图将中央红军聚歼于遵义西南地区。

为了加强和统一作战指挥，打破蒋介石部署的新围攻，3月4日，周恩来和朱德、王稼祥签发命令，决定组织前敌司令部，朱德任司令员，毛泽东任政治委员。第二天六时半，毛泽东、朱德率前敌司令部离开遵义，前往鸭溪，当天在前线向各军团发布了作战命令。

3月9日，红军中央纵队到达今贵州省遵义市播州区枫香镇管辖的苟坝村。此地距离遵义和打鼓新场（今金沙县城）各百余里，当时国民党军有一个师驻扎在遵义西边的打鼓新场一带。红一军团军团长林彪、政治委员聂荣臻根据广大指战员求战情绪高涨的士气，致"万急"电中革军委主席朱德，建议攻打打鼓新场。朱德收电后认为这一建议可行，立即将电报交给张闻天、周恩来、毛泽东、王稼祥等人传阅。

鉴于过去博古、李德搞独断专行，给党和红军造成了严重危害的沉痛教训，负总责的张闻天看完电报后，于3月10日在苟坝村四合村民小组的"新房子"召开紧急会议，专题讨论进攻打鼓新场问题，中央政治局委员、候补委员，中央革命军事委员会委员和部分中革军委局以上首长20多人参加。

苟坝会议从早上开到夜间，与会多数人倾向同意林彪、聂荣臻的建议，主张攻打打鼓新场，而唯独毛泽东坚决反对。他认为，红军进攻打鼓新场的国民党军那个师，周围的全部黔军和滇军的4个旅很快就能靠拢增援，这样，红军攻打打鼓新场的战斗势必成为一场攻坚战，对红军极为不利。毛泽东反复强调不能攻打固守之敌，而应该在运动中歼敌；甚至以不当前敌司令部政治委员之职进行抗争，但还是没有被与会多数人接受。在这种情况下，主持会议的张闻天付诸表决，以少数服从多数的原则作出了攻打打鼓新场的决

---

① 晏道刚：《蒋介石追堵长征红军的部署及其失败》，载中共中央党史研究室编《红军长征纪实丛书·国民党军围追堵截卷1》，中共党史出版社，2016，第65页。

苟坝会议会址（位于贵州遵义）

定，毛泽东刚担任没几天的新职也被撤销。

毛泽东深知，进攻打鼓新场是关系到红军生死存亡的大问题。回到驻地后，他辗转反侧，难以入睡，提着马灯去找住在几里开外的周恩来，建议他将攻打计划暂缓下发，而这时周恩来刚刚接到军委情报二局送来的各路敌军增援打鼓新场的情报，证明了毛泽东的预判。周恩来接受了毛泽东的建议，当机立断放弃进攻打鼓新场的计划。

3月11日一早，苟坝会议继续进行，重新讨论进攻打鼓新场的问题。周恩来首先明确支持毛泽东的主张，经过一番激烈争论，毛泽东、周恩来、朱德说服了求战心切的其他与会人员，取消了进攻打鼓新场的计划，并于11日下达了《关于我军不进攻新场的指令》。

只隔了一夜，中共中央的重要会议结果就截然相反，这在中共历史上，恐怕是绝无仅有的一次。

苟坝会议是长征途中的一次重要会议。苟坝会议的意义在于："第一，撤销进攻打鼓新场计划，使红军免遭一次重大挫折。""第二，巩固了毛泽东在党内的领导地位，并进一步确立了在红军中的指挥地位。""第三，明确了毛泽东在红军领导中的职权，为实现他早已谋划的把'滇军调出来'、西出云南渡过金沙江入川的战略计划，奠定了思想基础和组织基础。"[1]

苟坝小道上的那盏马灯，照亮了毛泽东的夜行之路，也照亮了中国革命的胜利之路。

作者手记：
学习毛泽东的铁肩担当精神

---

[1] 石仲泉：《长征行》（增订本），上海人民出版社，2018，第150—151页。

红军长征路上，召开过一系列的中央政治局会议、政治局扩大会议、政治局常委会议。这些会议，或为实现思想统一而开，或为部署军事行动而开，都为保证长征的胜利发挥了重要作用。其中，有一次政治局会议很特别，一个会议跨了两个年度。这就是1934年12月31日下午至1935年1月1日凌晨在贵州瓮安县召开的猴场会议。

中央红军长征之初的设想，是准备突破敌人包围圈以后，到湘西去同红二、红六军团会合。当时的中央组织局主任李维汉后来就回忆说："1934年七八月间，博古把我找去，指着地图对我说：现在中央红军要转移了，到湘西洪江建立新的根据地。"[1] 所以，"到湘西去"，就成了博古、李德始终坚持的既定方针。

经过通道会议和黎平会议，中共中央和中革军

---

① 李维汉：《回忆与研究》（上），中共党史出版社，2013，第263页。

委基本上确定了新的战略方针，这就是在川黔边地区建立根据地，并确定最初以遵义为中心，在不利条件下则转移到遵义西北地区。遵照这个新的战略方针，中央红军挥戈西进，很快抵达贵州瓮安县的乌江南岸。1934年12月31日，中央军委纵队到达猴场，红军正准备抢渡乌江，实现挺进黔北的战略方针。

然而，野战军司令部到达贵州瓮安县猴场后，博古、李德等人仍然反对中央红军向黔北进军，并提出不过乌江，寻机歼灭国民党军一部或几部，在乌江南岸建立临时根据地，而后乘胜东进湘西与红二、红六军团会师。面对这一突然而来的节外生枝，为了统一思想，消除分歧，明确红军的战略方向和行动方针，12月31日下午开始，政治局会议在今贵州瓮安县草塘镇下司村（猴场村）宋家湾村民小组当年的豪绅宋泽生家四合院型住宅里召开，史称"猴场会议"。这个会一直开到1935年1月1日凌晨，是长征路上独一无二跨年开的中央政治局会议。

随红一方面军长征的六个政治局委员博古、周恩来、毛泽东、朱德、张闻天、陈云和四个政治局候补委员王稼祥、刘少奇、邓发、凯丰全部参加了会议，李德列席了会议。毛泽东在会上重申了在黎平会议提出的向贵州转兵的战略构想，得到了与会绝大多数人的赞同。会议再次否定了返回湘西与红二、红六军团会合的错误意见，提出红军应该在川黔边地区先以遵义为中心，建立新的根据地。目前的中心任务是首先发展以遵义为中心的贵州北部地区，然后徐图发展四川南部。

会议通过了《中共中央政治局关于渡江后新的行动方针的决定》，其中有一条非同一般的规定："关于作战方针，以及作战时间与地点的选择，军委必须在政治局会议上做报告。"[1] 表面看起来，这个规定只涉及了工作程序问

---

[1] 中央档案馆编《中共中央文件选集》（一九三四——一九三五），中共中央党校出版社，1986，第446页。

猴场会议会址（位于贵州瓮安）

题。实际上，却是取消了李德独断专行、个人包办的军事指挥权，开始把军事指挥权收归政治局集体领导。这一点对于中央在半个月后开好遵义会议意义重大。

猴场会议的成功，标志着毛泽东的正确意见日益为中央大部分领导人所接受。从通道会议，到黎平会议，再到跨年开的猴场会议，可以看作一个系列会议。这个系列会议，为遵义会议实现伟大转折，奠定了坚实的思想和组织基础。所以周恩来后来回忆说："那时在中央局工作的主要成员，经过不断斗争，在遵义会议前夜，就排除了李德，不让李德指挥作战。这样就开好了遵义会议。"[1]

猴场会议结束时，已经是1935年的新年元旦了。为了庆祝新年，也为了鼓舞士气，红军总司令朱德发布命令：每人发元旦菜金2角，以资慰劳。

[1]《周恩来军事文选》第四卷，人民出版社，1997，第561页。

不得不打的鲁班场

鲁班场战斗，是中革军委为打乱敌人的部署，集中中央红军主力兵团向敌人发起的主动进攻，而且是一场不得不打的战斗。

中央红军二渡赤水后，一路斩关夺隘，五天之内，攻占娄山关，连下遵义、桐梓，击溃王家烈部8个团，打败吴奇伟部2个师，缴枪2000以上，俘敌约3000人，开创了黔北新的局面。但同时，由于都是攻坚战，部队伤亡也很大。1935年3月2日，彭德怀、杨尚昆向中革军委报告：红三军团在娄山关、石子铺、遵义城及上月28日在老鸦山诸战役中减员很多，需要大量补充方能维持4个团。各团部及军团参谋处损失尤其严重，希望军委能马上补充，以便继续战斗。

与此同时，蒋介石也很快就重新调整好了部署，并亲自指挥对中央红军的围攻。所以，遵桐大捷以后，中央红军面临的形势依然非常严峻。当时，红军周边都是敌人。东有郭勋祺纵队，西有周浑元纵队和黔军，东南有吴奇伟纵队和湘军一部，西北有滇军孙渡部。敌我双方相持在遵义西南的大山之中，蒋介石命令各部一面回避红军的运动战，一面不断缩小对中央红军的包围圈。

为了加强和统一作战指挥，打破蒋介石的新围攻，经中央政治局常委和军委商议，于3月4日决定组织前敌司令部，朱德任司令员，毛泽东任政治委员。当天，中革军委即组织前敌总部去前方。第二天，毛泽东与朱德联合署名在贵州遵义县鸭溪镇前线向各军团发布了作战命令。这是毛泽东从1932年10月宁都会议被剥夺军事指挥权之后，第一次以明确的红军领导职务所签署的作战命令。

3月5日，中革军委决定以红九军团在桐梓、遵义地区吸引川军向东并钳制其行动，集中红一、红三、红五军团及干部团于鸭溪及其附近地域，趁吴奇伟纵队新败逃向乌江以南之机，寻歼位于仁怀、鲁班场一线的周浑元纵队。第二天，按照中革军委的这一决定，中央红军主力向长干山、白腊坎以西开进，准备突击周浑元纵队，但由于周浑元纵队畏歼不进而未果。接着，红军又在西安寨、泮水地区活动，准备歼灭王家烈残部，以调动周浑元纵队驰援，寻机在运动中歼其一部。但多次寻战，都未能达到歼敌目的。

中央红军寻机歼敌未果的行动，使蒋介石产生了错觉。他认为红军大政方针未定，正是围歼红军的好时机。于是，他调兵遣将，命令各路人马不顾一切寻找红军决战。3月9日，蒋介石命令吴奇伟、周浑元、孙渡、郭勋祺各纵队，采取"分进合击"的战法，企图将中央红军聚歼于遵义西南地区。

为打乱敌人的部署，中革军委果断决定集中兵力，主动向敌人发起进攻，以争取战略主动。14日，中革军委主席朱德急电各军团首长，决定集中红军主力于第二天全力进攻鲁班场、三元洞地带的周浑元纵队，争取速战速决，当天就坚决干脆消灭该敌。同时，以小部分兵力监视在枫香坝东南地区的吴奇伟纵队。在此之前，前敌司令部派出了工兵部队和小分队到达茅台渡

贵州遵义仁怀市鲁班场

口，夺取和控制赤水河上游渡河点，架设了两座浮桥。

　　鲁班场当年是一个有100多户人家的镇子，距赤水河茅台渡口约20公里。红军如想跳出敌人的包围圈，通往茅台渡口的鲁班场是必经之路，舍此无路可走，而国民党周浑元部如同挡在前进路上的一块巨石。所以，这一仗非打不可！而且这一仗打好了，收获大，因为敌人在鲁班场囤积的军需物资比较多；打不好，也有路走，从这里西渡赤水比较方便。更何况，前敌司令部部署这一仗时，并没有拘泥于打此一敌，而是要调动全部敌人西向，为红军四渡赤水让路。

　　3月15日清晨，除红九军团在仁怀市坛厂镇附近作总预备队外，中央红军以红一、红三军团主力及干部团为右翼队，红五军团及红三军团一部为左翼队，陆续进入指定地点待命。十五时，红军发动进攻，敌我双方一接触即展开激战。在白家坳战场上，由于国民党军占据着有利地形，居高临下，又筑有坚固防守工事，红军为摧毁敌军在白家坳的一个工事据点，多次向敌人发起强攻，致使在白家坳的战斗形成反复拉锯，甚至白刃格斗，双方伤亡都很大。中革军委见战斗进入胶着状态，一时不能完全解决战斗，且作战目的已经达到，遂于当晚二十时决定各军团主动撤出战斗。由于红军一直攻得很猛，突然之间战斗消停下来，周浑元一时不明缘由，也不敢派兵追赶。

鲁班场战斗是中央红军为了冲出敌人包围圈、寻求新的机动而向敌人发起的主动进攻。红军攻打鲁班场时，实行的是围三阙一的策略，意在调动敌人，迷惑敌人，而不是与敌人死打硬拼。如能调动敌人离开堡垒阵地，则在运动中消灭之，如敌人不出，也有利于红军及时转移。这场战斗，主动权始终掌握在红军手里，且为红军三渡赤水创造了极为有利的条件。撤出鲁班场战斗后，中央红军于3月16日早晨分三路向茅台进发。十八时，中革军委主席朱德发布命令，决定红军各部在16日晚和17日十二时以前，从茅台镇西渡赤水河（三渡赤水），寻求新的机动。

遵照中革军委的命令，中央红军各部队于16日晚至17日中午，从容地第三次渡过赤水河，向四川古蔺、叙永方向前进。进入古蔺县境后，红一军团立即派出一个团向古蔺县城方向前进，伪装主力西进，公开摆出要北渡长江的姿态，将国民党军主力引向赤水河以西地区。正当敌军再次扑向川南而尚未形成包围之际，中共中央、中革军委当机立断，决定回师东渡，以摆脱敌军的围攻。

3月21日至22日，中央红军主力由四川古蔺县镇龙山以东地区突然折向东北，以隐蔽、神速的动作，分别经二郎滩、太平渡、九溪口东渡赤水河（四渡赤水）。接着，经临江场、楠木坝、花苗田等地，从国民党军重兵集团右翼分路挥师南下。3月28日，中央红军主力由鸭溪、白腊坎之间突破国民党"追剿"军的封锁线，冒着狂风暴雨，进入乌江北岸金沙县的沙土镇、安底镇一线，准备南渡乌江。

"张国焘是个实力派，他有野心！"

对中央几位主要领导来说，他们在四川黑水县芦花所感受到的，既有军民一家亲的鱼水情深，也有与张国焘斗争的不悦记忆。中央在芦花开过两次会议，都因张国焘而起，其中第一次就是专门讨论解决张国焘伸手要权的"组织问题"。

芦花，这个红军长征路上大名鼎鼎的四川地名，现在叫黑水县，因为县内有黑水河，后来县以河名。但红军长征的时候，还没有黑水县这个名称，那时候就叫芦花。当然，叫这个名字并不是因为黑水河里长满芦苇开满芦花，而是音译过来的。清代曾在这里修筑碉楼，竣工后藏民惊呼倾斜了。而藏语"倾斜"的发音与"落夸"相似，汉语便取了与"落夸"近似的谐音——"芦花"。于是这个碉楼倾斜的地方就被称为芦花，慢慢地就在这一带叫开了。

会师后的红一、红四方面军，在1935年7月都经过了芦花。9月到10月，张国焘反对中央北上路线，命令已经过草地的红四方面军那部分部队原路撤回，又经过这里。第二年8月，红二、红四方面军右路纵队再经过这里北上重过草地。这样一来，红军是三次进出芦花，先后有近10万部队，逗留时间总共150多天。

芦花是地广人稀的藏区，就是到今天黑水全县也才6万多人。据当地有关部门调查统计，红军当年在这里驻扎整训建政的时候，共耗用了600万斤粮食，带走了110万斤粮食；借用、食用各类牲畜3万多头，油1万多斤；还有大批准备过草地的各类物资。所以，芦花当年为红军长征作出过巨大的贡献。这一点，我们什么时候都不应该忘记。

时任红军总政治部白军工作部部长的贾拓夫，写过一篇名叫《瓦布梁子》的回忆文章，专门讲了在黑水芦花一带筹集粮食的情况。他写道："我们在瓦布梁子一带筹集了不少的粮食。办法是采取向藏民中富豪之家'借粮'。藏民中有为大家所不满和痛恨的'恶霸'。我们发动藏民去割他田里的麦，割下来藏民一半帮助红军一半。"要将这些麦子运出去，"只靠我们部队是不够的。因此我们动员了六个乡的藏民，组织运粮队，帮助红军把存瓦布梁子的粮食运维古粮食站，再转芦花。参加运粮队的藏民有百余人，有男有女，有大有小，共分两队，并两个路线运送。这些帮助红军运粮的藏民，均表现积极热心，不辞劳苦，不要报酬，自带糌粑路上打尖，甚至有全家都来为红军运粮者。此种情形为黑水、芦花所少见……当我们离开瓦布梁子时，许多藏民不愿意我们走，还有拿着酒壶来送行的。他们说：'你们真好，为什么就走呢？你们走了，我们不晓得将来怎样。'我们都一一抚慰了。在老衙门所存的几千斤粮食，我们走时，一下都发给了藏民。藏民有从一二十里路上来背粮的，你争我夺，十分高兴"[①]。

但对中央几位主要领导来说，他们在芦花所感受到的，既有军民一家亲的鱼水情深，也有与张国焘斗争的不悦记忆。中央在芦花开过两次会议，都因张

---

① 丁玲主编《红军长征记》（下册），广西师范大学出版社，2017，第163、164页。

国焘而起，其中第一次就是专门讨论解决张国焘伸手要权的"组织问题"。

7月10日，毛泽东等中央领导人到达芦花。而就在同一天，张国焘因不满意两河口会议的组织安排，直接致电中央，摆出不解决"充实总司令部"的问题就不北上执行松潘战役计划的架势。在这种情况下，张闻天找毛泽东反复商量，讨论如何解决张国焘伸手要权的问题。

张闻天夫人刘英在《我和张闻天命运与共的历程》一书中，对这件事情的酝酿过程有详细的记述。刘英写道："毛主席说：'张国焘是个实力派，他有野心，我看不给他一个相当的职位，一、四方面军很难合成一股绳。'毛主席分析，张国焘想当军委主席，这个职务现在由朱总司令担任，他没法取代。但只当副主席，同恩来、稼祥平起平坐，他不甘心。闻天跟毛主席说：'我这个总书记的位子让给他好了。'毛主席说：'不行，他要抓军权，你给他做总书记，他说不定还不满意，但真让他坐上这个宝座，可又麻烦了。'考虑来考虑去，毛主席说：'让他当总政委吧。'毛主席的意思是尽量考虑他的要求，但军权又不能让他全抓去。同担任总政委的恩来商量，恩来一点也不计较个人地位，觉得这么安排好，表示赞同。"[1]

经过这番酝酿之后，7月18日，中央政治局在芦花召开常委扩大会议。决定由张国焘任红军总政委并为中革军委的负总责者；周恩来调中央常委工作，在张国焘尚未熟悉情况前，由周恩来暂时帮助。同时增补红四方面军政委陈昌浩为中革军委常委。中央决定张国焘为军委的负总责者后，中央和红二、红六军团联络的电报密码因此也交给了张国焘，他立即把持了与红二、红六军团的联系。此后很长一段时间，红二、红六军团负责人任弼时、贺龙等一直被蒙在鼓里。直到一年之后在甘孜会师，他们才从朱德和刘伯承那里了解到中央与张国焘斗争的情况。

---

[1] 刘英：《我和张闻天命运与共的历程》，中共党史出版社，1997，第78页。

红一、红四方面军会师后，张国焘个人野心膨胀，发展到阴谋加害中央。其发出的"如其听则将其扣留"电报，初看似乎不通，实则是张国焘谋害中央的铁证。

1935年6月12日，首先翻过夹金山的中央红军先遣队红一军团第二师第四团，在北进懋功（今四川小金县）达维镇的途中，与前来接应的红四方面军第九军第二十五师第七十四团第三营在达维以南、夹金山北麓的木城沟胜利会师。

就在此前不久的5月份，日本帝国主义蓄意制造了"华北事变"，向国民党政府提出对华北统治权的无理要求，并从东北调集大批军队入关，进一步威胁平津。面对国内外局势的新变化，能否正确判断革命形势，适时制定正确的战略方针，已经成为中共中央处理时局问题的关键。

6月16日二时，中共中央、中革军委领导人就中央红军、红四方面军会合后的战略方针问题，致电红四方面军领导人张国焘、徐向前、陈昌浩，提出了继续北上，在川陕甘建立根据地，以推动抗日救国运动发展的战略方针。但是，张国焘却不同意这一正确的战略方针！

6月23日，中共中央、中革军委率领军委纵队和红三军团从懋功、达维地区出发，沿着小金川河谷抵达懋功县两河口，等待张国焘的到来，准备在这里召开中央政治局会议以统一思想。

6月26日，中共中央政治局在懋功县两河口的一座关帝庙里召开会议。这个会议主要是解决北上建立川陕甘根据地这一战略方针的思想统一问题，具体涉及战略方针、行动计划、军事指挥权三个问题。

周恩来代表党中央和中革军委首先作关于目前战略方针问题的报告，着重就上述三个问题进行了阐述。会议经过热烈讨论，最后一致通过了周恩来报告提出的战略方针，决定在川陕甘建立新根据地，而且必须迅速前进，并

四川小金县两河口会议旧址关帝庙

责成张闻天为中央政治局起草一个会议决定。

6月29日，中共中央政治局在两河口召开常委会议，增补张国焘为中革军委副主席，徐向前、陈昌浩为中革军委委员。这样，也就解决了两军会合后的统一组织和统一指挥问题。同一天，中革军委发布《松潘战役计划》。

但是，也就是在两河口会议期间，张国焘探知了中央红军的兵力此时远远少于红四方面军，于是他的个人野心开始膨胀。聂荣臻后来回忆道："两河口会议是张国焘野心暴露的起点。这时，经过万里之行的中央红军，军衣破破褴褛，五光十色，在张国焘的眼里，还不如'他的'队伍有战斗力。本来不管哪个方面军，都是中国工农红军，都是党的部队，谁有战斗力都是好事，可是张国焘他动了野心。"①

两河口会议后，张国焘公然伸手向中央要权，摆出一副不达目的则不出兵的架势，故意延宕红四方面军主力的北上行动，致使中共中央战略计划一再落空。所以两军会师后在川西北的近三个月时间，中共中央召开了一系列的中央政治局会议、政治局扩大会议、政治局常委会议，耐心地解释、说服、教育、等待甚至迁就，就是为了争取张国焘率部共同北上。

芦花会议后，8月3日，红军总部制定了《夏（河）洮（河）战役计划》，规定：以中央红军第五军、第三十二军和红四方面军第九军、第三十一军、第三十三军组成左路军，由总司令朱德、总政委张国焘率领，以马塘、卓克基为中心集结，向阿坝地区开进；以中央红军第一军和红四方面军第四军、第三十军组成右路军，由前敌总指挥徐向前、前敌总指挥部政委陈昌浩率领，以毛儿盖为中心集结，向班佑、巴西地区开进；彭德怀率领第三军和第四军一部作总预备队，掩护中央机关前进。中共中央随右路军行动。

为了促使张国焘率部北上，中共中央还决定杨尚昆担任红军总政治部副

---

① 聂荣臻：《聂荣臻回忆录》（第二版），解放军出版社，1986，第277页。

主任，以利做好陈昌浩等人的工作。杨尚昆后来回忆道："临走前，毛主席对我说：'你本来就是总政治部副主任，调你去，顺理成章；你和陈昌浩又是中山大学的同学，有点老关系。'在中山大学时，陈昌浩还是共青团员，我当支部局委员，他是团支部委员。毛主席还叮嘱说：'你到那里，要强调一个"韧"字。''你要做拉不断、扯不折的"牛皮糖"，软不啦叽地富有韧性；切记不要当玻璃，一敲就碎，一碰就破裂，那样就不好工作啦！'几句话使我茅塞顿开。"[1]

右路军在沙窝和毛儿盖时，一边筹粮准备过草地，一边催促左路军行动。8月18日，右路军先遣队在前敌总指挥部参谋长叶剑英和红三十军军长程世才率领下，从松潘县毛儿盖地区出发，进入荒无人烟的水草地，向若尔盖县的班佑方向探索前进。

右路军大部队是8月21日从毛儿盖进入草地的，经过七天七夜的艰难跋涉，终于战胜了难以想象的困难，于8月27日走出了茫茫水草地，先后到达若尔盖县的班佑、巴西地区。

包座战斗后，红军扫清了北上的障碍，打开了向甘南进军的通道。右路军一面休整，一面等待张国焘率领左路军向班佑地区集中，共同北上。同时，毛泽东找到徐向前、陈昌浩，研究如何做张国焘的工作，催他带左路军前来会合。但是，无论焦急等候的右路军领导怎样反复致电催促，张国焘就是迟迟不让部队向右路军靠拢。

鉴于张国焘拒不执行中共中央决议，坚持南下反对北上，中央政治局于9月8日在周恩来住处今四川若尔盖县阿西镇牙弄村召开中共中央政治局非正式扩大会议。决定由与会的周恩来、张闻天、博古、毛泽东、王稼祥、陈昌浩、徐向前七人联名签发毛泽东亲自拟写的电文《周恩来、洛甫等关于目前红军行动问题致朱德、张国焘、刘伯承电》，要求张国焘执行中央北上方针。发报时间为1935年9月8日二十二时。

就在中央七人联名致电张国焘的同一时刻，即9月8日二十二时，张国焘严令左路军的第三十一军政委詹才芳："飞令军委纵队政委蔡树藩将所率人员移到马尔康待命。如其听则将其扣留，电复处置。"[1]随右路军行动的中共中央领导人就是编在军委纵队，张国焘要詹才芳扣留军委纵队，其险恶用心不言而喻！

紧接着第二天，即9月9日，前敌总指挥部参谋长叶剑英给毛泽东送来张国焘午前发给前敌总指挥部政委陈昌浩的密电："南下，彻底开展党内斗争！"——这份密电我们至今没有找到，因而詹才芳接到的这个电报是张国焘要谋害中央的最重要的证据。

很长时间以来，许多人包括我自己都以为这份电报文字有错误。因为，"如其不听则将其扣留"是说得通的，怎么会"听"了反而将其扣留呢？似乎逻辑上说不通。经实地考察并反复查阅资料，弄清楚了当时各部所在位置后才知道，这份电文并没有错。

詹才芳率领的红三十一军当时驻扎在马尔康、马塘及附近地区，而军委纵队在右路军序列的后尾，已经走出了草地，此时正位于巴西一带。如果服从命令向红三十一军靠拢，就要掉头南下，还要再过一次草地、翻越三座雪山，需要一个星期以上的时间才能来到马尔康。所以，蔡树藩如果"听"命令南下来到马尔康附近的话，红三十一军才有机会将其扣留；如果不听，红三十一军是控制不了军委纵队的。

面对如此紧急情况，在9月9日傍晚时分了解到随右路军行动的原红四方面军领导的态度后，中央领导人张闻天、周恩来、毛泽东、博古、王稼祥

---

① 中国人民解放军历史资料丛书编审委员会编《红军长征·文献》，解放军出版社，1995，第669页。

在牙弄村的经堂召开紧急会议。与会人员一致决定，采取果断措施，立即率右路军中的中央红军部队（第一军、第三军、军委纵队），组成临时先遣队继续北上，并通知已到甘南俄界的林彪、聂荣臻所部在原地待命。会议还决定以后右路军统归军委副主席周恩来指挥，并委托毛泽东起草《中共中央为执行北上方针告同志书》。

9月10日凌晨，中央领导人率领中央红军中的第三军及军委纵队紧急撤离，赶赴俄界会合第一军。随右路军行动的红四方面军部队，则掉头南下去会合左路军了。

中秋节是我国民间的传统节日之一。自古以来，中秋节就有赏月吃月饼、猜谜玩花灯等传统民俗活动，也有把酒遥相祝的托思和千里共婵娟的寄情。所以，贺丰收、庆团圆的其乐融融，千百年来就是中秋节的基调。然而中央红军1935年的那个中秋节，却没有那么祥和热闹，而是过得惊心动魄。

1935年的中秋节是9月12日。这个时候，中央红军与红四方面军已经会师三个月了，北上川陕甘建立根据地的战略方针也于6月26日在今四川小金县两河口镇召开的中央政治局会议上早已确定，10万大军却一直在川西北踟蹰不前，这是为什么？

中央红军自1934年10月中旬出发，到1935年6月中旬与红四方面军在今四川小金县会师，已经万里转战整整走了8个月。长征前期由于"左"倾领导错误的军事指挥，红军在1934年12月1日突破敌人的第四道封锁线过了湘江后，出发时的8.6万余人已经损兵折将一大半。之后又经过了半年的艰难跋涉，到终于与红四方面军会师时，中央红军已是一支衣衫褴褛的疲惫之师。而红四方面军从出发长征到与中央红军会师，征程刚好两个半月，尽管部队在突破嘉陵江战役及其之后的土门战役中有损失，但两军会师时，红四方面军依然保持着8万多人的强大阵容，几乎等于中央红军出发时的全部兵力。

张国焘在两河口会议期间，曾专门问过周恩来中央红军现在的兵力情况。当他得知中央红军此时只有2万多人时，"脸色都变了"。两个方面军此时实力上的巨大差距刺激了张国焘，他的个人野心开始恶性膨胀。"另外，在两个方面军会合以后，一方面军中也确有人从一种不正确的动机出发，歪曲地把一方面军的情况和遵义会议的情况，偷偷地告诉了张国焘，也使张国焘起了歹心，认为中央红军不团结，他有机可乘。"[1]这样一来，尽管1935年6月29日中共中央政治局在两河口召开常委会议，增补张国焘为中革军委副主席，但他并不满足，以"速决统一指挥的组织问题"为名，恃兵傲党，公开向党中央伸手要权。

他先是指使随红四方面军行动的中共川陕省委向中央施压。1935年7月9日，一封署名"中共川陕省委"的电报发到了中共中央。电报全文如下：

党中央：

依据目前情况，省委有下列建议：在统一指挥、迅速行动进攻敌人起见，必须加强总司令部，（徐）向前同志任副总司令，（陈）昌浩同志任总政委，（周）恩来同志任参谋长。军委设主席一人，仍由朱德同志兼任，下设常委，决定军事策略问题。请中央政治局速决速行，并希立复。

---

① 聂荣臻：《聂荣臻回忆录》(第二版)，解放军出版社，1986，第278页。

布礼！

中共川陕省委：（周）纯全、（刘）瑞龙、黄超、（张）琴秋、（李）维海、（谢）富治、（吴）永康

九号[1]

中共川陕省委作为中共中央的下一级组织，竟然直接提出名单要中央政治局改组中央军委和红军总部领导班子，并且要求中央政治局"速决速行"、立即答复。这在中国共产党的历史上，是唯一的一次！

就在中共川陕省委向中央发报的第二天，张国焘自己也跳到台前，向中共中央发难。1935年7月10日十一时，张国焘致电中央，提出"我军宜速决统一指挥的组织问题"。面对这种局面，张闻天和毛泽东分析，张国焘的目的，是想把军权抓在手里，想当军委主席。但这个职务现在由朱德总司令担任，他没法取代，而两河口常委会议任命他当副主席，同周恩来、王稼祥平起平坐，他很不甘心。考虑来考虑去，毛泽东建议让他当红军总政委，意思是尽量满足张国焘的要求，但军权又不能让他全抓去。最后同担任总政委的周恩来商量，周恩来一点也不计较个人地位，立即表示赞同。这样，7月18日就以中革军委名义发布命令，任命张国焘为红军总政委。但是由于张国焘的延宕，两河口会议制定的《松潘战役计划》没法执行了，因为胡宗南已经调兵遣将在松潘完成了部署，并且修好了简易机场，红军攻取松潘的先机已失。8月初只好决定分左路军和右路军行动穿越茫茫大草地，毛泽东等中央领导人在右路军，朱德、刘伯承和张国焘在左路军。

张国焘担任红军总政委后，立即以集中统一指挥为名，收缴了红一方面军各军团、红四方面军各军的密电本，实际上切断了中央和各部队之间的联

---

[1] 中国人民解放军历史资料丛书编审委员会编《红军长征·文献》，解放军出版社，1995，第564页。

系。出人意料的是，张国焘在当上红军总政委后，居然想控制中央政治局。1935年8月4日至6日，中央政治局在四川松潘县毛儿盖区下八寨乡的沙窝寨子召开扩大会议，张国焘向会议提出了增补红四方面军9名干部为中央政治局委员的意见。

张国焘为什么不多不少要提出增补红四方面军9名干部为中央政治局委员呢？

1934年1月15日至18日召开的党的六届五中全会，是离长征时间最近的中央全会，会议共选出了11名中央政治局委员。红军长征的时候，王明和康生这两名政治局委员在莫斯科，在国内的政治局委员共9人。如果张国焘把自己信任的9个人推进中央政治局，那么，就算极端情况下原有的其他8名政治局委员都持反对意见，新进的9个人加上他张国焘，依然可以形成多数意见——张国焘之险恶用心，昭然若揭！

但中央政治局几位常委洞若观火，以毛泽东为主，在会上很艺术但态度很坚决地否定了张国焘的意见，会议只同意增补红四方面军的陈昌浩和周纯全为中央政治局委员。

张国焘对此极为不满。沙窝会议时，张国焘表面上是同意中央北上路线的，但一回到驻地他就变了卦。他在毛儿盖地区紧急召开红四方面军干部会议，公开宣称党中央实行的是机会主义路线，声称"要用枪杆子来审查党的政治路线"。9月8日二十二时，张国焘严令红四方面军第三十一军政委詹才芳相机扣留军委纵队蔡树藩所率人员；9月9日午前，密电红军总政治部主任兼红四方面军政委陈昌浩率右路军"南下，彻底开展党内斗争"。

1982年3月12日至4月2日，叶剑英在同军事科学院几位同志谈红军长征几个问题时，首次公布自己截获这封"密电"的过程。这次谈话要点，后来以《长征的艰险历程》为题，收入了《叶剑英军事文选》。叶剑英说："九号那天，前敌总指挥部开会，新任总政治部主任陈昌浩讲话。他正讲得兴高采烈的时候，译电员进来，把一份电报交给了我，是张国焘发来的，语气很强硬。我觉得这是大事情，应该马上报告毛主席。我心里很着急，但表面上仍很沉着，把电报装进口袋里。过了一个时候，我借故走出会场，去找毛主席。他看完电报后很紧张，从口袋里拿出一根很短的铅笔和一张卷烟纸，迅速把电报内容记了下来。然后对我说：'你赶紧先回去，不要让他们发现你到这来了。'我赶忙跑回去，会还没有开完，陈昌浩还在讲话，我把电报交回给他，没有出漏子。那个时候，中央要赶快离开，否则会出危险。到哪里去呢？只有到三军团去，依靠彭德怀。"①

毛泽东得知这一情况后，联想到叶剑英来之前的两个小时，彭德怀曾经提醒中共中央要提防张国焘。彭德怀说，张国焘"可能仗着优势军力，采用阴谋手段，将中央搞掉"②。因此，毛泽东认为叶剑英拿来的这封"密电"证实了张国焘确实要搞名堂，需要采取果断措施。于是他立即同张闻天、博古赶到红三军团的驻地阿西，与周恩来、王稼祥等人紧急磋商。大家一致认为，张国焘倚仗自己兵多枪多，个人野心恶性膨胀，不仅要凌驾于党中央之上，而且已经发展到企图以武力危害党中央和红一方面军。在这种危急情况下，再继续做说服、等待张国焘率左路军北上，不但已经没有可能，而且会使党遭到不堪设想的严重后果。于是中共中央果断决定，在10日凌晨率领右路军中红一方面军的第一、第三军团和军委纵队迅速脱离险境，先行北上。

陈昌浩得讯后，立即报告了张国焘，并派红军学校教育长李特带了一队骑兵去追党中央。同时，命令几个人持枪去追赶叶剑英，并且交代，看见叶剑英，如果他不肯回来，就地枪决；命令右路军中红四方面军的部队，做好战斗准备，并要求红四军第二十八团先行追击党中央。时任红四军军长的许世友感到事关重大，不敢贸然行事，立即电话请示徐向前。徐向前说："哪有

① 《叶剑英军事文选》，解放军出版社，1997，第725页。
② 彭德怀:《彭德怀自述》，人民出版社，1981，第202页。

作者在四川若尔盖县求吉乡红军前敌总指挥部旧址考察时的留影

红军打红军的道理！"

　　杨尚昆后来回忆，9号那天下午，他正好到红三军团的医院里去探视病中的周恩来和王稼祥，在回驻地的路上碰到了毛泽东、张闻天和博古。毛泽东对杨尚昆说，张国焘不安好心，要右路军南下，我们决定单独北上。你快回去找叶剑英和罗迈，走的时候，把政治部的干部带出来。而且叮嘱杨尚昆，"你要小心又小心一点啊"。杨尚昆赶忙回到潘州，第一个看到的正是叶剑英。叶剑英对他说，中央机关、政府机关的行动已经由罗迈布置，办法是以部队全部出动为南下筹粮去割青稞麦子为名，朝红三军团方向走，凌晨二时分头行动。

　　到了约定时间，杨尚昆悄悄起来，什么东西也不拿，徒步走到离村子约2里的水磨房，在月光下同叶剑英和罗迈会合，得知各部门"打粮"的队伍都已经顺利地出来了，立即悄悄出发。天色微明时，他们走进一个藏民的寨子，见到晨曦中毛泽东、周恩来和彭德怀等人都在一个打麦场上。毛泽东见到大家特别高兴，说："你们出来了，好得很，我们正为你们担心哩！"[1]

经过红军大学时，陈昌浩派出的追兵到了，红军大学教育长李特带着学员来拦截。红军大学校长是刘伯承，因为他随朱德到左路军去了，职务由李特代理。李特一下马，就气汹汹地问，你们为什么"开小差"？这时在场的军事顾问李德见李特佩带着手枪走近毛泽东，二话没说，双手抱住李特，把他拖到几十米外。李德身高近2米，也带着武器，李特不是他的对手。

此时毛泽东倒是很镇定。时任干部团政委的宋任穷后来回忆道：毛泽东冷静而坚定地对李特他们说，"这件事可以商量。大家分析一下形势，看是北上好，还是南下好。现在只有北上一条路可以走，因为南边集中了国民党的主要兵力，而陕西、甘肃的敌人比较薄弱，这是一。第二，北上抗日，我们可以树起抗日的旗帜，南下是没有出路的，是得不到全国人民拥护的"。毛泽东同时严肃地正告李特："彭德怀同志率领的三军团就走在后面，彭德怀同志是主张北上，坚决反对南下的，他对张国焘同志要南下，火气大得很哩！你们考虑考虑吧！大家要团结，不要红军打红军嘛。"[2]毛泽东这番话对李特起了很大的震慑作用，李特对彭德怀是不能不有所忌惮的。

脱离险境后，毛泽东在赶赴俄界与红一军团会合的路上还不忘风趣而幽默地对杨尚昆说："尚昆，你是赔了夫人又折兵啊！"原来就是在9号那一天，总政治部的宣传队正要到前敌政治部去报到，队长刘志坚和杨尚昆夫人李伯钊一起来看杨尚昆，问杨尚昆有什么事情交代。杨尚昆这时已经知道凌晨二时的行动，但如果透露给他们，就怕泄露了机密，而如果让他们临时改

[1] 杨尚昆：《杨尚昆回忆录》，中央文献出版社，2001，第144—145页。
[2] 宋任穷：《宋任穷回忆录》（第二版），解放军出版社，2007，第76—77页。

变出发日期，又怕引起陈昌浩的怀疑。万一陈昌浩他们得知中央的意图，把中央扣起来，那就坏了大事。杨尚昆想来想去还是忍住，什么都没说，让他们按时去报到，到最后时间也没办法通知他们。宣传队离杨尚昆他们驻地大约有5公里，二十二时，杨尚昆派警卫员小张去通知宣传队，谁知阴差阳错，尽管有月亮，警卫员还是走错了路，等信送到时，陈昌浩已经发觉杨尚昆他们走了，于是李伯钊和送信的警卫员连同宣传队队员在内，通通被陈昌浩扣留，裹挟南下，还被当作奸细审查。所以杨尚昆是损失了一个警卫兵，又赔了夫人李伯钊。①

　　1935年9月12日中秋节这一天，刚刚脱离险境的中共中央在甘肃省迭部县达拉乡俄界（高吉村）召开政治局扩大会议，讨论张国焘分裂错误及今后行动方针。会后第二天，中共中央、中革军委率红一军团、红三军团全部离开俄界，继续北上。

---

① 杨尚昆：《杨尚昆回忆录》，中央文献出版社，2001，第146—147页。

唯一参加过三大主力
红军长征的军团

在红军长征过程中，有一支很特别的部队，先后参加了红一、红四、红二方面军的长征，这在红军长征总共两年的历程中是独一无二的，这支部队就是红一方面军的红九军团。

红九军团最初是以红一方面军的组成部分参加长征的。1934年9月28日，作为中央红军主力军团之一的红九军团从今福建长汀县南山镇中复村附近的松毛岭战场撤离，进行休整补充。9月30日上午，红九军团在钟屋村（中复村）观寿公祠堂门前大草坪上，召开告别群众大会。当天十五时，红九军团兵分两路，开始向西战略转移。

中央红军出发后，成甬道式推进。红一、红三军团打先锋，红八、红九军团紧随其后，红五军团殿后阻敌。红九军团当时下辖第三师和第二十二师，全军团共11538人。为保密起见，长征路上部队都用代号，并规定从1934年10月15日开始施行。红九军团代号为"汉口"，红三师、红二十二师代号分别为"洛口""巴口"。在中央红军长征的主力军团中,红九军团是唯一没有过于都河的军团,他们是从江西会昌出发长征的。会昌当年是中央苏区的南大门。1934年7月下旬长征前夕,毛泽东登上会昌城外高峰,写下《清平乐·会昌》,感叹"风景这边独好"。

鉴于湘江战役以来各军团都严重减员,四渡赤水期间,中革军委于1935年2月10日二时在云南扎西颁布了《关于各军团缩编的命令》。据此,中央红军各军团在今云南威信县扎西镇龙井社区老街和河坝两个居民小组先后进行了精简和整编,全军除干部团外,共编16个团。其中红九军团由出发时的6个团缩编为3个团。

3月21日至22日中央红军四渡赤水之后,进至遵义至仁怀大道北侧今仁怀市喜头镇闷头台,准备26日经长干山与枫香坝之间道路向西南行动。由于敌情变化,中革军委主席朱德电令红九军团,令其暂留遵义县枫香镇苟坝村以西的马鬃岭地域,伪装成红军主力并分两部行动,以吸引国民党军向北,配合红军主力南进。此后的两个月时间,红九军团作为中央红军长征中的"战略骑兵"单独行动,有力配合了主力红军作战。

5月5日,红九军团在今昆明市东川区拖布卡镇西北部的树桔渡口,安全渡过了金沙江。这个时候,中央红军主力部队还没有全部过完金沙江。中革军委命令红九军团焚烧船只迟滞敌军过江,同时节节迟阻过江之敌。之后,红九军团根据中革军委规定的进军路线北上,5月21日到达四川西昌市礼州镇,和大部队胜利会合。

中央红军和红四方面军会师后,鉴于各军组织番号及其首长均有变更,为了加强统一指挥,1935年7月21日,中革军委在今四川黑水县芦花镇决定部队整编。红九军团改为第三十二军,军长罗炳辉,政治委员何长工。8月3日,红军总部下达《夏洮战役计划》。根据《夏洮战役计划》,红一、红四方面军混合编成右路军和左路军。其中左路军包括红四方面军的第九军、第三十一军、第三十三军和红一方面军的第五军、第三十二军及军委纵队的小部分，由朱德、张国焘、刘伯承率领集结北上。这样，红九军团（第三十二军）开始和红四方面军一起长征。

红军分左右两路军行动后，张国焘一再坚持其南下错误方针。红九军团（第三十二军）也被迫随大部队南下。11月中下旬，红四方面军在百丈关决战失利。国民党军分别从东、南和西南三个方向压过来，使得红四方面军东出、南进都不可能，被挤压在四川天全、芦山、宝兴、丹巴高寒区域。这一带当时人烟稀少，地瘠民穷，又时值隆冬，这对困境中的红四方面军来说，犹如雪上加霜。

在中共中央一再电促北上和朱德、刘伯承等人的努力下，1936年3月上旬，红四方面军制订《康道炉战役补充计划》，决定以主力进取四川炉霍、甘孜地区。4月上旬，红四方面军和红军总部到达甘孜地区。在这里，红四方面军一面加紧准备会合红二、红六军团的各项工作，一面对部队进行整编。整编后，第三十二军下辖第九十四师、第九十六师两个师，军长依然是罗炳辉，政治委员是李干辉。

1936年3月30日，红二、红六军团在云南盘县召开紧急会议，决定放弃原定创建滇黔根据地的计划，北渡金沙江，北上同红四方面军会合。4月19日，红四方面军为策应红二、红六军团北上，派第三十二军和第四军一部南下，准备到四川省甘孜藏族自治州西边的乡城县并前出到金沙江边迎接红二、红六军团。这期间，红二、红六军团也正在夺路而进。4月24日，红二、红六军团进到云南丽江玉龙纳西族自治县石鼓镇，25日开始在石鼓至巨甸140多里的金沙江岸7个渡口渡江。经过四天三夜的通宵达旦抢渡，红二、红六军团全部顺利渡过金沙江。

之后，红二、红六军团兵分两路北上。6月3日，红六军团先头部队进抵今四川理塘县以南的甲洼，与前来接应的红四方面军第三十二军胜利会合。

6月30日，红二军团直属机关和红四师进抵四川甘孜绒坝岔，与红四方面军在当地的驻军会合。7月1日，红二、红六军团齐聚甘孜附近的干海子，与红四方面军胜利会师。当天，中央首长、机关负责人共68人和红一方面军等10个单位联名致电表示热烈祝贺。

7月5日，根据中革军委的命令，红二、红六军团正式宣布成立中国工农红军第二方面军，贺龙任总指挥，任弼时任政治委员。军长罗炳辉率领的红三十二军下辖第九十四师、第九十六师共4个团编入红二方面军建制。从此，红九军团（第三十二军）开始参加红二方面军的长征。

7月11日，红二方面军组成两个梯队，从四川甘孜出发，在红四方面军左纵队之后跟进，继续长征。

作者手记：
罗炳辉在我的家乡投身革命

那里真是红军的一道生死关

1935年11月，红军与国民党川军在今四川省雅安市名山区的百丈关有过一场生死决战。红军在决战中失利，标志着南下红军由战略进攻转为战略防御。

中央红军和红四方面军会师后，张国焘在两河口会议期间了解到中央红军的实力，其个人野心遂急剧膨胀，不断向中央施压，伸手要权，不达目的即拒不执行中央北上战略方针，最后甚至发展到企图谋害中央。1935年9月9日深夜，中央领导人张闻天、周恩来、毛泽东、博古、王稼祥在周恩来住地阿西茸的牙弄召开紧急会议，一致认为再继续等待说服张国焘率部北上不仅没有可能，还会招致严重后果。10日凌晨，中共中央决定率领原红一方面军各部迅速脱离险区，立即北上，摸黑向俄界（今甘肃迭部县达拉乡高吉村）进发。红四方面军部队则掉头南下。

南下的红军行动非常迅速。到9月下旬，红四方面军和编在左路军行动的原红一方面军的第五军、第三十二军就已经全部集结于党坝、松岗、马塘地区。对于红军大部队的突然南下，蒋介石是毫无准备的。他以为红军已经全部离开了四川，因此正忙着对四川进行绥靖整理。惊悉红军大部队南下后，蒋介石判断南下的红军可能在川西地区建立根据地，遂命令四川的绥靖计划暂停执行，各军迅速恢复战斗序列。刘湘接令后立即调兵遣将，防堵红军南下。

南下红军为了打开通往天全、芦山的道路，10月7日发布了《绥（靖）崇（化）丹（巴）懋（功）战役计划》。按照这个计划，部队分为左右两大纵队，沿大金川两岸向南疾进。由于红军是突然南返，国民党军还来不及调动更多的兵力进行防堵，因此在15天的作战中，红军共击溃敌人6个旅，毙俘敌3000多人，取得了南下的初步胜利。

四川军阀为了挡住红军的凌厉攻势，急忙调集了约48个团的兵力，在汉源、雅安、芦山、天全、宝兴、名山、邛崃一带展开。敌军各路联动，源源不断而来，因此，仗越打越大。尽管南下红军继续浴血奋战，取得了多次战斗的局部胜利，但始终没有在川康边地区打开局面。特别是百丈关决战的失利，标志着南下红军由战略进攻转入战略防御，也标志着张国焘南下创建川康边根据地的计划宣告破产。

绥靖、崇化、丹巴、懋功战役后，张国焘不顾敌情变化，于10月22日发布《天（全）芦（山）名（山）雅（安）邛（崃）大（邑）战役计划》，将部队分为左、中、右三个纵队，全力南下，希望一举夺取天全、芦山、名山、邛崃、大邑等比较富庶的地区，并在这里建立根据地。为阻止红军的攻势作战，刘湘急调其主力王缵绪、唐式遵、范绍增及李家钰等部，星夜赶赴名山县及其东北的夹民关、太和场、石碑岗地区，会同原来的守军共20多万人的兵力，准备在成都平原的边沿一线，同红军展开生死大决战，以阻止红军向东进入成都平原。

为督促各部誓死效命，刘湘发布《告剿共官兵书》，以表其孤注一掷的决心。其中规定：凡有临阵退缩，畏敌不前，或谎报军情，作战不力者，一律军前正法。与此同时，刘湘在邛崃指挥部设各军"剿共"联络主任一职，又派联络军官100多人，分赴师、旅一级担任联络员，以督导各部作战。

南下红军取得初步胜利后，张国焘的头脑开始发热。他不顾敌情的严重变化，命令红军全部主力向名山、邛崃一线进击，集中了17个团约2万人的兵力，准备在百丈关一带与刘湘的主力展开决战。11月13日，红军开始向太和场、朱家场之敌发起攻击，14日占领该地，击溃敌暂编第二师两个团。16日攻占百丈镇，并打退了敌人6个旅的反扑。此时，如果能再向东打过去，红军就可以进入人粮极丰的川西平原。

但是，这时的战场态势对红军已经十分不利：川军援兵从邛崃沿邛（崃）名（山）大道增援，集结部队六七个旅，形成纵深配置，碉堡林立；夹关一带川军，威胁红军侧背，随时可发起反击，对红军实施包围。在这种情况下，红军总部遂命令部队停止前进，主力向百丈镇左右靠拢，以第九十三师围攻名山，第三十二军向名山至洪雅的大路突击，吸引邛崃方向的国民党军出援以寻机歼敌。

百丈关是四川雅安、名山间极具战略价值的重要隘口，也是平原丘陵与山区的过渡地带，三山环抱，是雅安通往成都的必经之地，战略地位十分重要，但地势却不险要。百丈关紧挨公路，利于敌军大部队快速机动，因此敌人在几天的拉锯战中很快调兵遣将布置妥当。而从百丈关至黑竹关、治安场间，地势比较平坦开阔，红军无险可据，敌机轰炸时难以隐蔽。11月19日拂晓，敌人的10多个旅在飞机、大炮掩护下，由北、东、南三面向红军突出于百丈地区10余里长的弧形阵地发起疯狂进攻。

深知此战乃胜败关键的红四方面军总指挥徐向前亲临百丈关现场指挥，在一线指挥的还有副总指挥王树声和6位军级干部，这在整个红四方面军历史上都是十分罕见的。徐向前后来回忆，战斗开始后，他骑着马在战场上绕

四川省雅安市名山区百丈镇旧照

来绕去，好不容易才摸到李先念第三十军的指挥部。他看到的战况是"成批敌机盘旋上空，疯狂施行轰炸。整营整团的敌军，轮番向我阵地猛攻。从黑竹关到百丈十多里的战线上，处处是战火硝烟、刀光血影，是爆炸声、枪炮声、喊杀声，是敌我双方的殊死搏斗"[1]。

　　敌人这时也杀红了眼，为了攻占百丈关，竟然集中了两个旅的兵力，一波接一波地发起集群冲锋。在红军十几挺机枪的扫射下，整营整连的敌军被击毙在稻田里。但因此地交通方便，敌人能迅速调兵，故后续兵力源源不断，攻势丝毫不减。打到11月21日，黑竹关一带的红军前锋部队终因扛不住而被迫后撤，百丈镇被敌人突入。红军广大指战员忍着疲劳寒冷，在山谷、烂田和松林中与优势之敌展开浴血苦战。最终，红军虽然以自身伤亡近

_____

[1] 徐向前：《徐向前回忆录》（第四版），解放军出版社，2007，第348页。

万人的代价毙伤敌1.5万余人，但还是没能挡住敌人的进攻，主阵地丢失，已无力再战，被迫于21日撤出百丈关。

　　当时担任红三十一军副参谋长的李聚奎，在百丈关战斗中曾直面敌人攻进百丈镇的险情。李聚奎接完红四方面军副总指挥王树声命令他把红三十一军直属队带到百丈关后面十几里的一个小村庄待命的电话后，带着通信员骑上骡子就赶到百丈镇。红三十一军参谋长王维舟的指挥所设在一家铺子里，李聚奎一进去，王维舟就对他说："后面山上发现了土匪。"李聚奎心想土匪算什么，脱口而出"打掉他"。正在这时，"嗡——"一阵引擎声越来越响，几架飞机呼啸而来。李聚奎一看情况不对，土匪哪来的飞机！原来王维舟说的"土匪"实际上是他对敌人的一种习惯叫法。这时李聚奎的通信员在街上大声喊道："敌人上来了！"李聚奎出门一看，只见一股敌军已经插到了百丈镇街口。这时李聚奎身边没有部队，他急忙跑到隔三四座房子的红四军第十师指挥部，那里也都是机关人员，于是同王维舟仓促地撤了出来。敌人占领了百丈镇，便对他们穷追不舍。在出镇约1里多路的地方，李聚奎找到了红三十一军的教导队，把敌人顶了一下，这才阻止了敌人的追击。①

　　百丈关战役的失利，是南下的红军由进攻转入防御的转折点，标志着南下计划的破产。红四方面军南下前夕有65个团加一个骑兵师，共8万多人，南下不到半年时间就已经锐减到28个团4万多人了。百丈关战役后，国民党军分别从东、南和西南三个方向步步进逼，使得南下的红军东出、南进都不可能，只能以巩固天全、芦山、宝兴、丹巴所占地区为首要任务，在这一带构筑防御工事与敌人对峙。但这里是藏汉杂居区，历来民族隔阂很严重，加之人烟稀少，地瘠民穷，又时值冬天，这些不利条件，对困境中的南下红军来说，犹如雪上加霜，整个部队的战斗力日益下降。

---

① 黄计钧：《李聚奎将军传》，解放军出版社，1989，第316—317页。

　　百丈关决战的战役规模之大、参战人数之多、持续时间之长、战斗进行之悲壮惨烈，是红军长征史上仅次于湘江战役的一场大血战。为纪念百丈关战役，当地政府1985年就在当时的雅安市名山县蒙阳镇蒙顶山之巅红四方面军百丈关战役总指挥部旧址，修建了一座占地面积仅500多平方米的红军百丈关战役纪念馆，馆内陈列着红军1935年11月进入四川名山后特别是百丈关战役的活动史实。2016年年底，当地政府在当年红军百丈关战场四川省雅安市名山区百丈镇开始修建百丈关革命烈士纪念园，园内安葬着9356位百丈关战役牺牲的红军战士。这9356座红军墓地都没有独立墓碑，只有一颗颗红星。从空中俯瞰，这9356颗红星把整个纪念园汇聚成了一个巨大的五角星。

1985年修建的百丈关战役纪念馆

第三部分

唤醒民众同心干

　　长征是历史纪录上的第一次，长征是宣言书，长征是宣传队，长征是播种机。面对正义和邪恶两种力量的交锋、光明和黑暗两种前途的抉择，党和红军始终植根于人民，联系群众、宣传群众、武装群众、团结群众、依靠群众，唤醒民众同心干，以自己的模范行动，赢得人民群众真心拥护和支持，使党牢牢扎根在人民之中。

　　长征宣传了党的主张，播撒下革命的火种，扩大了党和红军的影响，巩固了党同人民群众的血肉联系。

　　长征的胜利充分说明，中国共产党必须在人民中间生根开花，必须紧紧依靠人民来克服困难、赢得胜利。

中央红军长征前做了哪些准备工作？

对中央红军的长征，过去很长时间的传统说法是：没有准备，仓促出动。出动得比较仓促是实话，"没有准备"却不是实情，只不过准备工作比较匆忙而已。

1934年4月10日至27日，中央红军以9个师的兵力，与国民党军11个师在江西广昌展开决战。这场战斗，是中央红军历史上最典型的阵地消耗战。广大红军将士浴血奋战18天，不但没能打败敌人，反而自身伤亡了5000多人。一仗而伤亡5000多人，在中央红军此前的战史上是从来没有过的。广昌保卫战失败以后，中共中央开始酝酿战略转移问题。5月下旬，中央书记处在江西瑞金召开会议，鉴于反"围剿"的严峻形势，决定撤出中央苏区，转移到别的地方去，以便重新获得广阔的作战区域；中共中央并就此专门向共产国际请示。

在等待共产国际批准的过程中，中共中央成立了李德、博古、周恩来三人小组，也就是通常所说的最高"三人团"，具体负责战略转移的筹划工作。政治、军事方面的重大事项和行动计划分别由博古、李德做主，周恩来负责督促军事计划的实行。但中央最高"三人团"指挥反"围剿"作战的战略方针并没有及时转变，战略转移的准备工作也没有提上议事日程，反而采取"六路分兵""全线抵御"的单纯防御战略，导致中央红军反"围剿"作战更加被动。

1934年8月7日，红六军团退出湘赣苏区，从江西遂川县横石和新江口地区出发突围西征。此后，中央最高"三人团"才开始制定中央红军主力突围转移的行动计划，开始了各项准备工作。所以，中央红军的长征准备确实是比较匆忙的。当然，由于中国共产党强大的动员能力，加上周恩来等同志卓越的组织才能，整个准备工作的成效还是比较显著的。

思想舆论准备。1934年9月29日，张闻天在《红色中华》上发表《一切为了保卫苏维埃》，提出"我们有时在敌人优势兵力的压迫之下，不能不暂时的放弃某些苏区与城市，缩短战线，集结力量，求得战术上的优势，以争取决战的胜利"。这被认为是中央红军将要转移的明确信号。接着在10月3日，《红色中华》发表《中华苏维埃共和国中央政府 中国共产党中央委员会为发展群众的游击战争告全苏区民众》，号召苏区群众武装起来，开展游击战争，保卫自己的土地和家园，保卫苏区。当然，由于保密的需要，这种舆论宣传的准备工作，只能是隐晦的、暗示性的。

部队兵员准备。广昌保卫战失败以后，1934年5月14日，中革军委号召"五、六、七3个月全苏区扩大红军5万名"。中央苏区广大青壮年踊跃报名参军，到6月30日，全中央苏区扩大红军62269名，超额完成了任务。9月1日，中共中央组织局等5家单位联合发布《关于九月间动员三万战士上前线的通知》，号召动员继续扩红。据统计，从1934年5月至9月底，中央苏区扩

张闻天:《一切为了保卫苏维埃》

大红军8万余人。[1]中央红军长征开始时，部队大约有一半是最近几个月扩红的新兵。

　　我依据1932年9月江西省苏维埃政府人口普查统计数、中共江西省委

---

[1]《图说长征》课题组编著:《图说长征·序曲卷》，中共党史出版社，2019，第120页。

1932年5月统计数和赣南各县党史办1989年调查统计参加红军人数，整理出
了下面这张"赣南13个县苏区人口和参加红军人数"统计表。从这张统计表
可以看出，这13个县参加红军人数占总人口的比例平均约是13%，而中央苏
区核心县的瑞金县、兴国县、宁都县，都在20%以上。可见当年群众参加红
军之踊跃。

附表：赣南13个县苏区人口和参加红军人数

地区	苏区时期人口总数	参加红军人数	占比
瑞金县	240000	49000	20%
兴国县	231826	55000	24%
宁都县	273652	56304	21%
于都县	343330	67709	20%
赣县	159164	11107	7%
会昌县	240000	38600	16%
石城县	136000	16328	12%
安远县	100110	12618	13%
寻乌县	120000	6150	5%
上犹县	101518	2000	2%
信丰县	203660	10000	5%
崇义县	89000	2000	2%
南康县	230000	3656	2%
合计	2468260	330472	13%

　　钱粮物资准备。1934年6月2日，中共中央和苏维埃中央政府发出《为
紧急动员二十四万担粮食供给红军致各级党部及苏维埃的信》，要求在7月
15日前完成24万担的借谷计划。7月22日，又发出《关于在今年秋收中借谷
六十万担及征收土地税的决定》。这两次筹粮，均超额完成计划，共征集粮
食94万担。与此同时，苏维埃中央政府财政部提出要在三个月内筹款80万
元。为此，苏维埃政府发动群众在苏区内部查找地主豪绅埋藏金银的地窖，
同时将国家银行隐藏在江西石城县烂泥坑的秘密金库中价值百万的金银财宝

挖出，由党员干部背着上路。外贸分局通过赣州的商人和中共地下党员在两个月内突击采购到10万元的中西药品。红军的兵工厂和军服厂则加班加点突击生产。

组织人事准备。主力红军要转移了，高级干部当中谁走谁留是一个重要问题。当时规定，中央党政军高级干部谁走谁留，由博古确定；中央各部委工作人员的走与留，由各单位党团负责人和行政领导研究决定后，报"三人团"或中央书记处审批；各省委的干部由省委决定后报中央批准。随军突围转移的人员名单确定后，由中央组织局统一编队。当时中央组织局的主任是罗迈，也就是李维汉。

留守苏区准备。为了掩护和策应中央红军主力突围西征，做好主力转移之后中央苏区的工作，中央书记处决定成立中共苏区中央分局、中华苏维埃共和国中央政府办事处和中央军区。项英任分局书记、中央军区司令员兼政委；陈毅任办事处主任。这些组织机构成立后，领导留守的部队和人民群众开展游击战争，继续坚持斗争。当时留下来的主力部队是红二十四师，还有一些独立团，大约1.6万人，加上各个县的地方武装和工作人员，总共有3万多人。

这期间，中革军委还向苏区各县区游击司令部铅印下发了毛泽东编写的《关于游击队动作的指示》，对游击队的组织和编制、战略战术原则和游击战方式、任务、政治工作等，提出了明确具体的要求。这个3万多字的小册子，后来成为陈毅他们坚持三年游击战争非常实用的指导手册。

统战工作准备。中央红军的预定突围路径是由南往西，去湘西会合红二、红六军团。国民党军南线"剿共"总指挥是号称"南天王"的广东军阀陈济棠。此人与蒋介石素有矛盾，为保存实力和地盘，希望避免和红军作战。1934年9月，他通过部下找到了红九军团军团长罗炳辉在广州做生意的内弟，动员他担任同红军秘密联络的中介，希望与红军和谈。周恩来和朱德敏锐地抓住了这个机会。10月5日，他们委派何长工和潘汉年两人为总代表，带着朱德署名的介绍信，前往江西寻乌县罗塘村，与粤军总参谋长杨幼敏等人秘密谈判。

从10月8日起，双方经过三天三夜的谈判，达成了五项协议。而就在逐条确定协议内容的时候，中央机关已经于10月10日撤离首都瑞金，前往江西于都集结。所以周恩来向何长工发来了事先商定的暗语电报："长工，你喂的鸽子飞了！"粤军谈判代表杨幼敏很敏感，立即问何长工："是否你们要远走高飞了？"何长工很机敏地回答："不是，这是说谈判成功了，和平鸽上天了。"[1]杨幼敏感到何长工说得合情合理，也就没有多想。

谈判双方相互在各自的记事本上确认协议内容并口头达成如何落实的细节后，何长工和潘汉年立即离开罗塘村，返回会昌县。陈济棠的部队还派了一个骑兵连，一直护送何长工和潘汉年到会昌县筠门岭以北的一座小木桥边。两人在会昌县并没有停留，而是连夜赶到了红军集结地的于都县，向周恩来详细报告了谈判的情况。

大部队出动前，还有一些悄悄的直接准备工作。比如中革军委秘密派出国家政治保卫大队，到当时赣南省的于都县和登贤县等红军预定集结的区域秘密侦察路线；还派出副总参谋长张云逸带领一个小分队秘密前往赣粤湘边界地区，侦察敌情和道路河流交通情况，为中央红军突围转移选择行军路线。

---

[1] 何长工：《何长工回忆录》，解放军出版社，1987，第328页。

红军长征的地理四至之一：最东端

红军长征踏遍万水千山，途经十几个省。从东到西，从南到北，播下了革命的种子。要想读懂长征，有必要了解红军长征的东南西北四至。本篇介绍红军长征的地理最东端。

红军长征的地理最东端是福建省长汀县，还可以具体到南山镇的中复村。这里是中央红军第九军团的长征出发地，当地人自豪地称之为"红军长征第一村"。我2014年那次去考察的时候注意到，村里立了一个很醒目的石碑，上面刻着"红九军团长征二万五千里零千米处"。

中复村是一个很大的自然村。我第一次去考察的时候全村就有6000多人，这在南方算是人口很多的村庄了。这个村子原来叫钟屋村，红军来了以后把它改名叫红屋区。红九军团长征走了以后，敌人占据了这个村子，把它更名为中复村，寓意"中央军光复的村庄"。但村子里的人还是习惯叫自己村庄的老名字，2005年他们在村子里观寿公祠门口立的牌子上就还是写着"钟屋村"。

中复村现在的远近闻名，实际上不仅仅是因为当地人自称这里是"红军长征第一村"，更重要的是因为红军长征前夕，1934年9月发生在福建长汀县和连城县交界的那场松毛岭阻击战。正是因为红军在松毛岭阻击战失利，红九军团才从中复村撤离，开始战略大转移。

松毛岭阻击战是中央红军长征出发之前东路战线的最后一仗，守卫的是中央苏区的东大门。这条防线守不住，下一步就会危及汀州，进而危及中华苏维埃共和国的首都瑞金。所以当时中央红军有红一军团、红九军团和红二十四师共2万多人投入战斗。当地群众的支前工作更是热火朝天，出现了"地方无闲人，户户无门板"的景象。而敌人也志在必得，国民党东路军总司令蒋鼎文指挥6个师和一个炮兵团共10万多人的兵力进攻松毛岭。

红一军团驰援江西兴国后，松毛岭阻击阵地的主力军团只剩红九军团了。红九军团的军团指挥部就设在中复村的观寿公祠，扩红工作也在观寿公

作者在松毛岭阻击战郭公寨指挥部旧址考察时的留影

祠门前展开。红军在祠堂旁边摆了一个案台，村里杀了一头猪，案台上摆满了小碗，每个碗里半碗汤一块肉。登记完的青壮年在案台前吃完这碗肉汤，跨过村头那座现在被称为"红军桥"的小桥，源源不断地奔向松毛岭战场。这个村庄和附近几个小村庄扩红来的300多名青壮年，全部战死在松毛岭，无一生还。红军部队和地方武装面对5倍于己敌军的疯狂进攻，与敌人血战七昼夜，以牺牲1万多人的代价，为中央战略转移的部署和中央主力红军的集结赢得了时间。

1934年9月28日，根据中革军委命令，红九军团从松毛岭战场撤离。30日上午，红九军团在中复村观寿公祠门前的草坪上召开告别群众大会。当天下午，红九军团兵分两路开始了战略大转移。10月3日，红九军团两路部队会合到达汀州城，在南寨广场召开了战略转移动员大会，在汀州休整了4天。

10月6日傍晚，红九军团从汀州城西移，于7日四时左右抵达兆征县古城宿营。顺便提一句，现在没有兆征县了。兆征县是为纪念中国工人运动杰出领导人苏兆征，于1933年9月在中央苏区设立的。县域在福建省长汀县和江西省瑞金县之间，县治设长汀县城关，当时管辖红鄞、大埔、张地、德联、古城、东陂、黄沙七个区。上文提到的"兆征县古城"即今长汀县的古城镇。中央红军长征后，兆征县不复存在。

10月9日拂晓，红九军团抵达瑞金县武阳。当天，军团长罗炳辉、政委蔡树藩从中央开会带回消息，中革军委已决定将粤赣军区主力红军及于都的补充第一团，都拨归红九军团建制。整补后的红九军团下辖第三师和第二十二师共2个师，全军共有11538人。10月10日早晨，红九军团南移至江西会昌县朱子坝、狮子坝一线。第二天，红九军团折向会昌西北面的猪栏埠（珠兰埠），在这里休整了5天。

10月16日十六时许，红九军团大部共7000余人，从珠兰埠出发，踏过贡水河上的浮桥，经庄埠乡抵达靖石乡，于当晚从渔翁埠等地渡过濂江长征；红二十二师4500多人则是从站塘乡李官山出发，于十四时抵达会昌县城领取新冬装后，于17日凌晨从会昌县城出发长征。

可见，红九军团长征的出发地是福建长汀县南山镇中复村，集结地是长汀古城镇，离开中央苏区时所在地则是江西的会昌县。因此，他们是唯一没有渡过于都河出发长征的中央红军的军团编制队伍。

应该指出的是，上面提到的那块刻着"红九军团长征二万五千里零千米处"的石碑，其表述是不准确的，红九军团的长征里程实际上远远不止二万五千里。据全程重走完了长征路的同志考证，红九军团的长征里程超过了3万里，可能达到4万里。[1]红九军团是在位置最东的战场撤离的主力军团，而且是唯一参加过三大主力红军长征的军团。

1935年6月，红一、红四方面军在四川懋功会师后，两个方面军统一混编为左路军和右路军，其中红九军团编在左路军并改编为红三十二军。后来张国焘与中央闹分裂，左路军南下北上反复倒腾，红九军团的大多数将士因此都走了两三次雪山草地。1936年7月，红二、红六军团与红四方面军在四川甘孜会师后，根据中央命令，红三十二军（红九军团）又和红二、红六军团共同编成了红二方面军，继续长征。

所以，红九军团的长征里程比其他军团要长得多。他们走的时间最长，从1934年9月30日出发，到1936年10月22日在今宁夏西吉县的将台堡与前来接应的红一方面军部队胜利会师完成长征，时间超过两年。红九军团长征途经的省份也最多，是长征队伍中唯一经过闽、赣、粤、湘、桂、黔、滇、川、康、青、甘、陕共12省（区）的中央红军主力军团。

作者手记：
"火焰山"变成了"花果山"

---

[1] 田竞等：《重走长征路·红一方面军》（上），华文出版社，2016，第9页。

长征路上红军如何严明群众纪律？

红军开始长征后，完全是没有后方的流动作战，部队的给养保障自然比在根据地时要困难得多。历朝历代流动作战状态下的部队，一般规律是容易发生破坏群众纪律现象。但是，长征中红军却打破了这个规律，成为执行群众纪律的模范。

毛泽东曾经说过，纪律是执行路线的保证。从1927年10月24日毛泽东在井冈山雷打石向他缔造的人民军队的第一批指战员宣布三大纪律，到1947年10月10日毛泽东下达《中国人民解放军总部关于重行颁布三大纪律八项注意的训令》，纪律就一直是作为执行革命的政治任务的武装集团的人民军队完成使命的重要保证。

长征面临全新难题

红军长征走出苏区进入国民党统治的白色区域后，党的群众基础薄弱，群众对红军、对共产党、对苏维埃没有太多概念，对共产党和工农红军的性质、宗旨、任务更缺乏了解。尤其是途经的少数民族地区，由于国民党当局的欺骗宣传和压迫，民族隔阂日久，矛盾很深，处理不当不但无法争取群众，反而可能酿成灾难。

中央红军巧渡金沙江进入四川，北上强渡大渡河，中间隔着大凉山地区。这里聚居着的彝族，当时还是一个处于奴隶社会的民族。由于国民党军阀经常对他们进行"剿讨"和抢掠，引起了彝族人民对汉人的猜忌和敌视，种下了极深的成见。他们特别反对汉人的"官兵"入境。显然，在当时要他们能够很快地从本质上理解红军是什么样的军队，是很困难的。在这种情况下，要顺利通过这个地区确实不是一件很容易的事情。所以，进入冕宁彝民区后，党和红军就以红军总司令朱德名义专门发了布告，宣传红军的性质、宗旨和任务，严明红军纪律。

据萧华回忆，他当时奉军团首长命令，带一个工作团，随先遣部队行动，进行部队政治工作和沿途的群众工作。进入彝民区不远，就看到山上山下，彝民们千百成群地挥舞着土枪、长矛、棍棒，呐喊着，出没于山林之

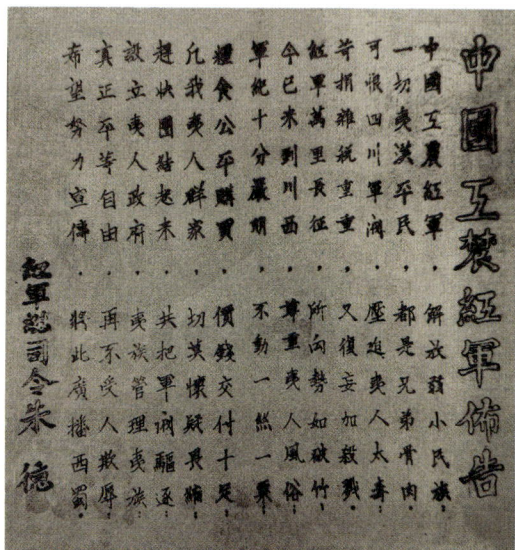

中国工农红军在四川冕宁颁发的布告

中，企图阻止红军前进。他说，我们当时不得不缩短行军距离，以防突然袭击。进到彝民境内30多里路的谷麻子附近时，前面密集的人群拦住了去路，我们就不能再继续前进了，强行通过势必引起冲突。而且跟在主力部队后面的工兵连，因为没有武器，刚掉到主力后面100多米远，就被彝民把他们携带的器材和其他用具一搜而光。[1] 如果不是后来处置得当，刘伯承和小叶丹达成彝海结盟，中央红军要通过冕宁彝民区是不可想象的。

对于这种全新难题，红军总政治部有着清醒的认识。红军长征走出苏区进入白区后，途中出版的第2期《红星》报就专门发表社论，明确地告诫广大指战员："我们困难主要的都是在于我们开始在白色区域中得不到像赤区内那样的群众的热烈拥护，甚至我们有时还会遭受到部分被欺骗群众的敌视。"社论强调："没有纪律的部队，不但不能取得群众的同情与拥护，而且会使群众□□我们，离开我们，甚至反对我们。"因此"必须〈与〉乱打土豪与乱拿群众东西的一切破坏红军纪律的行为，做最残酷的坚决的斗争，〈因为〉这种行为在实现上无异于帮助敌人！"[2]

兵马未动纪律先行

基于对上述情况的认知和预判，中共中央和中革军委在主力红军出发长征前后，颁布了一系列纪律规定，统一认识，规范行动。

1934年10月9日，中央红军长征出发前，总政治部就准备长途行军与战斗，向各军团、各纵队发出《总政治部关于准备长途行军与战斗的政治指令》，强调要"保证部队与群众的正确关系，加强地方工作与资材的收集，坚决与脱离群众、破坏纪律的现象斗争"。"对于不能教育的破坏纪律的坏分

---

① 萧华：《通过大凉山》，载《长征大事典》编辑委员会编《长征大事典》（上卷），贵州人民出版社，1996，第988页。

② 《红星》第2期第一版（长征途中出版，未标明出版日期）。

子，应给以处罚，甚至在群众中公审枪决。"①10月29日，在突破第二道封锁线之前，红军总政治部向各部队发布《总政治部对目前行动的政治工作训令》。训令要求各部队集中精力抓好两项工作："1.发扬战斗情绪，坚决进攻消灭敌人。""2.努力巩固部队，保持红军的模范纪律。"②

中央红军长征中唯一坚持出版的刊物《红星》报，每一期都有涉及群众工作和群众纪律的消息。1934年11月7日还专门发了一期《红星》(号外)，号召"创造争取群众工作的模范连队"。党和红军发出了7点具体号召，"要求各连队用革命鼓励的方式来完成上列各项工作，创造争取群众工作和红军纪律的模范连队，大家起来向破坏红军纪律的坏蛋作斗争"③。11月29日，红军总政治部在广西灌阳县文市镇玉溪村，发布了《关于瑶苗民族中工作的原则指示》，全文登载在长征途中出版的《红星》第6期上。这个指示，对如何做好少数民族工作，提出了7点具体意见。④

渡过金沙江后，红军总政治部于1935年5月19日发布了《总政治部关于争取少数民族工作的训令》，要求部队严格执行群众纪律，"绝对不准对少数民族群众有任何的骚扰。""绝对的遵从少数民族群众的宗教的风俗的习惯，并将这些习惯向战士说明。""严厉的反对轻视、鄙视少数民族的大汉族主义的愚蠢的偏见。"⑤

红二十五军长征途经河南鲁山县熊背乡草店村时，1934年11月30日以

---

① 中国人民解放军历史资料丛书编审委员会编《红军长征·文献》，解放军出版社，1995，第60页。
② 中国人民解放军历史资料丛书编审委员会编《红军长征·文献》，解放军出版社，1995，第112、113页。
③ 《红星》(号外)，1934年11月7日。
④ 《红星》第6期第一版(长征途中出版，未标明出版日期)。
⑤ 中国人民解放军历史资料丛书编审委员会编《红军长征·文献》，解放军出版社，1995，第344页。

中国工农红军北上抗日先遣队司令部、政治部名义发出布告，除了宣传红军主张和宗旨，还坦诚地提出"我们队伍有什么错误，欢迎当地人来报告，立即纠正"[①]。

可见，长征路上的红军，对如何不断强化部队纪律观念，是极为关注的。

上下一心模范执行

中央红军开始长征后，陆续又有红二十五军、红四方面军、红二和红六军团（后改编为红二方面军）长征，各路长征队伍都能严格执行纪律，得到群众的衷心拥护。

模范执行少数民族政策。1935年8月15日，红二十五军由秦安北上，进入静宁县以北50里的宁夏西吉县兴隆镇，在这里作短暂休整。红军大部队开进镇里时，镇内的老百姓第一次看到红军，由于对红军不了解，大部分人躲在家里不敢出来。

红二十五军军部刚刚进驻兴隆镇，政治委员吴焕先就指示部队大力开展民族政策教育，主持制定"三大禁令、四项注意"（禁止部队驻扎清真寺，禁止毁坏回族的经典文字，禁止在回民地区吃大荤；注意尊重回族人民的风俗习惯，注意用回民水桶在井里打水，注意回避青年妇女，注意实行公买公卖）。他不仅主动邀请清真寺的阿訇和有名望的士绅到军部来做客，还召集当地知名人士和阿訇开会座谈，宣传我党抗日救国主张和红军的政策纪律。

指战员们在进入回民区时，严格按照要求办事，许多连队在进入这一地区之前将没有吃完的猪肉作了处理，或送给汉族老百姓，或是抓紧时间吃掉。手枪团和几个回族战士在军领导的安排下提前进入兴隆镇，将事先写好的标语、传单和布告张贴起来，向回民群众进行宣传。红军的实际行动，解

[①] 中国人民解放军历史资料丛书编审委员会编《红军长征·文献》，解放军出版社，1995，第404页。

除了回民群众的思想顾虑，安定了人心。军长程子华临走时有感于群众的大力帮助，书赠"回汉兄弟亲如一家"锦旗给兴隆镇南大寺。

红二十五军离开时，镇上的男女老幼为红军送行，更有17名回族青年坚决要求参加红军。一个多月后，中央红军经过这里，受到当地回民群众的热烈欢迎，使历经千辛万苦走来的中央红军指战员们非常受感动。毛泽东到兴隆镇单家集后，找到阿訇马德海促膝夜谈，宣传党的政策，留下一段佳话。同时，毛泽东还称赞红二十五军路过陇东回民区时政策水平很高，民族政策执行得很好。

1936年4月，红四方面军进入甘孜藏区以后规定，部队在发动群众的过程中，必须尊重藏族的风俗习惯，严格执行群众纪律，保护寺庙、经堂，争取喇嘛，各级领导干部还要深入喇嘛庙，与活佛、喇嘛交朋友，宣传党和红军的政策，指明少数民族的斗争出路。红军的实际行动，使广大藏民和喇嘛明显感到红军与过去的汉官、军阀部队根本不同，亲切地称红军为"新汉人"。特别是分得了土地和牛羊的穷苦藏民，对红军更是衷心拥护。红军与藏民的良好关系，保证了红军筹措物资任务的完成。红四方面军北上后，安置在当地的许多伤病员还得到了藏族人民的保护。

不拿群众一针一线。据时任中央红军干部团二营五连连长的萧应棠回忆，他带领连队抢占金沙江渡口后，在镇子里的石板街道上想找个地方休息睡觉，弄点吃的。因为他们为了抢占渡口已经连续行军200多里，只吃了一点冷饭，饿得软绵绵的一点劲都没有。就在这时，为了巩固渡口、扩大纵深，上级命令他们立即出发，沿着通往会理县的山道前进15里警戒。做饭是来不及了，好在刚走不远，看见一家门口挂着招牌，模模糊糊的可以看出似乎是一个点心铺。萧应棠推门进去一看，里面黑洞洞的，连喊了几声老板也没人答应，大概是刚才听到枪声吓跑了。他点着油灯一看，架子上放了不少的土点心，约莫有30多斤。全连100多人，每人也就摊到二三两，大家三口两口就吃完了。但吃完之后没法当面付钱给老板。在这种情况下，司务长认真计算了价钱，包了银洋，写了一张条子，仔仔细细放在账桌抽屉里，然后吹灭灯关好门，部队这才继续赶路。①

严格执行公平买卖政策。中央红军打开腊子口以后，前面就没什么大的险阻了。1935年9月18日，红军进入宕昌县的哈达铺。哈达铺当时属岷县管辖，位于甘南交通线上，是临近几个县的物资集散地，尤其是药材生意兴旺，商贸比较发达，货物价廉物美。这里是回民聚居区，中革军委临时向部队颁发了"回民地区守则"。这个守则条目很多也很细，除了有不得擅自进入清真寺、不得在回民住家杀猪和吃猪肉等规定外，还特别强调物资采购的买卖公平。

据杨成武回忆，部队过草地后十分疲劳，为了迅速恢复体力，红军总部下了个别致的命令，全军上下，上到司令员，下到炊事员、挑夫，每人发大洋一块，用于改善生活。可别小看这一块大洋，因为当时哈达铺的东西十分便宜。当时一块大洋可以买到5只鸡；买一只肥羊，才要2块大洋；一头100多斤重的肥猪，5块大洋就够了。红军买卖公平，哈达铺生意兴隆，利市三倍，商人们兴高采烈，奔走相告。②

正是由于广大红军指战员在长征路上模范遵守三大纪律、八项注意，严格执行党的民族政策，用实际行动宣传了红军主张，践行了党的宗旨，因而赢得了沿途广大人民群众的衷心拥护和坚定支持。

---

① 萧应棠：《巧渡金沙江》，载刘伯承、徐海东等：《星火燎原全集》第3卷，解放军出版社，2009，第88—89页。
② 杨成武：《杨成武回忆录》（上），解放军出版社，2005，第271页。

红军长征时，率部跟着追击各路红军的国民党中央军和地方军阀将领有不少。其中追击中央红军的国民党军，有的部队甚至是从红军出发时就跟踪追击，一直尾随到了陕北，只不过没有爬雪山过草地而已。但真正在红军长征队伍中跟红军一起走完长征的国民党将领却只有一位，那就是在忠堡大捷中被红二、红六军团俘虏的国民党军第四十一师中将师长张振汉。

1935年4月中旬，红二、红六军团取得了陈家河、桃子溪战斗的胜利，一举扭转了被动局面。5月下旬，红军总指挥部决定率红二、红六军团主力出击鄂西寻歼鄂敌。5月下旬开始，红二、红六军团主力进逼湖南龙山县和湖北来凤县，并于6月9日包围了湖北宣恩县城。时任湘鄂川边区"剿共"总司令的徐源泉担心宣恩县城失守，命令驻来凤的纵队司令兼第四十一师中将师长张振汉，协同第四十八师一个旅和一个保安团，分三个支队经咸丰县忠堡，北援宣恩。

让徐源泉没想到的是，他下达的这个密电被红军截获破译了。红二、红六军团指挥部获知张振汉所部行动的准确信息后，即率红二、红六军团主力深夜出动，分两路急行军赶往忠堡，准备截击南来之敌。6月12日下午，红军先敌赶到忠堡地区，将张振汉亲率的左支队分割包围在忠堡东面的构皮岭，遏住敌右、中两支队的增援。13日，红二、红六军团分别对刘家湾和构皮岭南山的张振汉部发起攻击，激战至第二天下午，全歼敌第四十一师师部、第一二一旅和特务营，击毙敌师参谋长，把被红军迫击炮炸伤的张振汉抓获。

忠堡战斗是贺龙指挥部队"围点打援"的典型战例。但当时的战况是很凶险的。红二、红六军团既要围住张振汉的左支队，又要挡住国民党军队可能增援的右支队和中支队，在兵力布局上就有些捉襟见肘。而且敌军黄新率领的第一二三旅近在咫尺，如果挡不住敌第一二三旅的进攻，不但围歼左支队成为泡影，红二、红六军团还可能陷入敌军的重围。奇怪的是，黄新的第一二三旅在战斗中就是磨蹭不进，眼睁睁地看着张振汉所部被歼灭。

过去我一直搞不懂黄新为什么冒着上军事法庭的风险也不肯"拉兄弟一

湖北咸丰县忠堡大捷纪念碑

把"。后来读到一些人的回忆材料尤其是张振汉自己写的材料，才知道黄新对张振汉一直心怀不满。看到张振汉所部被包围，他不但不救援，反而幸灾乐祸。黄新从1928年担任少校参谋起，到1931年任第四十一师第一二三旅旅长，升迁速度应该不算慢，但是黄新并不满足，他一心想当师长，并认为自己没如愿是因为张振汉推荐不力。实际上，从1932年到1935年，为满足黄新的师长欲，张振汉曾费尽周折，可是屡屡落空，而黄新对张振汉总是不谅解。忠堡之役后，第四十一师官兵都指控黄新按兵不动，见死不救，一直控告到蒋介石那里。黄新想避避风头，就活动到陆军大学特别班学习，并改名黄百韬——就是在淮海战役中被我军打死的那个黄百韬。

张振汉被俘后自认为必死无疑，没想到受到红军优待，还把他的伤治好了，这让他感到很意外。一个多月后，他听从红六军团军团长萧克的意见，担任了红军学校高级班的战术教员。当时，为了让红军指挥员听这个"败军之将"的课，萧克还结结实实发过一通脾气。红军的这份信任，让张振汉非常震惊，也非常感动。他把自己的军事知识和作战经验全部奉献出来，毫无保留地教给当时文化水平普遍不高的红军指挥员。

红军长征路上条件很艰苦，筹措给养很困难，但贺龙等领导对张振汉却关怀备至，给他配了骡子，专门安排人员照顾他的生活。尤其让他念念不忘感激不已的是，过雪山时坐骑失蹄把他摔到了积雪很深的山坳里，就在他绝望之际，红军战士们冒着生命危险手拉手"结绳"下去把他救起。

1936年10月长征到延安后，周恩来亲切会见了张振汉，并表示要争取把张振汉的妻儿接到延安来团聚。正准备组织实施的时候，让人意想不到的事情发生了，张振汉夫人邓觉先得知丈夫随红军抵达延安之后，竟打扮成农妇孤身从汉口奔赴陕北，千里寻夫抵达延安同张振汉会聚，成为一段佳话。

作者手记：
咸丰之行，收获满满

红军长征的地理四至之二：最南端

红军长征踏遍万水千山，途经十几个省。从东到西，从南到北，播下了革命的种子。要想读懂长征，有必要了解红军长征的东南西北四至。本篇介绍红军长征的地理最南端。

红军长征的地理最南端是云南省楚雄城。红军长征曾经两次过境云南楚雄彝族自治州。第一次是中央红军于1935年4月底至5月初巧渡金沙江时过境楚雄，那次是从楚雄州东北部武定、元谋快速通过去抢占金沙江渡口。我们说的地理最南端，是红二、红六军团长征时，于1936年4月15日攻占的楚雄城。

1936年3月28日，红二、红六军团进占贵州省盘县，全军集结于盘县红果镇亦资孔一带休整，并开展群众工作。由于张国焘担任红军总政委后把持了与红二、红六军团的联系，红二、红六军团领导人贺龙、任弼时、萧克等在盘县致电中革军委主席朱德和红军总政委张国焘，认为红二、红六军团在滇黔川广大地区内求得运动战中战胜敌人、创立根据地的可能性是有的。第二天,贺龙他们就接到回电,但许多地方语焉不详。特别是没有如红二、红六军团领导所要求的,说明国内形势的变化和中共中央的战略方针及有关部署。由于无法与中央直接联系,红二、红六军团领导当时并不了解中央的战略方针和与张国焘之间的斗争情况。

在这种背景下,3月30日,红二、红六军团领导人在盘县召开紧急会议商讨下一步行动。会议认为,全国抗日救亡的浪潮正日益高涨,红二、红六军团北上与主力会合,有利于接近抗日斗争的前线,有利于下一步直接对日作战。会议决定放弃就地创建滇黔根据地的计划,渡过金沙江,北上同红四方面军会合。顺便提一句,很多研究者对于盘县会议的重要性认识还不到位。当事人萧克对此评价却非常高。他认为盘县这次会议,对红二、红四方面军会师甘孜起了决定性作用,对后来的三大主力会师陕北也有重大意义。

盘县会议的第二天即3月31日,红二、红六军团离开盘县西行,开始了长征第二阶段的转战。4月3日,朱德、张国焘致电建议红二、红六军团现在应该专打拦阻的滇军,从而尽快脱离蒋介石嫡系部队的追击。两军团在平彝(今云南富源县)附近冲破了滇军孙渡所部防线后,兵分两路向普渡河渡口急进。由于4月8日抢渡普渡河时遭到敌孙渡纵队拦阻,贺龙、任弼时、关向应、王震紧急磋商,决定放弃原制定的从云南元谋渡江的计划,转兵再西进,准备在云南丽江玉龙县的石鼓镇一带渡过金沙江。

4月10日,红二、红六军团为调动敌人而佯攻昆明。当滇军主力星夜赶回昆明而普渡河东岸防守力量空虚时,红二、红六军团突然兵锋一转,于4月11日攻占富民县城,全歼守敌。为夺取渡江先机,从12日开始,红二、红六军团不顾敌人前堵后追和敌军飞机的袭扰轰炸,红二军团为左路,红六军团为右路,所经过的县城能占就占,占不了就绕道而行,不与守军纠缠,以日行百里的速度兼程疾进。

4月15日，任弼时、贺龙、关向应率红二军团进入楚雄境内，第五师、第六师及军团直属队伍在牟定、镇南（今南华县）一线，第四师于当天十八时许攻克楚雄城，缴获了一大批军用物资。同一天，萧克、王震率领红六军团进占盐兴（今并入禄丰市）县城。第二天，两军团分别从楚雄和盐兴撤离，没有再往南进，而是转向西北赶往玉龙县准备渡金沙江。所以，红二军团攻占的楚雄城，就成了红军长征的地理最南端。

4月17日，红二、红六军团领导人任弼时、贺龙、萧克等致电朱德等人，告知他们，红二、红六军团将选择鹤庆、丽江、中甸路线前进，估计快则十天，迟则两星期可赶到金沙江边。目前红二、红六军团不具备造大船渡江的能力，何况行军作战中也无法集中时间从容造船。因此，请军委命令罗炳辉的红三十二军南下到金沙江的渡河点，掩护红二、红六军团安全北渡。红四方面军领导人接电后，立即派第三十二军和第四军一部，由道孚出发，南下前往雅江、稻城、定乡（今乡城）地区，准备到金沙江边去迎接红二、红六军团。

从4月25日开始，红二、红六军团在石鼓至巨甸70多公里的金沙江上，经过四天三夜的通宵达旦抢渡，至28日黄昏，红二、红六军团1.7万余人和数百匹骡马全部顺利渡过金沙江。朱德等人得到消息欣喜复电："金沙既渡，会合有期，捷报传来，全军欢跃。谨向横扫湘、滇、黔万里转战的我二、六军团致以热烈的祝贺和革命的敬礼！"[①]

接下来，红二、红六军团就要开始翻越哈巴雪山，进入如今闻名中外的香格里拉了。

---

① 中共中央文献研究室编《朱德年谱（一八八六——一九七六）》新编本（上），中央文献出版社，2006，第563页。

货币发行是一项程序非常复杂的工作。从提出货币发行计划并确定年度货币供应量，到国家批准货币供应量计划，到调拨发行基金，再到商业银行的投放与归行，这套统一组织和管理的工作做下来，是需要很长时间的，各个国家有发行权的银行概莫能外。如果有人要求某家有发行权的银行在12天时间内发行货币，对方也许会感觉这个人是在痴人说梦。但是，这种看似不可能的事却是中央红军长征路上神奇的真实存在！

1935年1月7日，中央红军智取遵义，1月19日离开遵义，分三路纵队向赤水方向急进，准备从泸州、宜宾之间北渡长江去会合红四方面军。就是这短短的12天时间内，中华苏维埃共和国国家银行就发行了货币，当时老百姓称为"红军票"。

1931年11月7日至20日，中华苏维埃第一次全国代表大会在江西瑞金叶坪隆重召开，成立了以毛泽东为主席的中华苏维埃共和国临时中央政府，标志着中央苏区正式建立。根据地各项建设也随之蓬蓬勃勃开展起来，成立国家银行就是根据地建设的重要成果之一。1932年2月1日，中华苏维埃共和国国家银行在江西瑞金叶坪宣告成立，毛泽民担任国家银行行长。成立之初，除行长外，只有曹菊如等4名工作人员。

中华苏维埃共和国国家银行成立后，中共苏区中央局要求各根据地的省级苏维埃银行或工农银行都改为国家银行的分行，在各省设立分行，县设立支行，区设立代理处。到1934年10月长征前，国家银行总行设有业务、总务2个处，共有营业、会计、出纳、金库会计等7个科和1个总金库，工作人员增加到10余人。国家银行下辖福建分行、江西分行、分金库以及一个瑞金直属支行，在福建白沙、江西瑞金等地设有4个兑换处，在白沙、南阳、会昌、瑞金、兴国等处设有收买金银处，在各县苏维埃政府、红军部队经理机关设有几十个代兑处。

1934年10月，中央苏区第五次反"围剿"经过一年苦战最终失败，中央红军被迫进行远距离的战略转移。10月17日开始，8.6万多名红军将士先后渡过于都河，踏上了漫漫征程。中华苏维埃共和国国家银行总行毛泽民等14人和财政部人员一起被编为中央军委直属纵队第十五大队，袁福清任大队长，毛泽民任政委，曹菊如任支部书记，随军长征。

长征前夕，国家银行得到的指示是把所有家产全部带走，包括黄金、白银等硬通货以及苏区发行的纸币。国家银行当时库存的财产还真不少，除了党员干部负责背一部分黄金白银外，还挑选了100多名运输工。这些金银钞票可是长征中应急救命的宝贝，不能有半点闪失。为此，中央专门为第十五大队配备了一个警卫连，负责安全保卫工作。

这些黄金白银，在长征路上真是顶了大事。当时国家银行也把苏区发行的那些纸币带上了，但是进入白区后，老百姓根本不认识这些花花绿绿的"纸"，这些苏区纸币实际上成了废纸一堆，没有真金白银是买不到物资的。

当然，光靠苏区带过来的金银是不敷支出的，所以毛泽民兼任副主任的"中央没收征发委员会"沿途还要没收军阀、土豪和官僚资产，以保红军长征的军需供应。

1935年1月7日，中央红军占领遵义。遵义是贵州的第二大城市，当年就有5万多人口，比川西北有的县总人口还要多。当时的遵义，既是川、黔两省交通咽喉，也是川、黔两省的物资集散地和中转站，历来就是黔北的经济、政治、文化、交通重镇，战略地位十分重要。打下遵义后，中央红军自长征出发以来三个月的时间，终于第一次有了难得的休整机会，红军各部都利用遵义的有利条件加紧物资补给。

当时，贵州的食盐是被军阀、官僚和奸商垄断的特殊商品，价格极其昂贵。红军打下遵义、桐梓后，将缴获的军阀侯之担、王家烈囤积的大批食盐移交给了中央没收征发委员会。善于理财的毛泽民一看到这批食盐，立即就想到，可以用这种紧俏物资作保证，发行红军货币来兑换其他急需商品。

经过几天紧张筹备，1月12日，中华苏维埃共和国国家银行长征路上第一次在遵义城开业，以银元和紧缺的大量食盐作保证，发行以银元为本位、与银元一比一兑换的银币券纸币，俗称"红军票"，面值有1元、5角、2角、1角、5分五种。银币券上都有毛泽民的亲笔签名。为方便群众随时购买急需物资和纸币兑换，国家银行专门设立了临时物资供应处和货币兑换处。

具体做法是，红军在市面上将大批食盐低价卖给遵义群众，但规定只收国家银行发行的"红军票"。红军没来之前，遵义市面上1斤食盐的价格是1块银元。国家银行定价，1元"红军票"能买到7斤食盐。同时，国家银行以"红军票"高价收购群众手中的生活用品。这样一来，当地老百姓可以说是争先恐后地卖出自己的物品兑换"红军票"，再用"红军票"去购买食盐。"红军票"就这样快速赢得了老百姓的信任，在遵义顺利流通。

遵义会议后，中共中央决定北进与红四方面军会合。国家银行接到转移

遵义中华苏维埃国家银行旧址

的命令后，连夜贴出布告，通知群众到指定地点把"红军票"兑换回银元。部队撤离前，国家银行工作人员在遵义闹市区设点，摆上银元及布匹、粮食、食盐等货物，通宵达旦不歇业，让群众自由兑换或选购。二渡赤水时，红军再占遵义城。国家银行工作人员一进城，再次在遵义城内设点，兑换回收群众手中剩余的"红军票"。国家银行在遵义的这次短暂的货币发行流通，尤其是这两次兑换，让老百姓高兴不已。甚至几十年后，遵义群众还在津津乐道。

中华苏维埃共和国国家银行参加长征的这14名同志，胜利到达陕北的有毛泽民、曹菊如等8人，6人牺牲在长征路上。毛泽民没能看到新中国的成立，1943年9月27日，被新疆军阀盛世才秘密杀害于迪化（今乌鲁木齐）。曹菊如长征到达陕北不久，被委任为中华苏维埃共和国国家银行西北分行副行长。第二次国共合作后，原来的中华苏维埃共和国国家银行西北分行改称陕甘宁边区银行，曹菊如任陕甘宁边区银行行长。新中国成立后，曹菊如出任过中国人民银行行长兼党组书记、全国政协常委等职务。

　　红军在长征路上过了 1935 年和 1936 年两个元旦。由于战争环境，两个元旦都少有今天那种喜庆的节日气氛。其中，红二十五军和红一方面军在路上过了 1935 年元旦；红四方面军在路上过了 1936 元旦。红二方面军（红二、红六军团）则在长征路上过了 1935 年和 1936 年两个元旦。

1935 年元旦

　　最早出发长征的中央红军这个时候走到了贵州瓮安县。1935 年元旦那天，中共中央政治局成功召开了猴场会议。中央红军为了争取先机，决心消灭黔军一部兵力，迅速抢渡乌江。但 1934 年 12 月 31 日十五时，野战军司令部到达贵州瓮安县猴场后，博古、李德等人仍反对中央红军向黔北进军，并提出不过乌江。为此，中共中央政治局于 1934 年 12 月 31 日下午至 1935 年 1 月 1 日凌晨在贵州瓮安县猴场召开会议，讨论是否执行黎平会议决议问题。

　　毛泽东重申在黎平会议提出的意见，批评了李德、博古坚持不过乌江，返回湘西与红二、红六军团会合的错误主张，得到大多数与会者的赞同。会议再一次否定了返回湘西的错误意见，提出红军应该在川黔边地区先以遵义为中心，建立新的根据地。

会议通过了《中共中央政治局关于渡江后新的行动方针的决定》。决定强调："关于作战方针，以及作战时间与地点的选择，军委必须在政治局会议上做报告。"同时，"责成书记处与军委保持同二、六军团与四方面军的密切的通讯联络。加强对于他们在政治上与军事上的领导，使他们以积极的行动来配合我们的反攻"。"责成总政治部根据这一决定起草新的政治训令。"① 这实际上是强化了中央集体领导，解除了李德对中国共产党的军事决定权和指挥权。

元旦第二天，中央红军开始在回龙场、江界河、茶山关三个渡口强渡乌江，进入到黔北地区。

红二十五军这时长征到了陕西省洛南县。1934年12月29日，根据中共鄂豫陕省委决定，中共商洛特别委员会和陕南抗捐第一军在洛南县景村镇车塬村宣布成立，由红二十五军手枪团政委宋兴国担任特委书记兼抗捐第一军政委。1935年元旦期间，红二十五军领导抗捐第一军在洛南东部一带开展打击土豪劣绅斗争，扩大了红军的影响。不幸的是，1月5日，抗捐军在今商州区大河面余家山遭敌保安团包围袭击，抗捐军被打散，宋兴国英勇牺牲。中共商洛特委则坚持到1935年4月。

1935年元旦的时候，红二、红六军团是在紧张的湘西攻势作战中度过的。整个湘西攻势作战期间，红二、红六军团占领和控制了永顺、大庸、桑植县大部和龙山、保靖、慈利、常德等县的一部分，开创了湘鄂川黔边区斗争的新局面，有力地支援了战略转移中的中央红军。

---

① 中央档案馆编《中共中央文件选集》（一九三四——一九三五），中共中央党校出版社，1991，第446—447页。

1936年元旦

1936年1月1日，红二、红六军团在湖南芷江县迎来了新年。当天，红二、红六军团在芷江县土桥镇冷水铺村召开了全军政治工作干部会议，初步检查了远征中的政治工作，进行了新一年的战斗动员。第二天，红军就旗开得胜，消灭了周边的几股土匪武装。之后，红二军团进占晃县（今新晃侗族自治县）龙溪口，红六军团进到冷水铺、便水一线。1月5日至6日，红二、红六军团在芷江上坪、新店坪一带进行了便水战斗。

这一仗，红二、红六军团原来计划打敌章亮基第十六师，没想到敌纵队司令李觉指挥第十九师和第六十三师快速增援上来。原计划打敌人的1个师变成了3个师，打成了一场消耗战。到1月6日傍晚时分，红十六师、红十七师阵地前敌人越打越多，再打下去损失更大，而此时晃县南部发现敌情，红军在龙溪口一带防线受到威胁。红二、红六军团于是陆续撤出战斗，一部向北进入贵州境内迷惑敌人，大部退回龙溪口、老晃城一带，保护后方机关。

1936年的元旦，红四方面军的广大将士是在凄风冷雨中度过的。这时候，南下的红四方面军在百丈关决战失利。百丈关战役后，国民党军分别从东、南和西南三个方面步步推进，使得红四方面军东出、南进都不可能，只能以巩固天全、芦山、宝兴、丹巴所占地区为首要任务，在这一带构筑防御工事与敌人对峙。但这里是藏汉杂居区，历来民族隔阂很严重，加之人烟稀少，地瘠民穷，又时值冬天，这些不利条件，对困境中的红四方面军来说，犹如雪上加霜，整个部队的战斗力日益下降。

1936年元旦当天，毛泽东复电朱德，告以"张学良东北军为主力对北方苏区之第三次'围剿'正为我彻底粉碎。目前正猛烈扩大红军，苏区有极大发展，民众斗争十分热烈，游击战争正向陕、甘、晋、绥、宁五省发展"。并告知"国际除派林育英同志来外，又有阎红彦同志续来。据云，中国党在国际有很高地位，被称为除苏联外之第一党，中国党已完成了布尔什维克化，全苏联全世界都称赞我们的长征"①。

针对张国焘另立"中央"的错误，毛泽东在电文中指出："兄处发展方针须随时报告中央，得到批准，即对党内过去争论，可待国际及'七大'解决，但组织上决不可逾越轨道，致自弃于党。"同时告知"政治局在国际指示之下，有新策略决定"，"其主要口号为民族统一战线，苏维埃人民共和国，国防政府，抗日联军，土地革命与民族革命相结合，国内战争与民族战争相结合"。②

1936年元旦的时候，结束长征几个月的红二十五军已经成为红十五军团的组成部分，作为红一方面军的主力军团之一，正在和红一军团一起准备东征。此前的1935年12月17日至25日，中共中央政治局在今陕西子长县瓦窑堡镇下河滩田家院张闻天的住处召开了瓦窑堡会议。会议根据民族矛盾逐步上升为主要矛盾的新特点，讨论确定了党的建立抗日民族统一战线的策略方针。会后，中共中央将会议决议精神电告了张国焘。

---

① 中共中央文献研究室编《毛泽东年谱（一八九三——一九四九）》修订本（上卷），中央文献出版社，2013，第501页。

② 中共中央文献研究室编《朱德年谱（一八八六——一九七六）》新编本（上），中央文献出版社，2006，第554页。

红军长征踏遍万水千山，途经十几个省。从东到西，从南到北，播下了革命的种子。要想读懂长征，有必要了解红军长征的东南西北四至。本篇介绍红军长征的地理最西端。

红军长征的地理最西端，是红二军团长征到达的四川省白玉县城。

红二、红六军团全部渡过金沙江后，从云南迪庆藏族自治州北上，开始翻越哈巴雪山。1936年5月1日至3日，红二、红六军团先后翻越哈巴雪山，进占中甸（今香格里拉）县城及其附近地域。红二、红六军团领导人贺龙等一行40余人应邀到中甸县城以北约10里处的归化寺做客时，贺龙访问了活佛喇嘛，题赠"兴盛番族"的锦幛，并争取到归化寺开明的夏纳古娃等人为红军征购粮草。由于得到了归化寺的大力支持和帮助，红军筹措到了前往四川甘孜的部分所需粮秣。

　　为了在更大范围筹措给养，红二、红六军团领导人决定两军团分两个纵队北进。5月5日，红二军团为左纵队，沿得荣、巴安（今巴塘）、白玉一线北上，到达白玉县休整补充后，再往北偏东方向也就是右转去甘孜。5月9日，红六军团为右纵队，沿定乡（今乡城）、稻城、理化（今理塘）、瞻化（今新龙）一线北上，也是往北向甘孜地区前进。

　　红二、红六军团渡过金沙江后往甘孜这一段行程，是他们长征路上最艰难的路段之一，也是减员比较多的路段之一。到中旬的时候，部队汇总统计了一下实力情况。此时，红二军团有9995人，长短枪4867支；红六军团有5998人，长短枪2985支。两军团合计共有15993人，7852支枪；另有山炮2门、迫击炮4门。[1]其中一门山炮还随红军长征到达陕北，成为四路红军长征队伍中唯一拉到陕北的一门山炮。新中国成立后，根据贺龙的意见，这门"功勋山炮"被送到中国革命历史博物馆展陈。2021年8月，我在中国共产党

红军长征带到陕北的唯一一门山炮

① 中国人民解放军历史资料丛书编审委员会编《红军长征·文献》，解放军出版社，1995，第1035页。

历史展览馆还看到了它。

这个时候，红一方面军刚刚东征班师。历时两个半月的东征，红军扩招新兵7000多人，筹款40余万元，战果辉煌。可此时正在连续翻越雪山的红二、红六军团却异常艰难。不要说招兵买马扩红筹给养，连人都见不到，满眼的冰雪世界。5月13日，红二军团满怀期待进到得荣县城及其附近地域，才发现这个所谓县城当时只有十几户人家，人稀屋少粮缺，只得继续赶紧北上，准备经巴塘县前往白玉县。

这期间，朱德等人曾致电红二、红六军团领导人，建议他们可缓进，多休息，以减少减员；沿路要注意搜集羊皮、羊毛、木子布，迅速补充棉衣。但在当时雪山一座连一座的行军环境，筹措物资谈何容易！倒是来电告知贺龙等人的"此间存有盐待补充你们，已动员全体指战员准备物质拥护你们"[1]，成为激励红二、红六军团指战员们继续前进的动力。

这一段的行军"可缓进，多休息"，是无须提醒也只能如此的。6月3日，红六军团同红三十二军先头部队在理化县雄坝乡会师时，红二军团的先头部队才抵达巴安县城附近，又艰难跋涉了十多天才进到白玉县境。白玉县地处甘孜州的西部，县境内平均海拔3500米。现在的县城驻地建设镇，海拔也有3050米。在这样的高海拔地区行军，虽然是在初夏时节翻越一座座雪山，但缺衣少食一直困扰着红二军团，广大红军将士普遍冻馁交加，所以当年究竟有多少指战员长眠在沿途那连绵的雪山，目前已经无法考证清楚了。

6月14日，红二军团先头部队从巴安县进入白玉县境。后续跟进的军团主力分两路向县城进发，6月23日终于在县城会合了。白玉县这个"白玉"的意思，不是字面所理解的意义，它系藏语音译，意为"吉祥盛德的地方"。这里是多民族杂居区，而以藏族为主，所以各类藏传佛教及原始宗教寺庙众

---

[1]《中国工农红军长征史料丛书》编审委员会编《中国工农红军长征史料丛书·文献（5）》，解放军出版社，2016，第63页。

多，但人口稀少，直到今天还不到6万人。红二军团到了白玉县后，分头先后驻扎在白玉寺、嘎拖寺、康翁寺等处，得到了寺庙众僧和藏胞的无私帮助，让红二军团的战士们切实感受到这是一个"吉祥盛德的地方"。仅嘎拖寺就送给红军3000斤粮食、600斤酥油，广大藏族同胞还积极卖粮食卖牲畜给红军，解了红二军团的燃眉之急。

　　红二军团在白玉县得到了及时的休整和补充，后经河坡、热加、赠科离开白玉县，总计在白玉县境停留活动了17天。6月30日，红二军团进抵甘孜县昔色乡南边的绒坝岔，见到了先期来此接应的红四方面军第三十军第八十八师第二六三团干部战士。红六军团也在当天从普玉隆出发，到达甘孜附近的甘海子。7月1日，贺龙、任弼时、关向应等人率红二军团赶到甘海子。至此，历经千难万险的红二、红六军团终于与红四方面军会合了。同一天，中央首长、机关负责人共68人和红一方面军等10个单位致电总司令朱德和任弼时、贺龙、萧克等人，热烈祝贺红二、红六军团与红四方面军的胜利会师。

过去常说"秀才遇到兵，有理说不清"。可是，在红军长征的历史上，却有这样一位清末秀才，不但和这些"兵"说马克思主义之"理"，而且为这些"兵"的理想信念所感染，毅然决然抛家舍业跟这些"兵"一起走了，并且不是一般的走走，而是从贵州万里长征到了陕北。

1936年2月4日，红二、红六军团长征攻占贵州黔西县城。第二天，总指挥部在驻地川祖庙召开紧急会议，决定以黔西、大定（今大方）、毕节地区为中心，创建川滇黔边革命根据地。2月6日，红二、红六军团进占大定县城。军团首长在得知毕节的中共地下组织掌握和联系有三支地方武装后，决定由王震、夏曦率红十六师立即进军毕节。

2月9日，红二、红六军团在当地党组织的配合和地方武装的接应下，很快占领了毕节县城。2月7日在大定成立的"中华苏维埃共和国川滇黔省革命委员会"也随军迁至毕节福音堂办公。

作者在川滇黔省革命委员会旧址考察时的留影

　　部队进城后，红二、红六军团组织工作队打土豪筹粮筹款。工作队员看见周素园家的深宅大院，认定这就是"土豪劣绅"。但进去之后倒是把工作队员们吓了一跳，因为他们发现这个"土豪劣绅"的书房中竟然有许多马克思主义的书籍，而且书上满是圈点、眉批，显然认真研读过。他们不敢造次，赶紧把情况报告给红六军团政委王震。

　　王震听了很感兴趣，立即登门造访周素园。询问过周素园的经历后，才知道眼前这个年近六旬的长者可是个人物！周素园1879年出生于贵州毕节，自幼聪慧好学，考取过秀才。28岁那年他就在一位企业家的资助下，创办了贵州第一份报纸《黔报》。1907年，他发起建立贵州自治学社，到1910年成员就达到10万人，成为贵州辛亥革命的生力军。1911年11月3日，自治学社发动武装起义，一举夺取政权，建立了贵州军政府。

　　但辛亥革命后依然是军阀连年混战的现状令他失望。后滇军入黔，军政府解散，周素园被迫逃离贵阳，开始了漫长的政治流亡生涯。1925年9月，周素园终于回到老家毕节，从此闭门读书。他不仅遍读古今中外历史和文学名著，还认真研究马克思主义。周素园告诉王震，红二、红六军团进军毕节时，国民党专员莫雄曾安排人员通知他赶快离开，他却不慌不忙，觉得自己没有多少家当不必走，在家继续潜心研读做学问。他说自己研究马克思主义已经十年了，知道共产党红军是讲马克思主义的。

和王震一起拜访周素园的还有红六军团政治部主任夏曦，三人谈得很投机。当被问到是否赞成共产党的抗日反蒋政策时，周素园表示完全赞成。后来，红二、红六军团决定以毕节地下党掌握的席大明、周质夫、阮俊臣三支地方武装为基础，组建"贵州抗日救国军"。贺龙了解到周素园的政治态度后，商请他出任贵州抗日救国军司令，他不但欣然应允，还将司令部直接设在自己家里。1936年2月24日，贵州抗日救国军在毕节城内小校场宣告成立，

贵州毕节周素园故居旧照

周素园正式就任贵州抗日救国军司令员。

此时，国民党军近120个团已经向黔西、大定和毕节地区合围而来，国民党军在黔西、大定、毕节周围的包围圈已经形成。鉴于敌情十分严重，为摆脱国民党军围攻，红二、红六军团决定退出毕节地区继续长征。当时已经57岁的周素园，毅然决然抛家舍业，不顾自己年高体弱，坚决要求参加红军，随军长征。任弼时、贺龙等领导人曾担心周素园的身体状况无法长途跋涉，留在当地又担心他遭迫害，准备出钱送他去香港，一来可以养养病，二来可以做做上层人士的统战工作。周素园坚决不肯，说死也要死在红军里。贺龙很感动，说既然他这样坚决要求参加红军，那我们抬也要把他抬着走。

1936年10月，周素园与红二方面军（1936年7月红二、红六军团组建为红二方面军）的广大指战员一起，历经艰险，行程万里，终于在甘肃会宁与红一方面军胜利会师。两个月后周素园到了陕北保安，受到毛泽东、周恩来等中央领导人的接见。在参加长征的人员中，周素园年龄排第二，比徐特立小两岁。如果按非中共人士算，则是他的年龄最大。所以在延安期间，尽管物资极度匮乏，组织上还是给予了周素园无微不至的关照，提供了生活上的各种优待。

周素园为此深感不安。他提笔给毛泽东写信，说自己在这里坐享优待，成了组织上的累赘，还是想回贵州去继续为党工作。1937年10月6日，毛泽东给他回了信，信的全文如下：

素园老先生：

示敬悉。我们觉得你是我们的一个十分亲切而又可敬的朋友与革命的同志，并不觉得你是"坐享优待"。先生的行止与工作，完全依照先生的健康、兴趣来决定，因为先生是老年人了，不比年轻人。这一点，不但我们应顾到，先生自己也应顾到的。只有在比较更适当的条件与环境之中，康健更有保证些，工作才会更好些。

先生所提回黔并工作的计划，如果已下了决心并认为这样更好些的话，我是全部同意的。路费拟赠300元，不知够不够，请你自己计算一下告我。将来我们经费较充裕的时候，可以每月帮助先生一点生活费，大体上等于在延安生活一样。这完全因为先生是一个奋斗的人，丝毫也不是为了别的。临走时请留下通讯处，并告我。何时走，我来看你。

敬礼！

毛泽东

十月六日[1]

周素园带着毛泽东给国民党西南各省军政要员的信离开延安，以八路军高级参议的身份，走访西南各省当局上层，开始做抗日统战工作。他利用自己的特殊身份和社会影响，先后给何应钦、张学良、吴忠信、朱绍良、王伯群、冯玉祥、张道藩、张继等数十人写信，希望他们以民族利益为重，联共抗日。

1949年11月，毕节解放。周素园异常兴奋，在自己命名的《光明日记》的扉页上题词："期待着光明，等候着光明，光明到来了！"1950年，应中国人民解放军第二野战军第五兵团苏振华政委和杨勇司令员的邀请，周素园来到贵阳参与人民政权的建设工作，先后出任西南军政委员会委员、贵州省人民政府副主席（副省长）。

1958年2月1日，周素园因病去世，享年80岁。全国人大常委会、全国政协、中共中央统战部以及周恩来总理、贺龙副总理都发了唁电，对周素园的逝世表示哀悼。中共贵州省委的挽联则高度概括了周素园传奇而不平凡的一生：万里共长征，人民事业资匡助；一心服真理，马列宏谟有会通。

---

[1] 中央文献研究室编《毛泽东书信选集》，中央文献出版社，2003，第98页。

红军长征怎么过端午节？

端午节与春节、清明节、中秋节并称为我国四大传统节日，端午节也是我国首个入选《人类非物质文化遗产代表作名录》的节日。历史悠久的端午节，蕴含着中华民族深邃丰厚的文化内涵，节俗内容丰富多彩。在欢乐祥和的气氛中划龙舟、吃粽子，是中华民族大家庭共同的祈望，但红军在长征中的端午节，却多是在血与火中度过的。

红军长征从1934年10月开始，到1936年10月结束，历时整整两年。1934年10月红军长征出发时，当年的端午节已经过完了。所以，红军长征在路上过了1935年和1936年两个年度的端午节，时间分别是6月5日和6月23日。但红二、红六军团是1935年11月19日开始长征的，红二十五军1935年9月15日率先完成长征不久即并入红一方面军，所以这两路部队分别只在路上过了一个端午节。

1935年端午节

这时候，中央红军飞夺泸定桥后，已经全部渡过了大渡河，下一步就要与红四方面军会合。蒋介石也没心思过节了，为阻挡红军会合，端午节的前一天二十时，他给国民党军薛岳、胡宗南等人发出手令，命令他们迅速向四川省茂县推进，并派空军协同地面部队作战。6月5日端午节当天，蒋介石在成都召集各路将领训话，大谈所谓"围剿"红军的战略战术问题。

为突破国民党军的合围，端午节当天二时半，中革军委主席朱德就我军突破敌雅州、芦山、天全防线作出部署，要求全军必须以坚决迅速的行动，抢得天全河上下游的铁索桥，以突破敌杨森部在雅州、芦山、天全的防线，并具体明确了各军团的作战任务。各军团得令后立即行动。因情况紧急，红九军团军团长罗炳辉虽在病中还是被人用担架抬着，火速率部出其不意向守敌背侧袭击，攻占了天全县城。所以，1935年的端午节，中央红军各军团都是在与敌人的血战中度过的。

毛泽东在这年的端午节心情特别悲伤，因为他的警卫班班长胡长保就是在端午节前一天为保护他而牺牲的。6月4日，毛泽东他们从今四川省甘孜州泸定县兴隆镇的化林坪出发，在经过荥经县三合乡茶合岗翻越大山时，两架国民党军队飞机突然飞临轰炸，一颗炸弹落在毛泽东等人的身边，警卫班班长胡长保飞身而起扑在毛泽东身上。毛泽东安然无恙，胡长保却在扑起瞬间身中数弹而牺牲。毛泽东十分悲痛，以随身毛毯掩其体，让红军战士将胡长保的遗体抬到茶合岗的黍子地，在两座古墓之间安葬了。当地政府1990年11月将胡长保烈士遗骨迁葬于荥经县小坪山烈士陵园，并建有胡长保烈士纪念馆。

红四方面军这时已经结束嘉陵江战役之后的休整，正向川西北的松潘、理县、茂县挺进，准备接应中央红军。端午节那天早晨，红九军第二十五师先头部队翻越虹桥雪山，攻占了懋功（今小金）县两河口。6月26日，中共中央领导人和红四方面军领导人就在两河口的一座关帝庙里召开会议，解决了两军会师后的战略方针、行动计划、军事指挥权三个问题。

这一年的端午节，红二十五军则是在一场遭遇战中度过的。6月初，红二十五军由鄂西北的郧西县出发，向北直插陕西省的商县地区。端午节那天早晨，红二十五军在今陕西商洛市商州区的夜村镇遭遇敌军，经过激战，红二十五军突破了敌人的包围防线，毙伤敌200余人，缴轻机枪4挺，步枪100余支。此战，俘获敌人一个团副，红军由此获取了国民党军的作战企图。因情况紧急，红二十五军打了胜仗也没法好好过节，立即拉起队伍向陕西省雒南（今洛南）县的庚家河地区转移。

1936年端午节

中央红军长征到达陕北后不久，1935年12月13日，中共中央机关移驻瓦窑堡，在这里住了半年多的时间，并在这里召开了著名的瓦窑堡会议。但是，1936年6月份开始，东北军分三路向瓦窑堡推进，已到平步塔、青化砭、下寺湾一线，同时驻绥德、清涧的国民党中央军也有配合进攻的可能性。考虑到瓦窑堡迟早必丢，6月14日，中共中央政治局常委会议决定领导机关撤离瓦窑堡。

但就在欲撤未撤之际，端午节的前两天，6月21日，敌高双成部第八十六师两个营于黄昏时分，由北面乘隙袭入瓦窑堡。中央党政军机关在红军大学学员队的掩护下，安全撤离瓦窑堡。当天夜里，红军大学第三科学员两个营进行反击，未能奏效。6月22日，红二十九军主力、红三十军星夜赶回包围了瓦窑堡，准备反击袭占瓦窑堡之敌，但没有成功。这样，原本在瓦窑堡过端午节的计划泡汤了。6月23日端午节那天，中共中央领导人周恩来、毛泽东、洛甫（张闻天）等启程赶往今陕西志丹县。

这期间，红二、红六军团正在北上向红四方面军靠拢。1936年的端午节，红二军团是在今四川省甘孜藏族自治州白玉县城度过的，因为前一天红二军团刚刚攻占了白玉县城。"白玉"这个名称是藏语译音过来的，意为"吉祥盛德的地方"。但这个全县平均海拔高达3500米的地方，地广人稀，至今人口还不到6万，当年更是人烟稀少，物资极度匮乏。红二军团几千兵马在这样的地方过节，其困难可想而知。

红六军团则在端午节前一天的6月22日，沿雅砻江北上到达甘孜县拖坝乡的普玉隆，与红四方面军总指挥部会合，受到红四方面军指战员的热烈欢迎。所以，红四方面军与红六军团在会师的热烈气氛中度过了1936年的端午节。但是，过节的气氛很热烈，过节的物资却没着落。据随红四方面军行动的红军总卫生部干部林伟在端午节当天的日记记载，他们当时在驻地根本买不到粮食，当晚大家只能采集野芹菜、豌豆苗，煮了一大锅野菜汤过节。

端午节当天，中革军委主席朱德、红军总参谋长刘伯承赶到甘孜县拖坝乡的普玉隆，与红六军团领导人萧克、王震等会面交谈，当面告以党中央同张国焘斗争的情况，萧克、王震当即表示拥护中共中央北上的方针。

红军长征的地理四至之四：最北端

红军长征踏遍万水千山，途经十几个省。从东到西，从南到北，播下了革命的种子。要想读懂长征，有必要了解红军长征的东南西北四至。本篇介绍红军长征的地理最北端。

红军长征的地理最北端是陕西延川县永坪镇。这里是最早结束长征的红二十五军与陕北红军第二十六军、第二十七军会师的地方。

红二十五军是被毛泽东称赞为"中央红军之向导"的英雄部队。1934年11月16日，红二十五军以"中国工农红军北上抗日第二先遣队"名义，由河南罗山县铁铺镇何家冲出发西进，踏上了长征之路。这是一支平均年龄最小的长征队伍。1936年《共产国际》第7卷第3期有篇文章提到红二十五军的长征时，说"这支队伍差不多没有年逾十八岁以上的战斗员"。而就是这样一支"娃娃队伍"，却斩关夺隘，一路西进北上，成为第一支到达陕北的长征队伍。

　　1935年7月上旬，红二十五军长征到达陕西终南山一带，省城为之震动，各种报纸纷纷报道"匪情"。恰在此时，原中共鄂豫皖省委交通员石健民从上海抵西安，从报上得知红二十五军的行踪后，即乔装到达子午镇，带来了中央红军与红四方面军会师川西、继续北上的消息。7月15日晚上，中共鄂豫陕省委在长安县沣峪口召开紧急会议，认为红二十五军当前最紧迫的战斗任务是配合红军主力在川西北的行动，省委决定立即率领红二十五军西进甘肃，牵制敌人，迎接党中央和红一、红四方面军。

　　中共鄂豫陕省委在与中共中央失去联系的情况下，在沣峪口会议上能够独立自主地作出西征的战略决策，完全符合全国革命形势发展的需要，符合中共中央率领主力红军北上抗日的战略意图。可以说，如果没有得到中共中央的消息，红二十五军可能还会在这一带盘桓，甚或回师鄂豫陕苏区。但情况已经变化，红二十五军决定立即西进迎接党中央。徐海东后来回忆："当时，我们的决心：即使我们这3000多人牺牲了，也要把党中央和一、四方面军迎接过来。"[①]

　　但是让红二十五军的领导人想不到的是，红一、红四方面军会师后，张国焘看到两个方面军实力上的巨大差距，遂个人野心膨胀。尽管两河口常委会议增补张国焘为中革军委副主席，但他并不满足，以"速决统一指挥的组织问题"为名，公开向党中央伸手要权，不达目的即不发兵。导致两个方面军会师后，10万大军却在川西北踟蹰不前达三个月之久。因此，红二十五军一路转战一路打探消息，却总是得不到党中央和红一、红四方面军任何信息。

　　8月15日，红二十五军由秦安北上，进入宁夏西吉县兴隆镇单家集村，在兴隆镇一带休整了三天。由于依然得不到党中央和红一、红四方面的消息，中共鄂豫陕省委研究认为，红二十五军目前远离陕南孤军作战，要转回

---

① 徐海东：《会师陕北》，载中共中央党史研究室编《红军长征纪实丛书·红二十五军卷2》，中共党史出版社，2016，第562页。

去也比较困难，如果再打听不到党中央的消息，就直奔陕北，去会合刘志丹领导的陕北红军。在这里休整期间，红二十五军模范地执行了党的民族和宗教政策，部队离开时，兴隆镇男女老少齐聚街头，为部队送行。

红二十五军休整后继续前进，8月17日打下隆德县城后，为了摆脱敌人的追兵，又转战到六盘山地区。不幸的是，到达甘肃泾川县城附近的王村镇四坡村时遭敌偷袭，军政委吴焕先英勇牺牲。部队从泾川西进，威逼甘肃崇信县，在西兰公路与敌人周旋半个多月，天天派人打听，也没有打听到党中央和红一、红四方面军的消息。而此时毛炳文的部队乘坐80多辆汽车，配合马鸿宾的部队一路追来。红二十五军如果再在此地久留，将陷于非常被动的境地。8月28日，红二十五军在崇信县木林乡金龙庙内的关帝庙召开团以上干部参加的中共鄂豫陕省委扩大会议，决定立即北上陕甘革命根据地，与陕甘红军会师。

9月1日晚上部队在平凉县城以东的四十里铺镇北渡泾河后，继续向东北前进。在合水县板桥镇，红二十五军打退了敌人骑兵团的袭击，收拢部队后经华池县林镇乡东华池村、合水县太白镇之间渡过葫芦河，沿地跨陕西、甘肃两省的子午岭西侧的崇山峻岭向北挺进。部队翻山越岭走了三天也没碰到一个村庄，背的干粮都吃完了，全军上下两天没吃东西，许多干部战士都饿得昏倒在路上。就在全军眼看要陷入绝境之际，突然如有神助，部队前锋发现前面的山路上有一大群羊，一问赶羊人，原来是个羊贩子，赶了500多只羊准备去卖。后勤部门的同志高兴坏了，立即和羊贩子商量全部买下来，双方皆大欢喜。靠着这群羊，红二十五军坚持到了陕甘根据地。

9月7日，红二十五军在战胜严重饥饿威胁后，来到了今陕西省志丹县豹子川，这里已经是陕甘苏区范围了。中共鄂豫陕省委在此召开会议，决定徐海东任红二十五军军长，程子华任政治委员、代理省委书记，戴季英任参谋长，郭述申任政治部主任。会议还对部队作了进入陕甘革命根据地同陕甘红军会师的政治动员，要求部队讲究军容，遵守纪律，讲究礼节礼貌，虚心向苏区红军和人民学习。会后，徐海东和程子华率领红二十五军沿豹子川向陕北开进。9月9日，经保安（今志丹）县白沙川，进抵保安县永宁山。陕甘党组织派习仲勋、刘景范到永宁山迎接红二十五军。在永宁山稍事休息后，红二十五军向延川县永坪镇开进。

9月16日，红二十五军在永坪镇与刘志丹等人率领的红二十六军、红二十七军胜利会师。至此，红二十五军历时十个月，转战豫、鄂、陕、甘四省，行程近一万里的长征胜利结束。红二十五军成为红军长征中第一支到达陕北的队伍，他们到达的陕西省延安市延川县永坪镇，也成为红军长征的地理最北端。

永坪会师纪念照

巧渡金沙江 「巧」在哪里？

我们在学习中央红军长征历史的时候，时常能读到一些精炼的语句，用来描述长征路上的经典故事，比如"巧渡金沙江""飞夺泸定桥"等。而中央红军渡过金沙江，为什么又被叫作"巧渡"呢？

1935年，红一军团第二师第四团从安顺场出发，边打边走夺路而进，一昼夜行军240里，夺取了上游的泸定桥。后人总结用了一个"飞"字，精准而传神。而此前不久中央红军渡过金沙江，则被称为"巧渡"。那么，究竟"巧"在哪里呢？

首先必须明确，中央红军之所以能巧渡金沙江，有一个基本前提，就是毛泽东指挥部队声东击西，实现了他所说的"只要能把滇军调出来就是胜利"。正是因为把孙渡纵队等滇军部队调出了云南，云南境内敌军防守空虚，各种"巧"就凑到一起了。

第一巧："云南王"龙云"献图"。1935年4月16日，中央红军进军云南前，朱德致电各军团首长，要求过北盘江后尽量搜集云南的情报和各种材料，尤其是云南地图及报纸，而且强调凡搜集到的资料应迅速送达军委。让朱德没想到的是，统帅部最需要的云南地图，只过了十天，号称"云南王"的龙云居然"送"上门来了。

原来追击中央红军的国民党中央军薛岳部，进入云南后也缺少云南地区的军用地图。龙云准备了比例尺为十万分之一的云南军用地图20份以及当地的一些土特产送给薛岳。原计划用飞机运送，巧的是飞机驾驶员那天正好生病了，只好改派军用汽车。

汽车行进到曲靖县城西10公里左右的关下村时，与行进中的红一军团先头部队不期而遇，整车宝贝于是都成了红军的战利品。这些大比例尺的军用地图，对于长途行军作战而苦于没有地图的红军而言，真如雪中送炭！中央红军此后能够神速进军准确地分三路赶往龙街、皎平、洪门三个金沙江渡口，龙云"献图"功不可没。

作者在曲靖县（今麒麟区）西山乡关下村三元宫会议旧址考察时的留影

第二巧：奉命赶往渡口的敌军懵懂不进。1935年4月30日，中革军委决定派红军总参谋长刘伯承率干部团直奔禄劝县金沙江南岸的皎平渡抢占渡口。干部团在刘伯承的率领下强行军，一昼夜行进了100多公里。敌人做梦也想不到红军会有这么快，就连国民党飞机驾驶员在昆明以东90公里的马龙县发现红军大队人马的时候，还误认为是国民党部队。因此，尽管敌人也知道金沙江渡口至关重要，四川军阀还派出了两个团来守卫渡口。但这两团人马到了离皎平渡还有20公里的通安时，竟然停下来歇脚不走了。

第三巧：北岸过来探查情况的小船轻松被我军俘获。中央红军进入云南后，敌人调兵遣将，防堵红军渡过金沙江。在金沙江两岸几百里的防线上，控制了所有大小渡口，而且把南岸所有船只都掳过江去，断绝了两岸的交通。皎平渡北岸的敌人还不时派出便衣过南岸来探查情况。中央红军干部团二营五连连长萧应棠率领全连战士赶到金沙江皎平渡南岸时，过江来的探子们不知道是抽大烟去了，还是敲诈老百姓去了，送他们过来的小船就一直等在岸边。五连的前卫侦察组走到江边时，船夫还以为是探子们回来了，懒洋洋地打招呼。战士们随机应变，轻轻松松地将船搞到手。经过动员，船夫驾驶这条小船，把战士们悄悄地送过江，顺利拿下了渡口对面的北岸阵地。如果不是有这条小船，前卫连要在夜里泅渡金沙江并拿下对岸阵地，那可不是一件容易的事情。

第四巧：化装智取三县城。中央红军先遣团红一军团第二师第四团奉命急袭禄劝、武定、元谋三县，抢占位于元谋县的金沙江龙街渡口。团长王开湘、政委杨成武商量后认为，要连续拿下这三县，只能智取不能强攻，否则打第一个县势必惊动后面的两个县。于是红军决定利用回师遵义时缴获的一批国民党军服和武器，化装成"中央军"智取。开始大家还有点担心，因为小股部队化装行动不易察觉，整个团一起行动难免露出马脚。

后来红军进一步分析认为，云南的地方民团和官绅没见过"中央军"长啥样，更不会想到我们红军这么快就到了，加上红四团的战士们都会说普通话，只要沉着应对，肯定能演一出好戏。果然，走在前面的红军队伍到达禄劝时，民团武装看到出现在城门口的这支部队不但武器装备好，而且服装整齐，跟他们听到的红军青面獠牙的宣传形象完全不同，认定就是"中央军"到了，殷勤地引着部队进了城。禄劝县县长置办了丰盛的酒宴为"中央军"接风洗尘，并将国民党云南省政府交办的粮款全部慰劳"中央军"。不仅如此，他还电话告知武定和元谋两个县的县长"中央军"已到，要他们早作准备。于是后面的两个县欢迎场面更加隆重，气氛更加热烈。就这样，红四团一天之内没费一枪一弹，巧取三城，为大部队直插金沙江赢得了宝贵时间。

红军主力渡金沙江前，总共只找到了七条船。两条大船每次能渡60人，四条小船每次能渡40人，最小的那条小渔船只能坐几个人。中央红军就利用这七条船渡江，从5月3日至9日，经七天七夜紧张有序摆渡，全部顺利渡过金沙江，摆脱了国民党军几十万部队的围追堵截。

红军长征中如何筹措给养？

各路红军的长征是夺路而进的流动作战，离开了根据地作依托的红军长征，一路上是如何解决给养问题的呢？

俗话说："兵马未动，粮草先行。"人类自从有了战争，部队给养问题就一直是双方主帅的操心事甚至烦心事。人民军队在创建和发展壮大过程中，给养问题同样是能否保持部队战斗力甚至影响军心的大事。部队在根据地时，有税收作基本保障，苏维埃政府有时还可以发行战争公债来筹资。但在长征路上，红军是如何解决给养问题的呢？

就地少量携带出发

各路红军长征出发前，都要在根据地筹粮筹款带上路。比如中央红军长征前，一方面紧急扩红，组建新的军团，另一方面就是想方设法筹粮筹款。长征前，1934年7月22日，中共中央委员会、中央政府人民委员会发出《关于在今年秋收中借谷六十万担及征收土地税的决定》，要求进一步动员全体群众，举行秋收60万担借谷运动。9月4日，中革军委在《红色中华》上发布《为扩大红军的紧急动员的号令》，要求中央苏区无论如何要在9月间动员3万新战士上前线。9月8日，中央各机关号召募集20万双草鞋慰劳红军。

《红色中华》刊发的《关于在今年秋收中借谷六十万担及征收土地税的决定》（部分）

　　号令发出后，中央苏区各级党政领导机关积极响应中央号召，迅速展开了空前紧急的兵员动员和粮食、草鞋、食盐、棉被、军用器材等的筹集工作，为中央红军长征补充了大量兵员和物资。这些物资，除了当时消耗的外，剩余的部分就带着长征了。刘英后来回忆，长征开始时，"走的人每人可以带二十斤行李"①。当时规定，出发时每人必须带足十天以上的口粮，随军

---

① 刘英：《刘英自述》，人民出版社，2005，第55页。

出发的运输队则尽量多运。中央红军突破第二道封锁线之前，粮食给养基本上是从根据地带上路的。

1935年11月19日，红二、红六军团开始长征。此前的整个11月上中旬，部队集中在湖南桑植地区休整补充，进行战略转移前的各种准备。这些准备工作包括，进行广泛的政治动员，对红军和地方武装实行统一整编，对部队中的老弱妇女儿童、重伤员、重病员以及医院、兵工厂等不便于长途行军的人员和单位都作了妥善安置，吸取中央红军及红二、红六军团以往长途远征的经验教训，坚决精简了行装，每人只带三天口粮、两三双草鞋。

在几支长征队伍中，红二、红六军团长征出发时携带的物资是最少的。因此，红二、红六军团在湖南沅陵县渡过沅水之后，立即按照原定计划，实行战役展开，兵分两路南下，直插富饶的湘中各县，宣传党和红军的政策主张，发动群众，筹粮筹款。

沿途征没筹粮筹款

一是设立专门机构统一给养筹集和分配工作。尽管根据地有税收，但要维持正常开支也还是不够的，所以在1933年9月中央苏区就颁布了《关于红军中没收征发委员会暂行组织条例》，规定成立"红军总没收征发委员会"（简称"总没委"），下设调研、没收征发、财务等部门，统筹相关工作。

没收征发委员会这个机构长征路上一直存在，只是名称有变化，有时叫没收委员会，有时叫筹粮委员会。从团级单位到红军总政治部，都设立了没收征发委员会，在同级政治机关指导下工作，工作程序有极为严格的规定。所以在长征路上，并不是哪个部队都可以随便打土豪、向不法商人派款的，而是有严格规矩的。即便部队发现了大量粮食物资，也不能自行取用，只能派兵看护住，由"总没委"统一处理。

中央红军长征时，"总没委"主任是林伯渠，副主任是毛泽民。"总没委"

的主要任务就是筹粮筹款，主要方式是沿途没收地主、征发富商财物。开国少将罗通后来回忆："我在工作团的具体职务是征罚［发］没收科的科员，具体任务就是严格执行党的政策，没收土豪劣绅、买办的财产和罚没官僚商家的资本，以解决红军的给养。"[1] 罗通当时随中央机关长征，在先遣工作团征没科工作。他所在的工作团有次外出筹粮，弄到8万多斤粮食，受到周恩来表扬。

二是安排先遣队提前出发为大部队征集粮食和物资。为了严格执行党的政策和部队纪律，进一步避免筹措物资混乱现象，打下遵义后，军委纵队还专门成立了先遣工作团，有70多人。各军团、师、团也相应组织了先遣工作队。先遣工作团（队）在前卫部队后边跟进，在大部队出发前一两天出动，筹集到的钱粮物资按计划统一分配。

先遣工作团（队）为解决部队给养立下了汗马功劳。以中革军委先遣工作团为例，从成立到进入草地以前，筹款达70余万元。红四方面军为了筹集慰问中央红军的物资，预先将川陕省苏维埃政府、川陕省委机关一部分干部和以张琴秋为团长的妇女独立团组成5000多人的筹粮工作队，在川陕省苏维埃政府副主席余洪远的带领下，到懋功一带筹集粮食等物资，准备迎接中央红军。

三是特殊情况留下借据取用。红军离开根据地进入白区后，由于国民党当局对红军的妖魔化宣传，不明真相的群众往往在红军到来之前躲避起来。红军要买粮食物资又找不到人，只好就地取用后留下借据，或者将货款委托邻居熟人转交；有时候能找到卖家，但是红军手头没有钱，这时候也只好留下借据或者欠条。这两种情况，有后续部队通过时都会兑付。当时没有兑付的借据，有的甚至在新中国成立以后几十年还由人民政府兑付了。

---

[1] 罗通：《来自井冈山下——罗通回忆录》，东方出版社，1996，第111页。

　　比如中央红军1934年11月8日突破第二道封锁线后，红三军团在湖南汝城延寿乡官亨村与国民党军队激战后就面临断粮，当地瑶民又都躲到山上去了，在这种情况下，只好通过村民胡四德筹集稻谷和肉类食品，并留下了借据："今借到胡四德伯伯稻谷壹百零伍担生猪叁头重量伍百零叁斤鸡壹拾贰只重量肆拾贰斤。"落款是"叶祖令"。

　　叶祖令当时是红三军团的一名司务长，他就是湖南汝城县热水镇人，1934年12月在长征路上作战时牺牲了。这张借据是胡四德的后人1996年在老房子里发现的。第二年的5月，汝城县政府按时价折款，向胡四德的唯一继承人胡运海兑付了1.5万元人民币。这件事在当地产生了很大的反响。

取之于敌获取补充

　　一是战场缴获的"直接补充"。战场缴获一直是人民军队补充物资的主要手段之一，有一句形容我军靠战场缴获补充物资的话传得很广，叫作"小

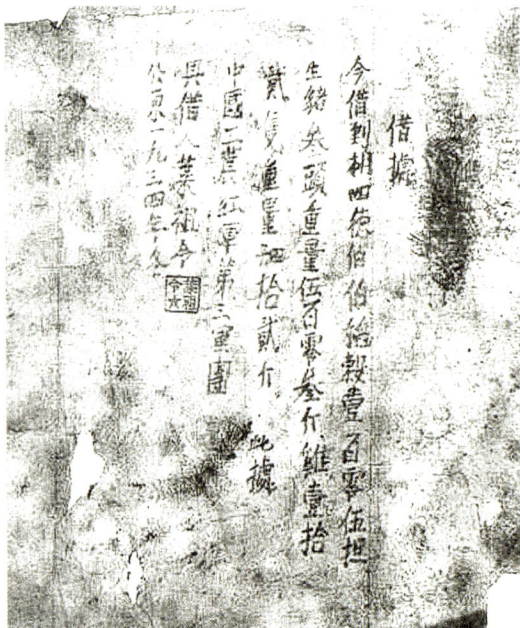

作者手记：
靠人民，支援永不忘

叶祖令写下的借据

米加步枪、仓库在前方"。人民军队的缔造者毛泽东就说过，人民军队打仗必须是"赚钱就来，蚀本不干"，必须避免打那种有耗无补的吃亏仗。红军离开了根据地长征，战场缴获就更是给养补充的主要途径。比如红一军团攻占湖南蓝山县城时，不但缴获了一大批军装、被服，还没收到5000块银元和10多斤黄金。

二是顺手牵羊的"意外之财"。中央红军飞夺泸定桥以后，5月31日进入四川泸定县城。当晚，中共中央负责人召开会议，决定陈云离开部队，秘密前往上海恢复白区党的组织，并设法与共产国际恢复联络。陈云后来辗转到达莫斯科向共产国际汇报了红军长征的情况以后，为使全国人民和世界各国人民了解红军长征的真相，于1935年秋撰写了《随军西行见闻录》，1936年3月开始在中国共产党主办的巴黎《全民月刊》上连载，同年7月在莫斯科出版了单行本，随后在国内多次印刷发行。

据陈云的《随军西行见闻录》记载："刘文辉驻西康打箭炉（今康定市）之队伍，米粮须由西昌府供给，故刘军设粮站于开罗场。当红军前卫行抵开罗场时，刘军粮站之人员还以为国民党军至，亟为设筵招待官长，并将军米如数点交，计有4000余包。每包60斤以麻皮袋装之。红军领袖将此项军米照数发给各红军部队，剩余甚多，悉发当地民众。我至开罗场时，正见民众不论老幼均肩负一袋回家，面有喜色。询之则云：'红军先生，我们白米好久没得吃了。红军来了，才把刘家的米发给我们吃。红军好！'"[1]

三是奔袭兵站的"预谋取财"。红二十五军长征时，了解到国民党陕军第四十四师后方临时补给站设在河南省淅川县的荆紫关镇，守敌约一个营，遂决定远程奔袭。1935年6月15日，红二十五军以手枪团化装成敌第四十四师的部队，十六时从陕西的东南门户商南县出发，经120多里急行军跨省奔

---

① 中国人民解放军历史资料丛书编审委员会编《红军长征·回忆史料（1）》，解放军出版社，1990，第483页。

袭，于16日午前逼近荆紫关。手枪团在通过敌外围警戒线时，还受到敌警戒部队的列队迎接，红军未费一枪一弹，将其缴械，并迅速逼近荆紫关城，与后续部队一起，歼敌补给站守军一个多连，缴获了大批的军用物资，仅上等布料就有3000多匹。

当时的红二十五军全军也就3000多人，根本用不了这么多布料，于是将多余的就地分发给群众，老百姓欢天喜地，奔走相告。红二十五军这次远程奔袭荆紫关，不但缴获补充了大量给养，而且调动了敌人，打乱了敌军的"围剿"计划。

制定政策公平买卖

中央红军长征出发不久，1934年10月22日即颁布了《关于没收捐款暂行细则》，规定"各连队之政治首长及支部，应发动所属战士尤其是党团员，在驻地附近调查地主、富农及反动分子，填调查表，送交团政治处批准"。10月29日，中革军委部署中央红军突破第二道封锁线，总政治部则在当天发出《对目前行动的政治工作训令》，提出了争取群众最重要的五项工作的政策要求，其中第五条就是"注意收集资财，保障红军给养"。

1935年1月11日，朱德、周恩来、陈云、叶剑英致电中央红军各军团，发出《关于供给工作的指示》，就解决粮食、财政、军需三个重要问题提出了明确的政策要求。其中关于粮食的规定是：各兵团应在已经规定的工作区域收集一个月谷子，当部队转移时，应移交于接替部队或报告上级处理；收集谷子除准备一个月吃用外，各地多余谷子不满一百担的由政治机关发给群众，超过一百担的应报告军团司令部及没收委员会处置，超过五百担的均应报告军委及总没委；食米标准为工作人员、指战员每人每天吃一斤半，运输员每人每天吃一斤十两（旧制一斤等于十六两）；应经常准备好三天预备米；打土豪应注意收集小菜做预备菜用。

1935年2月5日，红二十五军在陕西蓝田县九间房与葛牌镇交界处的文公岭给陕军第一二六旅的两个团以重创，乘胜以红二十五军军长程子华、政治委员吴焕先、副军长徐海东、政治部主任郑位三的名义发布了《关于商业政策》的布告。

这个布告规定："一、凡军阀、官僚、卖国贼汉奸、民团首领以及一切反革命分子所开之商店，一律没收。二、凡没有参加反革命（即令是地主）的商店，如能遵守苏维埃的法律，仍保证其继续营业。三、凡没有参加反革命的行商，在红军行动境内，准其运输行走。四、资本在三百元以上的商店、行商，必须交纳商业累进税。资本在三百元之下者免税。五、红军在反日、反国民党的作战中，为战费之需要，得向资本在三百元以上并雇用劳动之商人酌量捐款。六、红军没收反革命商店之物产，当即以一部份[分]分给当地穷人。"[1]这个布告，对稳定民心，保证个体经商者和小商小贩的合法权益，保障群众生活等，起了积极作用，也使红二十五军的给养筹集工作得以顺利进行。

这些政策规定，解除了中小商人的疑虑。他们纷纷开市，且因红军公平买卖而交易量大增，市场罕见的繁荣。据时任红一军团第二师第四团政委的杨成武回忆，部队到达今甘肃省宕昌县的哈达铺以后，鉴于过草地以来，红军指战员体力消耗很大，为了迅速恢复体力，领导机关下了一个过去极少见的别致命令，通令各伙食单位改善伙食。为此，全军上下，上到司令员，下到炊事员、挑夫，每人发了一块大洋。

哈达铺虽然是个小镇，但它位于甘南交通线上，是邻近几个县的物资集散地，尤其是药材生意兴旺，因而商贸比较发达，商品丰富，货物物美价廉。当时一只百来斤重的肥猪5块大洋就够了，一块大洋可以买5只鸡。加上当时鲁大昌部队逃跑时丢下的大米、白面数百担，食盐数千斤，足够部队

---

① 中国人民解放军历史资料丛书编审委员会编《红军长征·文献》，解放军出版社，1990，第410页。

大大改善一番生活。几个月来没怎么吃油盐的广大指战员终于痛快地吃了几顿饱饭，洗澡理发，精神面貌焕然一新。这一下，哈达铺的商人可走运了，生意兴隆，什么都卖光了，而且利市三倍，商人们无不兴高采烈。

严明纪律赢得帮助

红军在长征中，时刻注意以严明的纪律维护群众利益，争取群众支持。有意思的是，蒋介石得知红军的做法后，还通令其部属对此要严加注意，引以为鉴。我为研究长征史，经常比照阅读敌我双方有关红军长征的史料。在四川省档案馆编的《国民党军追堵红军长征档案史料选编（四川部分）》中，我看到一份蒋介石1935年3月6日发给四川军阀头子刘湘及其干将潘文华的电令，非常能说明红军当时纪律之严明。

我把电报全文摘抄如下：

重庆刘总司令刘主席，宜宾潘总指挥：

庭密。据报前朱毛匪部窜川南时，对人民毫无骚扰，有因饿取食土中萝卜者，每取一头，必置铜元一枚于土中；又到叙永时，捉获团总四人，仅就内中贪污者一人杀毙，余均释放，借此煽惑民众，等情。希严饬所属军队团队，切实遵照上月养巳行参战电令，爱护民众，勿为匪所利用为要。

蒋中正。鱼午。行参战。印。①

关于长征路上红军如何严明群众纪律，本书已有一篇文章专门介绍，这里就不再详细说了。

---

① 四川省档案馆编《国民党军追堵红军长征档案史料选编（四川部分）》，档案出版社，1986，第22页。

长征中的春节（上）

春节是中华民族的传统节日，热闹喜庆、欢乐祥和是人们对春节的基本印象，红军虽然在长征路上过了1935年和1936年两个春节，但那两个春节的氛围却并不都是喜庆祥和的。

这两年的正月初一分别是1935年2月4日和1936年1月24日。由于内容很丰富，我们分上下两篇来介绍。本篇先介绍各路红军长征队伍1935年过春节的情况。

中央红军在异常紧张的气氛中度过1935年的春节

就在前不久，中央红军在贵州习水县土城镇的青杠坡一仗打得很不顺手，此时刚刚一渡赤水摆脱敌人。2月3日是年三十，军委纵队紧赶慢赶70多里山路，到达四川叙永县的石厢子，红军各部正在川滇黔边地区待机而动。

此前一天，即腊月二十九，蒋介石依据飞机侦察到的中央红军行踪，立即重新调整了战斗部署。以何键第一路军的4个纵队编成6路分进合击红二、红六军团，使其无暇策应中央红军。以龙云的第二路军共16个师（旅），集结川滇黔边地区，"追剿"中央红军，企图围歼中央红军于长江南岸的叙永、赤水以西地区。而中央红军经过三个半月的长征，作战部队已经折损大半。扎西整编后，全部中央红军由出发时的12个师36个团，缩编成了17个团。

在四川叙永县境内的行军中，中央红军各部尤其是红一军团部队连续遭到川军截击。面对险情，大年三十二十二时，朱德致电各军团首长，告知敌人有向叙永县两河镇、后山镇继续截击我军的可能，因此，为了迅速脱离当前之敌并集结全军行动，决定改向云南前进，以分水岭、水潦、水田寨、扎西方向为总的行动目标。红军各部闻令而动，大家都知道这个时候摆脱敌人比过年更重要。所以，1935年的春节，中央红军的指战员们是在匆忙赶路中走进了农历新年。

就在中革军委忙着应付敌人的时候，留在南方领导游击战争的项英，又把一个亟待解决的问题摆到了中央领导面前。

进入1935年2月，中央苏区留守部队的形势更加严峻，红二十四师和各独立团减员很大，各级苏维埃政府和党、团组织大部被破坏。在这种情况下，苏区中央分局在江西省于都县黄龙乡（今黄麟乡）的井塘村召开扩大会议，研究下一步的行动。会议分析了当前的形势，一致同意突围转移，但对突围方向意见不一。有的主张向西，转移到井冈山地区以求发展；有的主张继续就地坚持，背靠于都向赣南方向发展。2月4日和5日（大年初一和初二），项英就此向中共中央和中革军委接连发电报，请示中央决定。

尽管军情紧急本来无暇顾及其他，但答复项英的请示是一件刻不容缓的事情，加之遵义会议决定"常委中再进行适当的分工"也还没有完成，于是，2月5日，中央红军行进到云南、贵州、四川三省交界一个叫"鸡鸣三省"的村子时，中共中央政治局常委在这里召开了会议。

鸡鸣三省会议是中央红军长征史上意义非凡的一次会议，会议的每一项内容都至关重要。具体包括：第一，根据遵义会议精神，中央政治局常委进行了分工，决定由洛甫（张闻天）接替博古在中共中央负总责，博古改任红军总政治部代理主任；以毛泽东为周恩来在军事指挥上的帮助者，由周恩来、毛泽东具体负责军事行动。第二，根据敌情变化，改变了遵义会议关于渡江入川的战略计划，决定回兵遵义地区，在敌人力量相对薄弱的川滇黔边区机动作战，寻机创建新的根据地。第三，决定对部队进行精简缩编。第四，对留在中央苏区红军的战略方针和湘鄂川黔苏区的工作进行了首次研究部署。

鸡鸣三省会议一结束，中央书记处立即致电项英和苏区中央分局，通报了遵义会议精神，并就中央根据地问题作了专门指示，要求他们立即分散游击。这样，项英和苏区中央分局开始部署留守部队的"九路突围"。

关于鸡鸣三省会议所在的那个村子，据《毛泽东年谱》的注释，"一般认为在云南威信县水田寨附近"。但目前对鸡鸣三省会议召开地存在争议，涉及川、滇、黔的三个地方。三个地方现在各说各的理。但有一点可以肯定的是，这个会议绝对不是在"鸡鸣三省"那个自然地召开的，因为那个地方没有村庄，云南和四川境内

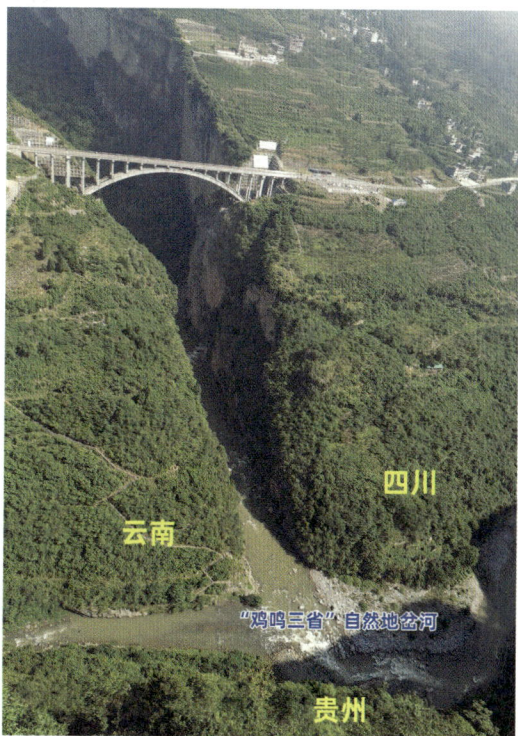

"鸡鸣三省"所在地

的河边当时还有两户艄公，贵州境内的河边是峭壁，连个人都找不到。

红四方面军在陕南战役的激战中度过1935年的春节

遵义会议一结束，中共中央和中革军委就在1935年1月22日电令红四方面军，要其配合中央红军北渡长江转入川西的行动。电报告知红四方面军，中央红军准备从泸州上游渡长江，如果顺利的话，大约在2月中旬就可以渡江北上。这一战略方针能否实现，与红四方面军的行动有密切关系。中央因此要求红四方面军迅速集结部队完成进攻准备，在最近时期向嘉陵江以西发起进攻，以策应中央红军。此时，红四方面军正在进行广昭战役，目的是歼灭该地区胡宗南部的丁德隆旅，夺取广元、昭化两城，以便下一步向甘南地区发展，寻歼胡宗南主力。

接到中共中央的电令后，红四方面军领导人在四川旺苍坝（今旺苍县东河镇）召开紧急会议，对中央来电作了认真研究。与会者一致认为，迎接中央红军是当务之急，乃决定暂停对胡宗南部的进攻，适当收缩东线部队，集中主力强渡嘉陵江。但嘉陵江昭化以南江阔水深，又有敌重兵防守，若是没有充分的准备，难以实施渡江作战。为此，红四方面军决定集中第四军、第三十军、第九军共12个团的兵力发起陕南战役，目的是吸引沿江敌人北向，以便红军从嘉陵江中段突破。

为确保战役发起的突然性，红四方面军选在2月3日即大年三十那天发动进攻。面对红军突然而至的打击，正忙着过年的敌人惊慌失措，大败溃逃。红军在进军陕南的十多天时间内，先后占领了宁羌（今宁强）、沔县（今勉县）两城和素有"蜀之咽喉""汉中门户"之称的阳平关重镇，共歼敌4个多团，俘敌团长以下4000余人。敌人在初败后连忙调整部署，调动重兵向川陕边境增援。红四方面军见战役目的已经达到，遂主动停止进攻，于2月中旬回师川北，准备渡江西进，策应中央红军入川。

1935年春节期间，红二十五军正在陕西柞水县和蓝田县一带转战

2月1日是腊月二十八，红二十五军在这一天袭占陕西柞水县城。原本想在这里休整过年，敌人"围剿"部队的主力柳彦彪第一二六旅却紧追不舍，红二十五军只好继续周旋奉陪。当敌柳彦彪旅第二五二团单兵冒进到蔡玉窑镇时，红二十五军抓住机会集中主力突然反击，先后击溃该敌两个营，歼敌一个多营。战后，红二十五军迅速转移到蓝田县葛牌镇进行休整。

蔡玉窑战斗的失败让敌柳彦彪恼羞成怒。他也没心思过年了，红二十五军前脚到葛牌镇，他率部后脚就跟来了。2月5日即大年初二，敌柳彦彪率领在蔡玉窑战斗中没有受打击的另外两个团奔袭葛牌镇。红二十五军在得到群众的报告后，冒着大雪进行紧张的战斗准备，在蓝田县九间房与葛牌镇交界处的文公岭先敌占领了有利地形。

敌人抱着要一雪失败之耻的决心而来，两个团轮番进攻，所以战斗一开始就进入白热化。红二十五军充分利用有利地形，集中火力压制住敌人的进攻。激战中，战场上一个布满荆棘的小山丘被敌人利用，负隅顽抗。战斗形成胶着状态，而杨虎城指派的敌援军即将赶来。正生病在床的徐海东，听说战斗正在僵持而心急如焚。他知道，只要杨虎城的敌援军一到，红二十五军就有被围歼的危险。他挣扎着起来，让四个人扯着推着爬到军部指挥所山上。

徐海东观察战场形势后改变策略，决定以诈败诱使敌军离开有利地形，红二十五军则兵分两路，一路正面诱堵，另一路从敌人左翼发起猛烈反击。经奋勇冲杀，歼敌2个多营，给柳彦彪第一二六旅的2个团以重创，加上蔡玉窑之战遭重击的那个团，第一二六旅的3个团先后折损近半，只好龟缩到县城不敢再战。红二十五军乘着新春胜利的东风，在鄂豫陕边区北部放手发动群众，大力开展创造革命根据地的工作。

红二、红六军团在反"围剿"的战斗中度过1935年的春节

1935年春节期间，蒋介石调兵遣将在川滇黔边地区"追剿"中央红军的同时，调集湘鄂两省40多个团11万人，编成六路纵队"围剿"湘鄂川黔根据地。红二、红六军团此时刚刚结束湘西攻势，部队发展到1.1万余人，但敌我双方兵力对比是10：1，反"围剿"形势十分严峻。

对于如何退敌，贺龙曾经提出，不要死守一地，将部队拉到根据地外头去，在运动中寻机歼敌。但湘鄂川黔省委集体讨论时，贺龙的意见没有被采纳，还是决定在根据地里头打。结果，正月初五迎战敌郭汝栋纵队的新春第一仗就没有打好，还牺牲了红十八团政委熊仲卿。大庸、桑植接连失守。

就在正月初五战斗打响的同一天，红二、红六军团收到中共中央书记处电报传来的遵义会议精神的摘要。中革军委湘鄂川黔分会当即在湖南永顺县塔卧附近的三家田村召开团以上干部会议，由萧克进行传达。根据遵义会议关于反"围剿"总的方针是决战防御而不是单纯防御，是运动战而不是阵地战的指示精神，湘鄂川黔省委决定，部队退出塔卧、龙家寨基本区，集中主力在敌人侧后方行动，以粉碎敌人的合击，打破"围剿"。行动方针一变，红二、红六军团很快掌握主动，在桑植县取得陈家河、桃子溪大捷，并乘胜收复了桑植县城。

長征中的春節（下）

我们在上篇介绍了各路长征队伍1935年过春节的情况，本篇接着介绍红军长征在1936年春节期间的情况。

1936年农历是丙子年，正月初一是1月24日。

这个时候，红二十五军和中央红军结束长征已经三四个月了，红二十五军和陕北红军部队合编成红十五军团，成了红一方面军的两个主力军团之一。所以，长征路上此时还有两支队伍，即红四方面军和红二、红六军团。

为了扩大陕甘根据地和能够尽早出兵抗日，中央领导和红一方面军首长张闻天、毛泽东、周恩来、彭德怀等人正忙着准备东征以及与张学良的东北军进行合作抗日谈判两件大事。但是让谁也没有想到的是，在春节即将来临的1月20日即腊月二十六，张国焘给中共驻共产国际代表张浩（林育英）发来了一封令人震惊的电报。

该电报全文如下：

是否允许你来电自由？为何不将国际决议直告？我们一切都经党中央同意，假冒党中央或政府机关名义发表重要文件，此间有公开否认之权。为党的统一和一致对外，望告陕北同志，自动取消中央名义，党内争论请国际解决。①

张国焘来电的第二天就是那年的大寒节气。张国焘的这个电报，比自然界严寒更让中央领导人感到阵阵寒意！

张国焘自1935年9月带领部队南下以后，在分裂的错误道路上越滑越远。几个月来，中共中央对他采取了耐心的说服争取工作，希望他改正错误，率领红四方面军北上。谁知道他变本加厉，不但另立"中央"，最后竟然发展到要求中共中央"自动取消中央名义"！

张国焘之所以把电报发给张浩，是因为1935年11月中旬，张浩从莫斯科经蒙古辗转回到陕北。此时正值红四方面军南下后在百丈关决战失利，张国焘骑虎难下的时候。12月13日，中共中央机关移驻瓦窑堡当天，中共中央电令张国焘：立即取消第二"中央"。但是，张国焘置若罔闻，连个回电都没有。张浩了解到张国焘另立"中央"的错误行径后，于12月16日以中共驻共产国际代表名义电告张国焘："我受共产国际委派解决红一、红四方面军的问题。"

张国焘对此将信将疑，甚至还对张浩的行动自由表示怀疑，所以电报一开头就问张浩"是否允许你来电自由？"在电报中，张国焘不但让张浩"告陕北同志，自动取消中央名义"，甚至凌驾于中共中央之上，说以党中央或政府机关名义发表的重要文件，"此间有公开否认之权"。这个电报表明，张国焘正式跟中共中央摊牌了。

---

① 中国人民解放军历史资料丛书编审委员会编《红军长征·文献》，解放军出版社，1995，第852页。

这样，中共中央领导人不得不暂停手头上的其他重要工作，集中精力解决张国焘这边的问题。

在张浩接到张国焘电报的第三天即腊月二十八，中共中央政治局会议作出《关于张国焘同志成立第二"中央"的决定》，批评张国焘自同中央决裂后，最近在红四方面军中，公开地成立了他自己的"党的中央""中央政府""中央革命军事委员会"与"团的中央"。会议指出，张国焘这种成立第二党的倾向，无异于自绝于党，自绝于中国革命。党中央除去电命令张国焘立刻取消他的一切"中央"，放弃一切反党的倾向外，特决定在中央委员会内公布1935年9月12日中央政治局俄界会议决定。

1935年9月12日中央政治局俄界会议决定，叫作《关于张国焘同志的错误的决定》。这是中央政治局俄界会议的正式决定。当时为教育挽救张国焘本人，给他以改正错误的机会，并争取红四方面军的广大指战员，这个决定并没有公开发表，而是规定"这一决定只发给党的中央委员"。现在，既然张国焘率先向中央发难，中央就有必要把真实情况在中央委员会内公布。

1月24日正月初一那天，中共驻共产国际代表张浩致电张国焘，明确告知"共产国际完全同意于中国党中央的政治路线，并认为中国党在共产国际队伍中，除联共外是属于第一位。中国革命已成为世界革命伟大因素，中国红军在世界上有很高的地位，中央红军的万里长征是胜利了"[1]。电报同时提出，在目前情况下，你们可成立西南局，直属中国共产党驻共产国际代表团。你们和中央原则上的争论，可提交共产国际解决。张浩这个电报，实际上是要给张国焘一个台阶下。但是，张国焘并不领情。

也是在正月初一这天，中共中央领导人张闻天复电朱德，对朱德来电的意见表示欢迎。除夕那天，朱德专门致电张闻天，认为目前革命形势出现新

---

[1] 中国人民解放军历史资料丛书编审委员会编《红军长征·文献》，解放军出版社，1995，第854页。

的高涨，党内急需谋求统一，为避免对外不一致，提议"暂时此处以南方局、兄处以北方局名义行使职权，以国际代表团暂代中央职务，统一领导"[1]。徐向前后来回忆这一段历史时，认为这是代表红四方面军主张在张国焘放弃自立"中央"的同时，"给张国焘一个台阶下"的"过渡性的办法"。[2]张闻天复电朱德，是希望通过朱德做工作，尽快解决党内争论，谋求党内统一。

朱德在斡旋双方的同时，还要兼顾指导红二、红六军团的作战行动。除夕十八时，朱德致电红二、红六军团领导人贺龙、任弼时、关向应，建议红二、红六军团过余庆一线后，应以佯攻贵阳姿势，迅速转向黔西、大定、毕节地区，因为那里的群众、地形均可作暂时根据地。又说，追击你们的敌军，李觉、樊嵩甫、郭汝栋等部均不大积极，因此打击追敌恐怕不容易抓到机会，而黔敌各部战斗力都比较弱。因此，以袭击方式对付敌人，可收各个击破之利，并可占领广大地区，扩大红军。

中央与张国焘的斗争此后还持续了几个月。直到张国焘南下撞得头破血流，又经朱德、刘伯承，后来是任弼时、贺龙等人反复做工作，他才同意率部北上。那已经是后话了。

在处理与张国焘矛盾的同时，中央领导人还要处理红一方面军东征的作战问题。大年初二这天，中共中央领导人张闻天、毛泽东复电红一方面军司令员彭德怀，认为向北是没有出路的，只有取阎锡山为对手，基本的作战方针是稳扎稳打，依据黄河发展并调动敌孙楚部以求得将陕北残敌肃清；跃进深入到敌后以野战急进，必须是分批大量撤回没有被隔断的危险时才可行；同时，应保证我第二批退回部队的渡河船只。

和中央领导人因张国焘问题在春节期间面临的紧张气氛不同，红二、红

---

[1] 中共中央文献研究室编《朱德年谱（一八八六——一九七六）》新编本（上），中央文献出版社，2006，第555—556页。

[2] 徐向前：《徐向前回忆录》（第四版），解放军出版社，2007，第353页。

六军团在1936年倒是过了一个比较轻松舒心的春节。

正月初一那天，红二、红六军团顺利地攻占了贵州省的瓮安县城。一年前中央红军长征就经过这里，还留下过一部分伤病员在这一带养伤，这里有比较好的群众基础。所以在瓮安县城和猴场等地，红二、红六军团散开部队深入群众，积极开展政治宣传和打土豪分浮财活动，和当地老百姓一起，杀猪宰羊，军民同乐，过了一个十分愉快尤其令老百姓终生难忘的春节。当地人至今还在流传欢天喜地过"红军年"的故事。

一条绳索渡全军

红二十五军过渭河时，全军只找到了一条小木船。除了指挥部的几个同志和七名女战士是乘船过河外，全军将士都是靠着一条绳索徒涉过河的，这在红军长征史上是绝无仅有的一次。

红二十五军是1934年11月16日，在中共鄂豫皖省委的率领下，以"中国工农红军北上抗日第二先遣队"的名义，从河南省罗山县铁铺镇何家冲出发长征的。红二十五军出发时，共2980多人，除了军领导，几乎清一色的童子军。这时候，中央红军出发长征刚好一个月了。红二十五军的长征，牵制了大量敌军，对中央红军长征起了很好的战略策应作用。

经过几个月的转战，1935年7月27日，红二十五军到达陕西省留坝县的江口镇，击溃该地民团后，部队在这里进行西征北上的思想动员和物资准备工作。在部队休整期间，省委提出"迎接党中央""迎接主力红军"的口号，决心以西征北上的实际行动，迎接党中央和中央红军的到来。休整期间，省委还对部队进行了整编，将跟随主力部队行动的鄂陕边第四路游击师分别编入各团，将在江口镇赶上部队的华阳游击队连同沿途收留收容的游击队和伤病员，一并补入各连队。整编后的红二十五军辖第二二三团、第二二五团和手枪团，连同机关和直属分队，全军达到4000多人。

8月1日，红二十五军在陕西凤县双石铺休整并庆祝八一建军节。同一天，《中国苏维埃政府、中国共产党中央为抗日救国告全体同胞书》即"八一宣言"，以中共中央和中华苏维埃共和国政府的名义发表。宣言号召全国同胞团结起来，停止内战，抗日救国，组织全国统一的国防政府和抗日联军。宣言疾呼："我国家，我民族，已处在千钧一发的生死关头。抗日则生，不抗日则死！抗日救国，已成为每个同胞的神圣天职！""北上抗日"由此成为红军长征的动员口号。

8月2日，红二十五军由陕西凤县双石铺向甘肃两当县境内前进，并于第二天攻占两当县城。这是红二十五军攻占的甘肃第一座县城。军政治部利用很短的时间开仓放粮，发动群众，镇压反动官吏，张贴标语，然后离开两当县城北上，翻越麦积山，直逼天水县。

8月7日至9日，红二十五军围攻天水不克，遂撤往城西十里铺一带休整。红二十五军围攻天水的行动，使敌人大为惊恐，敌人急调在武山、甘谷县一带防堵中央红军的第三军第十二师一部回援。红二十五军看到部分国民党军队或已调回，或滞留不前，达到了战役目的，立即甩开敌人组织部队北渡渭河。

红二十五军北渡渭河的地点是今甘肃天水市麦积区新阳镇胡大村的磨坊附近，当时红军只找到了一条小木船，而敌人是不会让红二十五军4000多人用这一条小船在这里从容渡河的。此时的渭河水流湍急，人徒涉过河极易被河水冲倒卷走。红军从新阳镇买来20多匹土布，把这每匹3丈长的土布连

红二十五军在今甘肃麦积区
新阳镇北渡渭河时情景

接起来，拧成绳索绑在渭河东西两岸的柳树上，两岸还分别请了八个农民看护加固。在村里水磨工和其他农民的协助下，除了指挥部的几个同志和七名女战士是乘那条小船渡过渭河的外，全军指战员都是靠着这一条绳索徒涉过河的。

渭河是唯一一条四路红军长征队伍都经过了的河流。全军主要靠一条绳索就轻松地渡过渭河，这在红军长征史上是绝无仅有的一次。其他长征队伍过渭河就艰难多了。比如中央红军（陕甘支队）一个多月后过渭河时，就是费了老大劲儿突破了敌军武山、漳县间的封锁线后，才在武山县的鸳鸯镇和山丹镇之间渡过渭河的。而第二年的10月8日，红四方面军渡渭河时，因敌毛炳文部企图截击我后方部队，红四方面军急行军赶路，在渭河一带减员比较多。紧跟着第二天和第三天，红二方面军过渭河时，适逢上游暴雨，河水猛涨。由于时间紧迫，指战员们不得不冒险徒涉。结果，不少人被湍急的水流卷走。

北过渭河，是红二十五军出奇制胜的行动。这一招，使红二十五军很快处于主动地位，进可以扼住西安—兰州公路，策应和接应中央红军；退可以转入陕北，实现与陕北红军会合的目的。

红二十五军渡过渭河后，一举攻占甘肃秦安县城。8月15日，红二十五军由秦安北上，进入静宁县城以北约50里的宁夏西吉县兴隆镇单家集村，在这里作短暂休整。红二十五军军部刚刚进驻兴隆镇，军政治委员吴焕先不仅主动邀请清真寺的阿訇和当地有名望的士绅到军部来做客，宣传我党抗日救国主张和红军的政策纪律，还指示部队大力开展民族政策教育，并亲自主持制定"三大禁令、四项注意"。军长程子华还将一面写有"回汉兄弟亲如一家"的锦旗送给了南大寺，留下了回汉团结的佳话。

请记住皎平渡这些船工的名字

中央红军渡过金沙江行动，被称为"巧渡金沙江"。必须明了的是，"巧"的因素再多，如果没有那些经验丰富的船工不分昼夜地拼力摆渡，几万红军要过江是非常困难的。

1935年5月9日，包括后卫阻击部队在内的中央红军全部渡过了金沙江，进入四川西南部的会理地区，暂时摆脱了几十万敌军的围追堵截，取得了战略转移以来具有决定性意义的胜利。我们读长征史都知道，这一行动被称为"巧渡金沙江"。前文有一篇文章叫作《巧渡金沙江"巧"在哪里？》，介绍了是诸多因素促成了中央红军能够"巧"渡金沙江。

但我们必须明了的是，"巧"的因素再多，如果没有那些经验丰富的船工不分昼夜地拼力摆渡，几万红军要北渡金沙江是非常困难的。甚至可以说，几乎就不可能！

中央红军四渡赤水甩开敌人赶到金沙江南岸

时，已经把国民党军队的追击主力远远地抛在几天的路程之后了。红军要渡过金沙江，这时面临的主要问题，不是前堵后追的敌军，而是渡江的准备工作。由于金沙江水深流急无法架桥，渡船和摆渡的艄公就成了渡江的唯一指望。以干部团为主组成的渡江先遣队，主要任务就是控制渡口，找船和船工。

为保证迅速渡江，除了组织先遣队开路外，红军总政治部于4月30日向各军团首长及政治部发出渡金沙江转入川西的政治工作训令，要求各级政工部门向干部及战士进行政治解释，包括向广大指战员说清楚"野战军转入川西及川西北地区活动之政治上、军事上的意义"，实现渡江北上方针时的困难，我们应有的努力，等等。红军总政治部特别强调："严肃的军纪，广泛的群众工作，正确的民族政策，这不但使我们能够顺利地实现自己的战略方针，而且能够吸引至今还没有卷入中国革命洪潮中的千百万少数民族加入革命。"①

4月30日，中革军委决定派红军总参谋长刘伯承率干部团直奔禄劝县金沙江南岸的皎平渡抢占渡口。干部团在刘伯承的率领下兼程疾进，一昼夜强行军100多公里。敌人做梦也想不到红军会这么快，先遣队出其不意地抢占了两岸渡口。

关于抢占渡口的说法，目前有两种。一种说法源自萧应棠的回忆。据时任干部团第五连连长的萧应棠回忆：当时皎平渡对岸的国民党军乘船过来探听情况，不知道是抽大烟去了，还是敲诈老百姓去了，送他们的船一直等在江边，红军夺得这条船后，载第一排和第二排战士首先过江，消灭了对岸的国民党军，占领了渡口。另一种说法是老船工张朝满等人的回忆：红军一支24人的先头部队赶到皎平渡后，找到船工张朝寿，把藏在笔架山马头湾子的一条废船连夜修好，渡过对岸。

---

① 中国人民解放军历史资料丛书编审委员会编《红军长征·文献》，解放军出版社，1995，第324页。

当年帮助红军巧渡金沙江的老船工张朝满

　　尽管敌人没想到红军有如此神速的进军，但此前两岸的民团还是奉命将所有的大小船只拉到北岸藏起来了。在张朝寿等船工的帮助下，先遣队陆续共找到了大小七条船和滇川两岸的37名船工。这七条船当中，只有一条是船工康昆贡献的私家船，其余都是土司和官家的。37名船工大多是张朝寿召集来的。当年张朝寿是两岸船工的"头儿"，很有号召力。

　　在皎平渡，几万红军就靠那七条船，人歇、船不歇地日夜抢渡。每船3名船工，来回摆渡10次换一次班，如此循环不间断。两条大船，每次渡60人；牲口随大船泅渡。四条小船，每次渡40人。还有一条小渔船，主要用于配合大船和小船，摆渡零星人员。这37名船工不顾土司、头人事先"帮红军就杀头"的威胁和"夜不渡皎平"的旧俗，昼夜不停奋力划船，把一船一船的红军指战员送到金沙江北岸。

　　为保证船工的体能，红军后勤部门杀猪宰羊搞好伙食。船工每天吃六顿饭，顿顿有肉；每人每天发3块大洋工钱。红军全部过江后，又给了船工一些大洋，并提醒他们赶紧外出躲一躲；最后又将渡船全部炸毁，并对康昆自家那条船单独支付了赔偿费。

在皎平渡为红军划船的37名船工，后来在向人们追述往事时常常说，那"累酸了腰腿，划肿了手臂"的几天几夜，是他们一辈子都忘不了的经历。那是因为，他们在中国革命史上完成了一件非凡的壮举。虽然2006年以后，当年帮助红军巧渡金沙江的所有船工都作古了，但他们的英名和彪炳史册的功绩永远值得我们铭记和怀念！

这37名船工的名字，后来在党史资料征集过程中陆续找齐核实，他们分别来自金沙江皎平渡南北两岸的云南省禄劝县和四川省会理县。其中云南禄劝籍的23人，他们是：张朝寿、张朝福、张朝禄、张朝经、张朝满、张朝连、张朝芳、张朝元、李正芳、陈月清、李有才、张忠印、张兴桂、李如成、杨麻子老倌、杨走有、杨朝兴、丁继安、小王有、姚国元、钟应福、康昆、殷梦之。

四川会理籍的14人，他们是：张朝发、李明禄、周德安、周启龙、田兴奉、田兴科、向正发、向正家、向二糖匠、向志富、罗兴武、罗兴全、姚万成、严再洪。

作者手记：
皎平渡早已天堑变通途

镌刻皎平渡船工名字的石碑（位于四川会理市金沙江北岸）

四支长征队伍都途经过的唯一省份

红军长征历时两年，按当时的行政区划，共途经了14个省。其中红一方面军途经11个省，红二方面军途经8个省，红四方面军和红二十五军都是途经4个省。在这总共14个省当中，四支红军长征队伍都途经过的，却只有一个省，那就是甘肃省。

四支长征队伍中，最早进入甘肃的是红二十五军。1935年8月2日，红二十五军为配合和迎接党中央与红一、红四方面军北上，由陕甘交界的陕西凤县双石铺镇进入甘肃境内，晚间到达两当县杨店乡灵官殿村，兵分两路从祖师山、七里坪、西山堡一带出发包围了甘肃两当县城。8月3日，红二十五军派手枪团和军部直属队一部化装潜入两当县城，配合先头部队攻占两当县城。这是红二十五军攻占的甘肃第一座县城。

从8月2日进入甘肃，到9月7日离开甘肃到达陕北革命根据地的保安豹子川，红二十五军在甘肃境内活动了一个月零五天，行程3000多里。红二十五军在甘肃打下了两当、秦安、隆德等县城，不但及时筹措到了长征中的紧缺物资，更重要的是扩大了革命影响，牵制了国民党军队对红一、红四方面军的围追堵截，有力地策应了中央红军的北上行动，也为后来迎接党中央和中央红军进入陕北创造了有利条件。

第二支进入甘肃的长征队伍是中央红军。1935年9月10日凌晨，中共中央率领红三军和军委纵队脱险北上后，第二天傍晚进入甘肃省迭部县达拉乡俄界（高吉村），同先几天到达的红一军会合。中共中央在俄界召开了著名的政治局扩大会议，毛泽东在会上就红军的行动问题、创建根据地问题以及关于张国焘错误的性质和处理的办法问题作了报告。他指出，张国焘的错误发展下去，可能成为军阀主义，或者反对中央、叛变中央、叛变革命，这是党内空前未有的。同张国焘的斗争，是两条路线的斗争，是布尔什维克与军阀主义倾向的斗争，应采取党内斗争的正确方法处理。最后做组织结论是必要的，但现在还不要做。我们要尽可能地做工作，争取他们北上。① 会议根据毛泽东的报告和张闻天的总结性发言精神，作出了《关于张国焘同志的错误的决定》。为了争取张国焘率部北上，这个决定当时只发到中央委员一级。

俄界政治局扩大会议以后，陕甘支队沿达拉河向东北方向的旺藏寺进发。在迭部县旺藏镇崔古仓村，红军获得了卓尼土司杨积庆储藏的20多万斤粮食补给。当时部队没那么多银元，不够的部分由中央财政部部长林伯渠写了张欠条，并盖上了中央财政部印章。但由于红军行动匆忙，这枚印章不慎遗留在了迭部县旺藏镇崔古仓村。一年后红四方面军到达甘肃临潭县时，杨积庆也表达了友好之情，星夜派人赶往红军驻地新城送信，联系赠送马匹牛羊事宜。

从红一军先头部队9月5日进入迭部县达拉乡的高吉村，到10月5日陕

---

① 中共中央文献研究室编《毛泽东年谱（一八九三——一九四九）》修订本（上卷），中央文献出版社，2013，第471、472页。

甘支队兵分两路北上，到达今宁夏西吉县的单家集，中央红军（陕甘支队）长征途中在甘肃境内刚好活动了一个月时间。中央红军为期一年的长征中，在甘肃境内时间不算长，但却非常重要。除了俄界会议，还在宕昌县哈达铺、通渭县榜罗镇及县城召开了几次重要会议，正式确定长征落脚陕北，把陕北作为领导全国革命的大本营。

第三支进入甘肃的长征队伍是红四方面军。时隔一年，红四方面军基本上是循着一年前中央红军进入甘肃的路径，先头部队于1936年8月5日进入甘肃迭部县达拉乡。需要说明的是，还在红一、红四方面军混合编为左路军和右路军的时候，张国焘曾经想率部往青海方向靠，派了一支小分队于1935年8月23日从四川阿坝进入过今甘肃玛曲县齐哈玛镇，因为没有找到合适的渡口而返回来了。但是这个不算我们讨论的"长征途经"，只是先遣小分队和那儿打了个照面。

为了统一领导红二、红四方面军的北上行动，1936年7月27日，中共中央决定成立西北局。西北局成立不久就制定了《岷洮西战役计划》，决定红二、红四方面军分三个纵队向甘南前进。8月3日，中革军委和红军总政治部通报红一方面军各部队，红二、红四方面军即将进入甘南，要求各部队进行广泛动员，准备热烈欢迎红二、红四方面军，共同开创西北抗日新局面。8月31日，完成西征的红一方面军遵照中央关于挺进并控制西兰大道的指示，从宁夏同心县预旺堡和海原县黑城镇一带出发，踏上了迎接红二、红四方面军的征程。

中共中央西北局进入甘肃后，在甘肃的广大地区领导开展了创建临时根据地的工作。到10月10日在会宁与红一方面军会师时，虽然前后只有两个多月时间，但成效显著。西北局不仅建立了以岷县为中心的甘肃工委，下边设有西路和北路两个工作委员会，还建立了以成县和徽县为中心的甘陕边省委，建立了甘肃省苏维埃政府和许多县区乡苏维埃政权，占领区域的人口有

80多万人，仅在甘南就扩大红军3000多人，占大会师时红四方面军战斗部队人数的十分之一。

最后进入甘肃的长征队伍是红二方面军。就在红四方面军先头部队进入甘肃迭部县达拉乡的时候，红二方面军大部还刚到嘎曲河附近，正在草地艰难跋涉，差不多又走了一个星期时间才走到包座地区。筹粮休整几天后，经求吉向甘南开进。8月16日，红二方面军先头部队进入迭部县达拉沟的普济寺。红二方面军全部进入甘肃并在哈达铺等地休整后，迅速从哈达铺附近向东出动，至9月19日，先后攻占成县、徽县、两当、康县等地，并抽出部分兵力，广泛发动群众，宣传党的政策，扩大红军，筹集物资，形成了同红一、红四方面军协同作战实现三军大会师的有利态势。

但此时国民党军队推进速度非常迅速，尤其对兵力尚小的红二方面军企图一举合围聚歼。到10月初，鉴于敌胡宗南、王均、关麟征、孙震等部合围攻击红二方面军之势将要形成，毛泽东、周恩来致电红二方面军领导人，指出红二方面军面临的形势凶险危急，应该立即放弃所占县城，迅速转移北上。红二方面军领导人接电后，于10月3日果断决定率主力撤离成县、徽县、两当、康县地区，向渭河以北转移。但是，在康县活动的红六师第十七团，因收拢不及，遭到优势敌人的截击包围，全部损失。这是红二方面军在长征行将结束之际遭受的一次最大损失。

10月22日，红二方面军主力到达今宁夏西吉县将台堡，与红一方面军会合。至此，红二方面军（红二、红六军团）历时一年行程二万里的长征胜利结束，这也标志着历时整整两年的红军长征胜利结束。

长征走出的唯一外籍将军

在中国革命历史的每个阶段，都活跃过国际主义战士的身影。在长征队伍中，就有不少外籍战士。在走完了长征全程的外国人中，有一位在1955年被授予中国人民解放军少将军衔，他就是越南人洪水，是红军长征走出的唯一外籍将军，而且是同时拥有中国和越南两国少将军衔的唯一一人。

洪水原名武元博，后来用过鸿秀、阮山等几个名字，原籍越南河内市，1908年10月1日出生于一个房地产兼地主家庭，生活条件优越。5岁的时候他就进入法国人办的教会学校读书，12岁那年考入了当时越南的名牌学校河内师范学校。在河内师范学校读书期间，洪水利用假期到法国考察。正是在那里，他结识了越南的无产阶级革命先驱胡志明，从此开始接触马克思主义，投身共产主义运动。那一年，他才刚满15岁。

国共合作时期的1924年12月，胡志明以共产国际东方部委员的身份来到广州，担任鲍罗廷的秘书。结识了孙中山以后，胡志明向孙中山提出，希望借黄埔军校这个"宝炉"，为越南锻造一些革命种子。洪水就是在这个背景下，告别妻子和刚刚出生不久的小女儿来到广州的。经李富春等人介绍，洪水进入黄埔军校第四期学习，和刘志丹等中共党员是同期学员。毕业以后，根据胡志明的要求，洪水被留在黄埔军校工作。

蒋介石、汪精卫背叛革命以后，1927年8月，洪水愤然退出国民党，由陈一民介绍，秘密加入了中国共产党。几个月后，洪水同30多位越南革命者一起参加了广州起义。广州起义失败后，暴露了身份的洪水经越南党组织安排，离开广州前往泰国，与在那里的越南革命先驱黄文欢一起，在越侨中继续从事革命活动。

1928年6月，中共广东省委通过越南革命青年会通知洪水，让他返回中国参加党的工作。这样，洪水第二次来到中国，在香港海员工会从事工人运动。洪水第二次来到中国以后，面对国民党反动派称共产党为"洪水猛兽"的反动宣传，他在1929年索性将自己的名字改为"洪水"，他的另一个越南籍战友当即改名为"猛兽"。表明自己就是要成为国民党反动当局的"洪水猛兽"，与之势不两立。不幸的是，改名"猛兽"的那位越南籍战士，后来在战斗中牺牲了。

朱毛红军出击广东东江的时候，曾经向中共广东省委提出了选派一些军事干部来红四军帮助工作的要求。当时广东省委的军委书记是聂荣臻，他便挑选了包括洪水在内的一些军事干部准备支援红四军。但红四军那次在广东东江待的时间太短，洪水他们没能赶上，于是洪水就留在广东东江游击队工作。

1930年4月，闽西苏区组建了红十二军，为加强该军所属部队的军事指挥力量，洪水奉调红十二军工作。从此，洪水开始了在毛泽东、朱德直接领导下的中央苏区的革命斗争，先后担任过团政委、师政治部主任等职务，率领所部参加了中央苏区的历次反"围剿"作战。在1934年1月召开的中华苏维埃共和国第二次全国代表大会上，洪水和朝鲜籍的毕士悌一起当选为中华苏维埃共和国中央执行委员会委员。这是中国共产党局部执政时，工农民主政府中仅有的两名外籍委员。

中华苏维埃共和国第一次全国代表大会召开后不久，1931年11月25日，毛泽东提议将苏区原有的几所红军学校合并，成立中国工农红军中央军事政治学校，以加速造就大批军政兼优的红军指挥人才。为此，中央决定从各部队挑选一批文化水平较高且有实践经验的优秀人才到学校担任组织管理和教学工作。洪水由此离开野战部队来到中央军事政治学校，被任命为宣传科科长兼政治文化教员。1932年年底，洪水等人在学校创办了红军历史上第一个剧社——工农剧社，洪水任社长，杨尚昆的夫人李伯钊任党支部书记。

中央红军长征的时候，洪水是背着"高级特务"的罪名踏上长征之路的。事情的起因是洪水在筹备成立工农剧社时，由于没有贯彻"左"倾领导的意图，起草的《工农剧社章程》被指责为"偷运了反革命托洛斯基主义"[①]，遭到中央总负责人博古亲自写文章和作报告批判，被打成了"高级特务"，开除了党籍。所幸在朱德的关照下，洪水被编进了军委纵队干部团直属队，负责直属队在长征路上的宣传鼓动工作。一直到遵义会议之后，洪水才摘掉了那顶"高级特务"的帽子，恢复了党籍。

1935年6月18日，红一、红四方面军在四川懋功胜利会师。8月3日，红军总部下达《夏洮战役计划》，决定所有部队分左右两路北上。洪水所在的部队随张国焘、朱德率领的左路军行动。不幸的是，百丈关大战时，洪水所在的部队被打散了。洪水化装成老百姓，凭着坚定的信念和意志，第三次爬雪山、过草地，独自奔向陕北，终于在1936年年初到达延安。战友们无不

[①] 托洛斯基：指托洛茨基，苏联早期领导人，联共（布）党内反对派首领。

为他不屈不挠的革命精神所感动。

1945年8月日本投降之际，法国殖民势力企图再次染指越南，越南革命斗争因此进入关键阶段，其国内需要大批军政干部。胡志明与毛泽东等中共领导人协商后，决定调回一批在中国工作的越南同志。经协商，1945年11月初，洪水回到祖国越南，1948年被授予越南人民军少将军衔。

1950年10月，洪水第三次来到中国，在中共中央统战部负责越南科的工作。1951年，洪水进入南京军事学院学习，1954年毕业后分配到中国人民解放军训练总监部条令局任副局长、《战斗训练》杂志社社长。1955年，洪水被授予中国人民解放军少将军衔。

1956年，得知自己身患癌症的洪水申请回国。时任国防部部长的彭德怀，安排了专人护送。在北京前门火车站，叶剑英元帅等一大批中国人民解放军将帅和外交部的有关领导来为洪水送行。10月21日，洪水将军走完了自己短暂而传奇的人生旅程。

第四部分

开创新局从头越

红军长征出发前，由于党内"左"倾教条主义的错误领导，中央革命根据地第五次反"围剿"失败，其他根据地也遭受挫折，中国革命面临着方向和道路的抉择。面对乱云飞渡、惊涛骇浪，中国共产党表现出无所畏惧的伟大实践精神，表现出浴火重生的伟大创造精神，在血与火中蹚出了一条走向新生、走向胜利的革命道路。

经过长征，中国共产党成功地把解决生存危机同拯救民族危亡联系在一起，把长征的大方向同建立抗日前进阵地联系在一起，实现了土地革命战争向抗日民族战争的转变，为夺取中国人民抗日战争胜利，进而夺取新民主主义革命胜利打下了坚实基础。

长征一结束，新局面就开始了！

1935年6月初，陈云突然从中央红军长征队伍中消失了，后来辗转到了莫斯科，成为最早向国外宣传长征事迹的亲历者。

中央红军长征时，红五军团是负责殿后的，责任大，担子重。中共中央决定派陈云以中央代表的身份随红五军团长征，以加强领导。但陈云并没有走完长征路。中央红军过泸定桥后，他就在红军队伍中突然消失了。

这是怎么回事呢？

这还得从中央红军长征前夕就事实上已经和共产国际失去联系说起。

中国共产党从二大以后，就是共产国际的一个支部。从此我们党的路线方针政策都要经过共产国际批准，共产国际的指示，我们党必须执行。包括中央红军撤离中央苏区这样的大事，也是1934年5月下旬的中央书记处会议后报经共产国际批准同意的。

　　中共中央在江西瑞金和远在莫斯科的共产国际保持电讯联络，都是通过上海中央局的大功率电台。不幸的是，1934年9月，国民党特务破坏了上海中央局，逮捕了当时的负责人李竹声，李竹声被敌人劝降叛变并供出了上海中央局秘密电台的位置和另一名负责人盛忠亮，盛忠亮也很快被捕叛变。这样，上海中央局机关和电台被敌人一网打尽。但此事的详情，长征前夕的中共中央并不知晓，当时中共中央和中革军委正在组织准备中央红军主力撤离中央苏区。

　　作为红五军团中央代表的陈云，这时也正紧张有序地协助军团长董振堂、政委李卓然和参谋长刘伯承组织部队转移，做部队的思想政治工作。10月中旬，陈云来到红五军团第十三师的师部驻地，向营以上干部报告了当前的形势和传达上级下达的任务。当晚，陈云随红五军团从于都县城出发，渡过于都河踏上长征路。

　　湘江战役以后，鉴于部队减员很大，中革军委决定军委第一、第二纵队合并组成军委纵队，刘伯承任司令员，陈云任政治委员。12月21日，陈云和刘伯承离开红五军团，去军委纵队就职。

　　1935年1月9日，陈云和刘伯承率领军委纵队进驻遵义城，刘伯承任遵义警备司令部司令员，陈云任政治委员。他们不但共同负责遵义会议的安全，而且一起参加了遵义会议。陈云后来在自传中写道："遵义会议上我已经很了解了当时军事指挥之错误，（是）赞成改变军事和党的领导的一个人。"[1]

　　3月5日，中共中央从任弼时来电中知道了上海中央局1934年9月遭到破坏的消息。张闻天随即代表党中央通知时任红军总政治部宣传部部长兼地方工作部部长的潘汉年，要他立刻赶到白区，准备随陈云在上海附近长期埋伏，恢复党的白区工作，并要潘汉年先行一步，同时设法打听上海有无国际关系。

---

[1] 中共中央文献研究室编《陈云传》（上），中央文献出版社，2005，第165页。

红军遵义警备司令部旧址（原系国民党黔军副师长周吉善的公馆）

　　中央红军飞夺泸定桥以后，军委纵队于5月31日进入四川泸定县城。当晚，中共中央负责人召开会议，作出了两个重要决定：一是中央红军向北走雪山草地一线，避开人烟稠密地区北上；二是派中共中央政治局委员、中央白区工作部部长陈云去上海恢复白区党的组织，并设法与共产国际恢复联络。

　　陈云担负的使命是绝密的，因此中央对陈云的悄然离队，采取了极为严格的保密措施，就是中央领导层，也只有极少数的几个人知道。这样一来，陈云就在红军部队中突然消失了，没有了他的任何消息。以至于当时队伍中还有过关于他的种种传说，有的说他牺牲了，有的说他失踪了。

　　泸定会议后不久，陈云在四川天全县灵关殿村（今属四川宝兴县灵关镇）与中央红军有关部门和中共地下组织共同安排护送他出川的灵关小学校长席懋昭见面。当天，陈云与席懋昭分别装扮成躲避红军的商人和川军军需人员，从灵关殿出发，并同红军有意放出来为他们起带路作用的俘虏结伴，沿着山间小路前往荥经，次日顺利到达荥经县城。第三天，陈云与席懋昭经雅安前往成都。

6月下旬，陈云同席懋昭离开成都前往重庆。7月，陈云由重庆到达上海后，化名李介生住在法租界天主堂街永安旅馆。由于中共上海地下组织连续遭到破坏，陈云一时难以和他们接上关系。为安全起见，他通过章乃器找到章秋阳，转移到章秋阳在霞飞路的家中，后来又转移到其在英租界北山西路的岳母家。

8月，陈云经章秋阳与在中共上海临时中央局机关工作的杨之华、何实嗣取得了联系，了解到上海地下党组织遭受破坏的情况。又经潘汉年堂弟潘渭年与此时正在香港的潘汉年取得联系，并相约在上海见了一面。

席懋昭1937年5月7日摄于四川南充

（席懋昭孙女林琳提供）

中共驻共产国际代表团鉴于上海地下党组织遭受严重破坏，陈云、潘汉年在上海难以立足，指示他们同赴苏联。陈云向上海地下党组织交代好工作后，于9月上旬同陈潭秋、曾山、杨之华、何实嗣等七八人秘密搭乘一艘苏联货轮，由上海前往符拉迪沃斯托克。为掩人耳目，到达后即被苏联当局作为偷渡者押解下船。在那里住了两天，然后换乘火车，前往莫斯科。约在9月下旬，陈云一行到达莫斯科。

陈云等人到达莫斯科时，正值少共国际第六次代表大会召开，陈云、潘汉年列席了这次大会。与此同时，从10月2日开始，陈云、潘汉年分别以史平、白林的化名，同陈潭秋等人一起开始参加中共代表团的会议，陈云成为中共代表团的三个正式代表之一。

陈云到达莫斯科向共产国际汇报了红军长征的情况以后，为使全国人民和世界各国人民了解中国革命的实际情况和红军长征的真相，于1935年秋撰写了《随军西行见闻录》。为便于在国民党统治区流传，作者署名"廉臣"，并假托为一名被红军俘虏的国民党军医。该文最早于1936年3月在中国共产党主办的巴黎《全民月刊》上连载，同年7月在莫斯科出版了单行本，随后在国内多次印刷发行。

过去经常说美国记者埃德加·斯诺是中国红军长征最早的宣传者，实际上在斯诺1936年7月到陕北采访之前，陈云的《随军西行见闻录》早已在巴黎、莫斯科连载、出版了。

陈云再次回到战友们的视野，已经是1937年了。11月29日，陈云同王明、康生等人同机抵达延安。毛泽东率中共中央、边区政府、八路军领导人和机关干部、部队指战员上千人前往机场迎接。在欢迎仪式上，陈云发现欢迎的人群中居然有护送他出川的席懋昭，这让他感到既欣喜又意外，两人长时间握手，互致问候。在同年12月的中共中央政治局会议上，陈云被增补为中央书记处书记，并兼任中央组织部部长。

罗明和谢小梅是中央红军长征出发时不多的几对夫妻之一，在当时那种特殊情况下，他们对自己能随大军战略转移是非常意外和惊喜的。谁知出发之后仅仅四个多月，猝不及防的弹片，就让这对夫妻的长征半途而废了。

罗明的个人经历，在中国共产党的历史上非常独特。他的名字曾经被"左"倾教条主义者跟党内"××路线"挂上了钩，被称为"罗明路线"，甚至在江西还有所谓"江西罗明路线"，代表人物有邓小平、毛泽覃、谢维俊、古柏，"军中罗明路线"代表人物则有萧劲光。这种现象，在中国共产党的历史上是绝无仅有的。因为在党的历史上，凡是个人的名字能跟"××路线"挂上钩的，其党内身份都非常显赫，比如陈独秀、李立三、王明等人，而罗明当时的党内职务只是代理省委书记。其中的原因，任弼时后来说得一针见血："中央从上海搬到中央苏区以后，为了贯彻自己的路线，采取的办法

就是打倒一切，否定过去，把罗明路线的帽子到处戴。"[1]

那时候被戴上"××路线"的帽子可不是好事。当时"左"倾中央领导人在组织上实行宗派主义的干部路线，对坚持不同意见的人实行"残酷斗争，无情打击"。所以，戴着"罗明路线"的帽子还能随大部队长征，对罗明夫妻来说，真是一个意外的惊喜。以至于在准备出发的紧张时刻，他们还挤出时间把自己家养的老母鸡炖了，约几个人来家里小聚了一场。

中央红军出发长征后，罗明和妻子谢小梅以喜悦的心情随大部队行动。虽然罗明还戴着那顶"帽子"，但夫妻俩心情舒畅，精神饱满，各项工作都奋力争先。罗明当时没有实职，被编在第二野战纵队的后勤部队当联络员，负责宣传和收容工作。谢小梅则被分配在后来直属军委纵队第三梯队的干部休养连担任政治战士。长征中政治战士非常辛苦，既要做担架队员的思想政治工作，有时还要帮着抬担架。谢小梅那时又瘦又小，和担架员一起抬着红军伤病员长征，其辛苦程度可想而知。

中央红军连续突破四道封锁线以后，部队伤亡惨重，折损过半。但被两翼和殿后的部队保护着的中央纵队却相对安全，编在这个纵队长征的一大批部队和地方干部得到了很好的保护。遵义会议以后，中央纵队当中那些受王明"左"倾错误路线打击的干部陆续得以起用，罗明也在这时出任红三军团政治部的地方工作部部长。红军二渡赤水攻打娄山关时，罗明和地方工作部的同志正在山上做宣传鼓动工作，遭到突然飞抵的敌机轰炸，罗明猝不及防，身负重伤。长征路上缺医少药，罗明伤势总是不见好转。

1935年4月中旬，中央红军根据红三军团军团长彭德怀、政治委员杨尚昆建议决定迅速西渡北盘江，目的在于先机进占黔西南的兴仁县、安龙县，以便于机动。渡江之前，时任红五军团中央代表的陈云代表组织找罗明谈

---

[1]《任弼时选集》，人民出版社，1987，第356页。

话，决定罗明夫妻留在贵阳郊区开展农运工作，由同时派去贵阳搞工人运动的朱祺领导。这样，罗明化名林友松，谢小梅化名张玉梅，装扮成小商人，由一位四川籍的老人家带路，和朱祺一起悄悄地离开了中央红军的长征队伍。中央红军向西南疾进准备北渡金沙江，罗明一行则与大部队背向而行，往东北方向秘密前往贵阳。

由于红军刚刚过境，当局对过往的行人盘查很严。一天傍晚时分，罗明等人一进贵州关岭县城，就被巡查的士兵扣留羁押。当晚朱祺被提审后，与带路的四川籍老人先后获释。朱祺离开时既没有给罗明留点经费，也没有什么其他交代，只说以后到了贵阳再设法见面，这让罗明心里有些疑虑。罗明和谢小梅在提审时没有暴露身份，却被继续关押。十多天后关岭县换了县长要清监狱，把羁押的人简单问话后一起释放了。罗明夫妻重获自由后，靠变卖仅有的衣物徒步辗转，终于艰难到达贵阳。

罗明在贵阳冒着生命危险四处寻找朱祺却一无所获，又交不起拖欠的旅店房租，夫妻俩陷入孤立无援的窘境。好心的店主见他们实在困难，就介绍谢小梅到一个保长家里当用人，罗明则先后当过清道夫、挑水工。挑水的重活使罗明肺病加重，不久他就被解雇了。罗明失去工作，生活无着，病困潦倒，一度甚至要去当地天主教堂的贫民医疗处看病领药。这时，夫妻俩又听到贵阳当局正在追查一对共产党夫妇的消息，顿感紧张。加之找不到朱祺，无法与当地党组织联系，更谈不上开展党的工作。两人考虑再三，决定先离开贵阳，回罗明老家广东去寻找党的组织。

从贵阳到罗明老家广东大埔县路途遥遥，两人此时已身无长物。罗明给亲属写完求援信后，除了默默等待别无他法。所幸没过多久就收到了在上海的堂兄罗悬弧的汇款，夫妻俩终于得以启程东返。两人经广西先到了广州。但此时广州风声也很紧，夫妻俩只好离开广州坐船前往上海，希望能够通过熟人在上海找到党的组织。谁知当他俩在上海找到堂兄罗悬弧家时，却被一个鸦片鬼堂弟给出卖了。罗明和谢小梅在上海再次被捕。

在狱中，任凭特务们施尽各种手段审讯、劝降，罗明都始终立场坚定。敌人无计可施，最后让朱祺出来指认，罗明这才知道原来那家伙早就叛变了。堂兄罗悬弧得知罗明被捕后，通过开饼干厂的老乡罗云樵出面，找国民党第十八集团军总司令罗卓英帮忙。罗云樵曾经资助过罗卓英，使他得以在保定军官学校顺利毕业。有了这层关系，罗卓英答应打电话给上海公安局的熟人蔡劲军，保释罗明出狱就医。当局提出的条件是要罗明到江西走一趟，意在招降纳叛，但被罗明拒绝了，于是罗明被押送到浙江丽水县拘禁。谢小梅则因为那个无赖堂弟不知道具体身份得以保释，由堂兄罗悬弧接回家中暂住。

罗明被拘禁在浙江丽水期间，当时在武昌担任国民党军委会委员长行营陆军整理处处长的陈诚，得知罗明情况后，便通过罗卓英约罗明到武汉进行劝诫谈话，希望罗明留在武汉和国民党当局合作。罗明推说自己患病，而且想早一点回家探望年迈的母亲，同时也承诺一有抗战事宜，只要一个电报通知，可以随时出来为抗战出力。陈诚是率部攻进中华苏维埃共和国首都瑞金的急先锋，在中央苏区的所见所闻使他明白，要让一个中共的高级干部转变信仰并不容易，加之当时全国抗战呼声开始高涨，因此他也就没有怎么为难罗明。这样罗明得以回到上海。罗明和谢小梅一起返回广东大埔县后，在杨德昭先生等人创办的私立百侯中学任教，后来担任过代校长。

1938年1月，当时的闽粤赣省委通过大埔县委书记萧练石找到罗明，派人带罗明到福建永定县见到了一直在那里坚持游击战争的闽西南军政委员会主席张鼎丞。罗明详细报告了被捕前后的情况，并郑重提出恢复党籍的要求。但此时所谓"罗明路线"问题尚无结论，而罗明离开党的组织已有几年时间，因此党籍恢复问题暂时无法解决。但罗明由此与党组织建立了联系，开始在党的领导下积极投身抗日救亡运动。

新中国成立后，罗明担任过南方大学副校长、广东省政协副主席和省人大常委会副主任、全国政协常委等职务。1980年10月，中共中央批准恢复了罗明的党籍，党龄从1925年他入党那年开始算起。

作者手记：
福音医院并没有为罗明带来福音

长征中的开路先锋（上）

在中央红军长征的漫漫征途中，红一军团第二师第四团经常是逢山开路、遇水架桥、斩关夺隘的开路先锋，立下了赫赫战功。

现如今，我们要是聊到长征，很多人都能脱口而出许多红军长征的故事，比如血战湘江，强渡乌江，飞夺泸定桥，翻越夹金山，突破腊子口，等等。大家一点也不会觉得新奇，因为这些故事早已成为长征的经典。但是，如果我告诉大家，上述这些都是红军当中的同一个团完成的开路任务，大家可能就会感觉稀奇了。

这个团就是中央红军第一军团第二师第四团。

红四团是一支有着光荣传统的英雄部队。它的前身是叶挺的北伐国民革命军第四军独立团。湘南起义后，部队上了井冈山，就是朱毛会师后的红四军第二十八团。红四军主力出击赣南闽西创建了中央苏区，1933年在江西永丰县的藤田整编中，这支部队编为红一军团第二师第四团。

红四团在长征中先后由耿飚、卢子美和王开湘担任团长，团政委则一直是杨成武。在中央红军长征的漫漫征途中，红四团经常是逢山开路、遇水架桥、斩关夺隘的开路先锋，立下了赫赫战功。

红四团参加湘江血战，是从广西兴安县的界首阻击夏威部开始的。1934年11月中旬，红四团接到命令，日夜兼程突破湘桂路，占领界首拦阻广西军阀夏威的一个军。夏威所部系广西军阀的主力，武器精良，是广西军阀当中战斗力很强的部队。以区区一个团的兵力，要阻挡一个军的进攻，其压力可想而知。红四团以急行军速度，早于敌人一个小时进入预伏阵地，给刚刚踏进界首的敌人一顿猛揍，居然把它打了个全线崩溃、仓皇逃遁。

但是，红四团还没有来得及庆贺胜利，又接到新的行动命令，让他们将界首阵地移交给红三军团第六师，连夜奔赴广西全州县的脚山铺，与红一团、红五团并肩战斗，抗击南下企图与北上的桂军合龙进而封锁湘江的湘敌刘建绪3个师。其中，红四团的当面之敌是有飞机助战的湘军何键所部16个团，战斗空前惨烈。

红四团团长耿飚当时身患疟疾，依然挥着鬼头大刀在战场上与敌人血拼；团政委杨成武准备组织二营火力支援一营时，刚从公路左侧横越公路，一颗炸子飞来，打中了他的右腿。子弹从右小腿中部贴着筋骨打进去，出口有鸡蛋那么大。他一下倒在地上不能动弹，经战士们反复拼杀，才把他救下战场，在脚山铺自然村王寅修家的小屋进行短暂停留歇息后，转移到安全地带。

湘江战役后，开路先锋红四团一路西进。1934年12月31日，部队抵达贵州瓮安县的乌江边，担负抢渡乌江任务。

乌江素称"天险"，两岸悬崖绝壁，难以攀登。沿江相隔10多里才有一个渡口，平时行人往来，非经渡口不能过江。杨成武后来在回忆他和团长耿飚到渡口实地侦查时看到的情形说："只见江水滔滔，水清湛然如碧。两岸悬

杨成武负伤后曾在脚山铺自然村王寅修家的这座小屋进行短暂的停留歇息

崖绝壁,仰首不见其顶。"[1] 而且,此时正是雨雪天气,寒风凛冽,穿着衣服站在江边都觉寒风刺骨,而战士们却要赤膊下水泅渡。由此可见,就自然条件而言,抢渡乌江要比抢渡湘江艰难得多。

当年中央红军是分三路强渡乌江的,主要渡口分别是:回龙场、江界河、茶山关。其中江界河渡口位于瓮安县江界河镇,由红一军团第二师第四团负责突破,军委纵队和红五军团由此渡江。我们现在熟知的强渡乌江的故事,主要是在江界河渡口发生的。

为了突破乌江天险,红四团先后组织了试渡、偷渡、强渡。1935年1月2日早晨,由第三连连长毛振华率领七名水性好的同志试渡。他们的任务是

---

[1] 杨成武:《忆长征》,解放军文艺出版社,1982,第62页。

拉过去一条缆绳，以便后续部队渡江。但是泅渡过半时，缆绳被敌人的迫击炮弹炸断了，江中的勇士们只好折返游回，其中一名战士负伤体力不支被湍急的河水卷走，英勇牺牲。

接受了白天试渡失败的教训，红四团决定夜间偷渡。这次组织了十八名勇士，分乘三只双层竹筏先后偷渡。毛振华率领的五名勇士，乘第一只竹筏悄悄下水。他们除配备必要的武器弹药外，还带有火柴和手电筒，约定到了对岸之后以电筒光和火柴光为联络暗号。但是半个多小时以后，乘第二只和第三只竹筏的勇士先后无功而返。第一只下水的竹筏则毫无讯息，不知下落。在这种情况下，红军不敢盲目地再发竹筏，只好组织强攻。

1月3日九时，强渡开始。为了保证强渡成功，军委副参谋长张云逸亲临强渡现场，并且将军委工兵营和军团直属迫炮连，全部调归红四团指挥。这次赶制了60多只竹筏分批下水组织强渡。在强大的火力掩护下，第一批三只竹筏上的勇士们勇猛地冲向对岸。快接近岸边时，突然从对岸的石崖下钻出来几个人向敌人发动进攻。原来是头一天晚上偷渡过去隐蔽在对岸峭壁下等了一整夜的毛振华他们六人在配合行动。这一下把敌人打了个措手不及。竹筏上的战士与崖底下的战士组成交叉火力紧紧地压制住了敌人，一营强渡的后续梯队迅速过江占领了高地，并且扩大战果。

但就在此时，敌人的预备队开到了，一齐向江边的一营压过来。他们夺回了一营占领的阵地，一营且战且退，被迫退到了江边，眼看就退无可退了。在这紧急关头，炮兵连连长赵章成在炮兵预设阵地迅速架起一门八二迫击炮。当时总共只有五发迫击炮弹，都是从苏区一步一步背来的。这五发炮弹，如今每一发炮弹都关系着乌江战斗的成败。因为压制不住反扑的敌人，整个行动将前功尽弃。

赵章成一手托起第一发炮弹，一只脚往前伸出半步拉成弓步，没有瞄准镜，他闭上一只眼睛吊了吊线，把炮弹送进了炮膛。随着"轰"的一声巨响，炮弹却在敌群背后爆炸开来，这可把大家急坏了。赵章成却不慌不忙地说："大家不要慌，重点在后面！"说完他又用手指头瞄了瞄，然后双手捧起一发炮弹举过头顶，跪下一条腿，对着天空，像念咒似的喃喃说道："不怨天不怨地，我是奉命射击，冤鬼不用找我！"这个举动，把在现场指挥心急如焚的杨成武弄了个哭笑不得。

赵章成念完，三发炮弹连续射出，炮弹一发赶一发的成品字形在江边的敌群中炸开，三个炸点的前后左右躺了一大片敌人的尸体，其余的敌人仓皇向后溃逃。我滩头部队趁势向敌人猛烈追击，后续部队则源源不断攻上对岸。与此同时，工兵营加紧扎竹排架浮桥。红四团全部过江后，掩护中央纵队和红五军团在3日下午全部从这个渡口过了乌江。

神炮手赵章成可以说是红军炮兵的鼻祖。他在白军炮兵部队受过正规训练，而且担任过炮兵连的副连长，1931年在江西参加红军。新中国成立后，赵章成担任过中国人民解放军炮兵副司令员，1955年被授予少将军衔。

　　中央红军强渡乌江后，于1935年1月7日智取遵义。遵义会议后，红四团单独完成了佯攻昆明迷惑敌人的任务，接着连克云南禄劝、武定、元谋三座县城，直奔昆明以北的金沙江畔。1935年5月初，中央红军渡过金沙江后继续北上。5月25日，中央红军先遣队红一军团第一师第一团强渡大渡河成功。

　　红军虽然在四川石棉县安顺场强渡成功，但此处水深流急，无法架桥，仅先遣队红一团撑船渡河就花了一整天。照这个速度，全军过完河要花一个月时间。而此时尾追的国民党中央军薛岳部已过德昌，正向大渡河安顺场昼夜追赶。德昌离安顺场只有大约230公里，敌人一个急行军最多三四天就能赶到。红军如果不能全部过河，将被迫背水一战，情况十分危急。5月26日正午时分，毛泽东、周恩来、朱德赶到安顺场听取刘伯承、聂荣臻等人关于渡河情况的汇报后，决定兵分两路夹河而上，抢占距此160公里的泸定桥。

　　抢占泸定桥的任务，又交给了开路先锋红四

团。军委规定红四团必须在两天半内赶到并抢占泸定桥。对于广大红军指战员来说，两天半的长途跋涉没有多大问题。但是，5月27日拂晓，红四团从安顺场出发向泸定桥方向跑了一段之后才发现，这里的所谓路，有的是绝壁上硬凿出来的栈道，有的是蜿蜒缠绕、忽起忽伏的羊肠小道，而左边则是刀劈一样高入云端的悬崖峭壁。这里的积雪终年不化，走在中间，寒气逼人。再往右看，大渡河汹涌澎湃，像一条宽阔的白练，铺就在数丈深的峡谷里，令人心惊目眩，稍不注意，就有失足落入这万丈深渊的危险。

5月27日这一天，红四团在这样的山路上飞跑，中途打了两仗，走到半夜才休息，赶了40公里山路。28日，红四团为了赶路，天还没亮就出发了。急行军途中，突然接到通信员快马加鞭送来的军团部急件。这是林彪、聂荣臻写给红四团团长王开湘、政治委员杨成武的一封急信：军委来电限于明天夺取泸定桥。

这就是说，剩下的120公里，从现在开始必须在一昼夜走完。王开湘、杨成武他们来不及开会研究，简单地交换了一下意见，决定一边行军，一边向营、团其他领导人传达军委的命令和研究怎样完成这一任务的措施，要求坚决执行军委命令，一昼夜走完120公里，29日六时以前赶到泸定桥。

红四团在与时间赛跑，国民党军也没有睡大觉。国民党军原在大渡河东岸的守军有川军杨森部第二十军4个旅和刘文辉部第二十四军4个团。他们得悉红军强渡大渡河，并向泸定桥进军后，急忙调集2个旅的兵力驰援泸定桥。于是，红军与国民党川军展开了激烈的竞技赛跑，争分夺秒，飞奔向前。大渡河两岸，甚至出现了敌我双方打着火把同时向上游飞跑的壮观景象。但是28日二十四时之后，对岸的敌人熄火休息了，红四团则通宵赶路，终于按时在29日六时到达泸定桥西岸，并袭占了泸定桥西桥头。

29日十六时，红四团对泸定桥东岸之敌发起进攻。当事先准备的全团数十名司号员组成的司号队同时吹响冲锋号时，我方所有的武器一起向对岸开火，枪弹旋风般地刮向敌人的阵地，一片喊杀之声犹如惊涛裂岸，地动山摇。这时，22名勇士组成的突击队，手持冲锋枪，背插马刀，腰缠十几个手榴弹，在连长廖大珠率领下，冒着对岸敌人射来的弹雨，攀踏悬空的铁索，匍匐射击前进。紧紧跟在突击队后面的三连连长王友才率领着三连组成的第一梯队，背着枪，腋下夹着木板，一手抓着铁索链，边爬边铺桥板边冲锋。[①]

就在突击队爬完最后一节铁索，几乎就要接近敌人的桥头时，突然城门边燃起熊熊烈火，火借风势，风助火威，一时火光冲天。突击队员们看见这突如其来的熊熊烈焰，顿时愣住了。危急时刻，连长廖大珠突然一跃而起，带头冲进火海。他头上的帽子、身上的衣服都着火了，但是他不顾一切向火里扑去，其他勇士一个个也都跟着冲了过去。手榴弹扔光了，子弹也快打光了，他们轮起大刀片，见人就砍，眼前一个黑影一个黑影倒下去。事后发现，路两侧的不少小树，都被夜幕中杀红了眼的勇士们拦腰斩断了。

22名勇士扑进城里与敌人鏖战之际，团政委杨成武率领的第三连组成的第一梯队和团长王开湘率领的后续部队先后赶到投入战斗。此时，对岸由聂荣臻、刘伯承率领的红一师也已赶到，红三团的5个连及红二团一个营于29日打到泸定桥，有力地配合了红四团的进攻。经过两个多小时激烈的巷战，终于将敌人大部分歼灭，余下的敌人纷纷向城北逃窜。明月初升时，红四团全部占领了泸定城。一清点人数，突击队员伤亡了三个人。

6月2日，中革军委为了表彰红四团和第二连连长廖大珠等22名飞夺泸定桥的功臣，除了颁发一面奖旗外，还给22名突击队员以及团长、政治委员每人发了一套印有"中革军委奖"字样的列宁服，一支钢笔，一个日记本，一个搪瓷碗，一双筷子。今天看来非常简单的奖励，由于长征路上物资极度匮乏，在当时已经是尽其所能给出的最高奖赏了。

[①] 杨成武:《杨成武回忆录》（上），解放军出版社，2005，第162页。

1936年时的泸定桥
和泸定城全景

作者在泸定桥考察
时的留影

红四团打下泸定桥的第三天，中央红军主力先后到达。第四天开始，几万中央红军从泸定桥上越过了天险大渡河，将国民党军的追兵远远地甩在了身后。接下来，中央红军要翻越长征路上的第一座大雪山夹金山，去会合红四方面军了，而翻越夹金山开路先锋的重任依旧交给了红四团。

　　1935年5月29日，红四团打下四川泸定后，在泸定住了三天。第四天，他们又作为开路先锋出发了。在离泸定桥东北方向一百三四十里地一个叫化林坪的地方，红四团以一个加强连的兵力，攀登1000多米高的悬崖绝壁，犹如神兵天降般攻下镇子北边的山垭口高地，打败川军整整一个旅，为大部队向夹金山开进扫清了障碍。打扫完战场，红四团作为前卫乘胜前进，先后攻占四川的天全县城和宝兴县城，为全军翻越夹金山探路。

　　夹金山属于邛崃山脉，主峰海拔5100多米，横亘于四川宝兴县和懋功（今小金）县之间，是两县的界山。夹金山终年积雪，据说日落之后、月出之前，别说人过不去，就连鸟也不容易飞过，只有神仙才能登越，所以又被称为"神仙山"。因此红四团派出工作组去了解情况时，老乡都把这大雪山看作十分神秘之地，认为翻山凶多吉少。后来当地老人听说红四团是打前站的，坚持要翻越，只好告诉他们说，如果一定要过，必须在九时以后上山，十五时以前翻越，而且要多穿衣服，带上烈酒、辣

作者2022年8月登上夹金山时的留影，翻山垭口已不见雪

椒，最好手里还得拄根拐棍。

作为打前站的红四团，能在当地了解到的翻越夹金山的"经验"也就这么多。因为当地人尽管都住在山脚下，但是上山下山70多里，翻越过的人并不多。而当时这个高寒贫瘠之地，居民既少且穷，红军根本就买不到他们说的烈酒、辣椒之类，更买不到衣服，广大红军将士都只能穿着单衣翻越那座被当地人视为畏途的雪山了。

6月12日清晨，部队从邻近的几个小村落向大跷碛村集结并进行上山前的动员。九时开始，队伍浩浩荡荡地沿着河畔的小路向夹金山进发。开始路还算好走，但越往上走，路就越来越窄、越来越陡，空气越来越稀薄，雪越来越深，气温也骤然下降。接近山顶，小道几乎笔立起来了。突然之间寒风怒吼，风一刮，乌云蔽天，千年积雪瞬间变作腐朽疏松的雪墙一块块一堆堆往下倒塌。狂风卷着冰雪撞到坚硬的冰山上，溅起无数冰团、雪屑，犹如银蛇狂舞，直接打在每个人的脸上、手上，像刀割似的。大家只能用手捂住脸，忍着痛，冒着暴雪踉踉跄跄前行，连呼吸都十分困难。虽然每个人出发前把所有能披能穿的东西都裹在身上了，这时依然觉得好像没有穿衣服似的。大家相互搀扶着，几乎都是拼尽全身力气，同这残酷无情的大自然搏斗。

快到山顶，骤然下起了冰雹。核桃大的雹子，劈头盖脸打下来，又无处藏身，大家只好用手捂着脑袋继续朝前迈进。冰雹过后，突然之间又晴空万里，耀眼的阳光刺得很多人得了雪盲症。好不容易终于到了后山顶上，除了能够看见少数民族同胞用石头支起的旗杆之外，到处是一片琼玉世界。山顶上有一座小庙，庙门上写着三个字：寒婆庙。这座小庙究竟是何时修的，已无从考证。

到了山顶歇息喘了一口气，红四团全团人马沿着山顶上一条曲折的盘山道，绕着夹金山的主峰，又与狂风暴雪搏斗了四五个小时，终于全部安全地翻过了山顶。王开湘团长清点了一下人数，发现奇迹般的没有一个掉队的。下到半山腰，看见路边的山坡上，居然有三五成群的牦牛。这可是南方没有的稀罕物，让战士们大大的开了一回眼界。

令红军战士终生难忘的夹金山"之"字拐登山路

刚到山脚，突然响起一阵枪声。红四团立即展开战斗队形，正准备迎击的时候，杨成武突然从望远镜里头看到对面村庄周围的树林里影影绰绰的，不少人来回走动，他们身上背着枪，很多人头上戴着大檐帽。政委杨成武和团长王开湘商量后，决定派三名侦查员去了解情况，并试着让司号员用号音同他们联络。但从号音中也判断不清楚对方是敌是友，向他们喊话又因距离太远，对方听不见，红四团这边只好以战斗姿态继续向前。双方走近了，终于听见对方喊"我们是红军！"顿时整个山谷响起了一片欢呼声。红四团就这样与前来接应的红四方面军第九军第二十五师第七十四团[①]第三营在四川懋功达维以南、夹金山北麓的木城沟不期而遇，胜利会师。

6月15日，红四方面军以张国焘、陈昌浩、徐向前及全体指战员名义，向中华苏维埃共和国中央政府主席毛泽东、中国工农红军总司令朱德、总政治委员周恩来发出会师贺电。6月17日，毛泽东、朱德、周恩来等中央领导人翻越夹金山，到达达维。当晚，毛泽东等人出席红一、红四方面军联欢会并讲话。第二天，中央领导人到达懋功县城。毛泽东在这里向李先念详细了解嘉陵江地区的情况。

两军会师后，为解决北上建立川陕甘根据地这一战略方针的思想统一问题，中共中央政治局于6月26日在懋功县两河口的一座关帝庙里召开会议。张国焘在会上是同意中央的北上方针的，但是一回到驻地就变卦了。原因是在会议期间他了解到红四方面军的兵力比中央红军多了好几倍，于是他个人野心膨胀了，伸手向中央要权，不满足他的野心就故意延宕红四方面军主力的北上行动。

1935年9月10日凌晨，中共中央在四川若尔盖县阿西茸乡牙弄村紧急脱险后，于9月11日晚到达甘肃省迭部县的俄界村。9月12日，中央政治局在

---

① 一说为第二十七师第八十团。

作者在牙弄紧急会议旧址考察时的留影

这里召开扩大会议，会议通过《中央关于张国焘同志的错误的决定》。

俄界会议后，中共中央率领红一方面军主力继续北上，担负开辟前进道路的依然是红四团。中央命令红四团以三天行程夺取位于甘肃省甘南藏族自治州迭部县东北的天险腊子口，打开北上甘南的通道。

腊子口是四川通往甘肃的要道，素有天险之称。"腊子"为藏语，意为高山谷口。隘口两边峰峦壁立，仿佛是一座大山被巨斧劈成两半似的，中间是一条奔腾咆哮的腊子河，河上横架一座木桥，把两山连在一起。这是进入腊子口纵深的唯一通道。

红军如果拿不下腊子口，就要被迫掉头南下，重走雪山草地；或改道西进，绕道青海，征程漫漫，不知凶吉；或改道东进四川，取道汉中，进入国民党军重兵布好的"口袋"，情况危急，甚至有全军覆没的危险。因此，红军别无其他选择，只有打开腊子口，才是唯一的通路。

　　但打开腊子口谈何容易！因为腊子口可谓险峻之极，小小的口子，不过30米宽，两面都是绝壁，形成一个长达百米的甬道。湍急的腊子河从这道缝隙里奔流而下，河上架着一座木桥，成了两山之间唯一的连接点。敌人在木桥头构筑了碉堡，布置了2个营的兵力防守。另外，从山口往里，直至岷县，敌军纵深配置了3个团的兵力，严密封锁红军北上的道路，企图阻止红军进

天险腊子口

入岷州地区。由此可见，夺取腊子口绝非易事，势必是一场恶仗。

16日夜，战斗打响以后，红四团二营六连担任突击队。但因地势险要，强攻多次都未奏效。这时，毛泽东一次又一次地派人到军团指挥所，问六连突击队的位置，有什么困难，要不要增援。二时，林彪、聂荣臻等军团领导人来到红四团指挥所，组织指战员共同想办法。经讨论决定：仍以第六连正面进攻，吸引住敌人；以第一连和第二连从腊子口的右侧，攀登陡峭的崖壁，摸到敌人背后去进行突袭。但怎样攀登这壁立陡峭的崖壁呢？大家面面相顾，一时都想不出好办法。就在众人束手无策时，一个叫"云贵川"的从贵州入伍的苗族小战士毛遂自荐，说自己能攀爬上去。在大家疑虑的目光中，他用一个带铁钩的长竿子，钩住岩缝，像猴子那样攀上险峻高耸的绝壁，然后从上面放下绑腿结成的绳索，让迂回部队顺着这条绳索一个一个地攀了上去。

经过激烈战斗，9月17日清晨，红四团攻占了腊子口，控制了隘口上的第一、第二道阵地。接着，总攻部队兵分两路，沿着腊子河向纵深扩大战果，接连突破了国民党军的一道道防线，所向披靡，国民党军残部丢盔弃甲，向岷县溃逃。红军穷追逃敌90里，缴获粮食数十万斤、盐2000多斤，红军给养由此得到极大补充。

腊子口战斗，是红军战争史上出奇制胜的光辉战例。聂荣臻后来回忆起这次战斗时，兴奋地写道："腊子口一战，北上的通道打开了。如果腊子口打不开，我军往南不好回，往北又出不去，无论军事上政治上，都会处于进退失据的境地。现在好了，腊子口一打开，全盘棋都走活了。"[①]

---

① 聂荣臻：《聂荣臻回忆录》第二版，解放军出版社，1986，第289页。

湘江战役的『三国』大背景

把湘江战役放在更大的历史视野，我们就会看到，湘江战役不但关乎中央红军的前途和命运，而且关乎中国抗日的中坚力量能否保存，关乎中华民族的前途命运。

1934年11月25日至12月1日的湘江战役，是中央红军撤出中央苏区以来打得最惨烈、损失最惨重的一仗。红军虽然突破了敌人重兵设防的第四道封锁线，粉碎了蒋介石围歼中央红军于湘江以东的企图，但为此付出了极为惨重的代价。担任掩护的红五军团第三十四师和红三军团第六师第十八团被阻于湘江东岸，在优势之敌的围攻下，两支部队基本上成建制覆灭，这在红军历史上还是第一次。

湘江战役留在人们记忆中的，是红军在三大阻击战的决死抵抗和绝命后卫师的悲壮牺牲。如果把这场战役放在更大的历史视野，我们就会看到，这场战役实际上涉及三个国家。

为什么说这场战役实际上涉及三个国家呢？

这是因为，湘江战役是国民党军和红军作战，他们分别代表中华民国和中华苏维埃共和国。我们同时还不能忘记另外一个国家，那就是正在侵略中国的日本。

日本——早在1927年，日本内阁召开会议通过"田中奏折"，就制定了独占中国、称霸世界的战略构想。为加快实现"大陆政策"的既定目标，日本帝国主义趁世界经济危机爆发、中国国民党政府忙于"剿共"之际，于1931年蓄意制造了震惊中外的九一八事变，悍然发动了对中国的侵略战争。接着，日本帝国主义于1932年入侵中国上海等沿海地区，1933年3月占领热河，并进攻长城各关口。5月31日，中华民国政府与日本侵略军签订了丧权辱国的《塘沽协定》。

1935年1月中旬，就在中共中央在长征途中召开遵义会议之际，日军从首先制造"察东事件"迫使南京政府承认察哈尔沽源以东地区为"非武装区"开始，一步步蓄意制造"华北事变"，并策动阎锡山、韩复榘搞所谓华北五省自治，企图把中国的华北变为第二个"满洲国"，进而变中国为日本的殖民地。

中华民族由此进一步陷入空前严重的危机之中。

中华民国——尽管日本帝国主义在1931年发动了侵略中国东北的九一八事变，但南京政府实行不抵抗政策，顽固推行"攘外必先安内"的政策，持续对中国共产党领导的各根据地实行经济封锁和军事"围剿"。1933年7月18日至9月18日，蒋介石专门在庐山举办军官训练团，轮训了7500多名基层军官，充实到国民党军队的"剿匪"前线。同时，在全军印发《剿匪手本》，上面赫然印着"革命军连坐法"：

在战场上，如果一班人同败退，只杀班长，不杀战士；如果一排人同退，只杀排长，不及其余；如一连人同退，只杀连长，不及其余。营、团、师以此类推。如一班人均退，只班长不退并战死，则杀全班战士；如一排（人）同退，排长不退而战死，则杀三个班长；如一连人同退，连长坚守阵地而阵亡，则杀三个排长。营、团、师等以此类推。[①]

今天的人们在回溯这段历史的时候，可能会感到奇怪：外敌都打进国门了，我们都已经面临亡国灭种的危险了，作为当时国家最高领导人的蒋介石怎么还无动于衷！竟然还推行"攘外必先安内"的政策？悠悠万事，唯此为大——抗击日寇啊！《诗经》不是早就说过"兄弟阋于墙，外御其侮"吗？有人甚至会怀疑，蒋介石当时真是那样的吗？

作为一名党史研究者，我对此也曾经很疑惑。2016年5月，我随团专程去了一趟台湾找寻有关资料。我们飞台北之前在厦门大学台湾研究院进行了交流，他们那里没有这方面的资料。到了台湾后，我们在国史馆台湾文献馆、高雄市立历史博物馆、台北市立大学等处都没能找到相关资料。5月2日，在当时的台北市文化教育交流发展协会负责人的陪同下，我们一行人来到中国国民党中央委员会大楼。一楼是中国国民党党史展览。

我们很快就看完了国民党党史展，重点是上四楼国民党党史馆查资料。这里倒是很正规，管理很严，不允许拍照，只能是我们确定要找什么资料提供目录后，由他们的工作人员戴上口罩手套取出过塑的资料来，在工作人员监视下我们自己动手抄录。经过细心翻检目录，我终于找到了那份"攘外必先安内"的实锤材料。那是蒋介石在中华民国二十二年（1933年）三月廿一日的训话记录，资料建档的名称叫作"剿共先于抗日"。我把这份原始档案一字不落地全部抄录下来了：

---

① 张同新：《中国国民党史纲》（上册），人民出版社，2012，第283页。

中国国民党党史馆藏类：132；号：560

《剿共先于抗日》二十二年三月廿一日于保定

乃近日在赣剿匪各师，多以请缨抗日为名，纷请北调，见异思迁，分心怠志，殊非忠勇军人所当出。要知如欲维持长期抗日之力量，尤非剿灭共匪不可。故中正前在南昌，屡向各军师长申明此意，告以剿共工作，比之抗日尤加重要。

蒋介石一方面与日本签订屈辱的停战协定，另一方面却加紧"围剿"中国共产党领导的各个苏区。1933年9月，蒋介石调集50万军队对中央苏区发动第五次也是最大的一次"围剿"。经过一年时间的"围剿"作战，蒋介石终于得手了——中央红军被迫撤离中央苏区长征。"围剿"中央苏区的国民党军队立即变成"追剿"军，对红军前堵后追。所幸中央红军连续突破了四道封锁线。

中华苏维埃共和国——1931年11月7日，中华苏维埃第一次全国代表大会在江西瑞金的叶坪村隆重开幕。大会历时14天，选举产生了中华苏维埃共和国临时中央政府，定都瑞金，改名"瑞京"。从此，一个与南京政府抗衡的崭新政权——中华苏维埃共和国——正式诞生，这是中国共产党局部执政的开始。

中华苏维埃共和国一诞生，立即向世人表明了自己反抗日本帝国主义侵略的鲜明立场。1932年2月1日，临时中央政府人民委员会第八次常务会议即议决正式宣布对日作战。4月21日出版的《红色中华》第18期刊登了4月15日发布的《中华苏维埃共和国临时中央政府宣布对日战争宣言》（以下简称《宣言》）。

《宣言》指出："反动的国民党政府与其各派军阀，本其投降帝国主义的惯技〔伎〕，连接〔接连〕的将东三省和淞沪各地奉送于日本帝国主义……

中华苏维埃共和国临时中央政府特正式宣布对日战争，领导全中国工农红军和广大被压迫民众，以民族革命战争，驱逐日本帝国主义出中国，反对一切帝国主义瓜分中国，以求中华民族彻底的解放和独立。"

而南京国民政府正式对日本宣战，则晚至1941年12月9日。那还是因为日本在1941年12月7日清晨偷袭珍珠港，美国在12月8日对日本宣战了，南京国民政府才跟在美国之后对日本宣战的。这个时候，离日本发动侵略中国的九一八事变，已经超过十年了。

1931年九一八事变后，面对空前严重的民族危机，中国共产党始终高举抗日救国的旗帜。在接二连三的紧张反"围剿"过程中，这面旗帜须臾没有

《红色中华》刊发的中华苏维埃共和国临时中央政府《对日战争宣言》（部分）

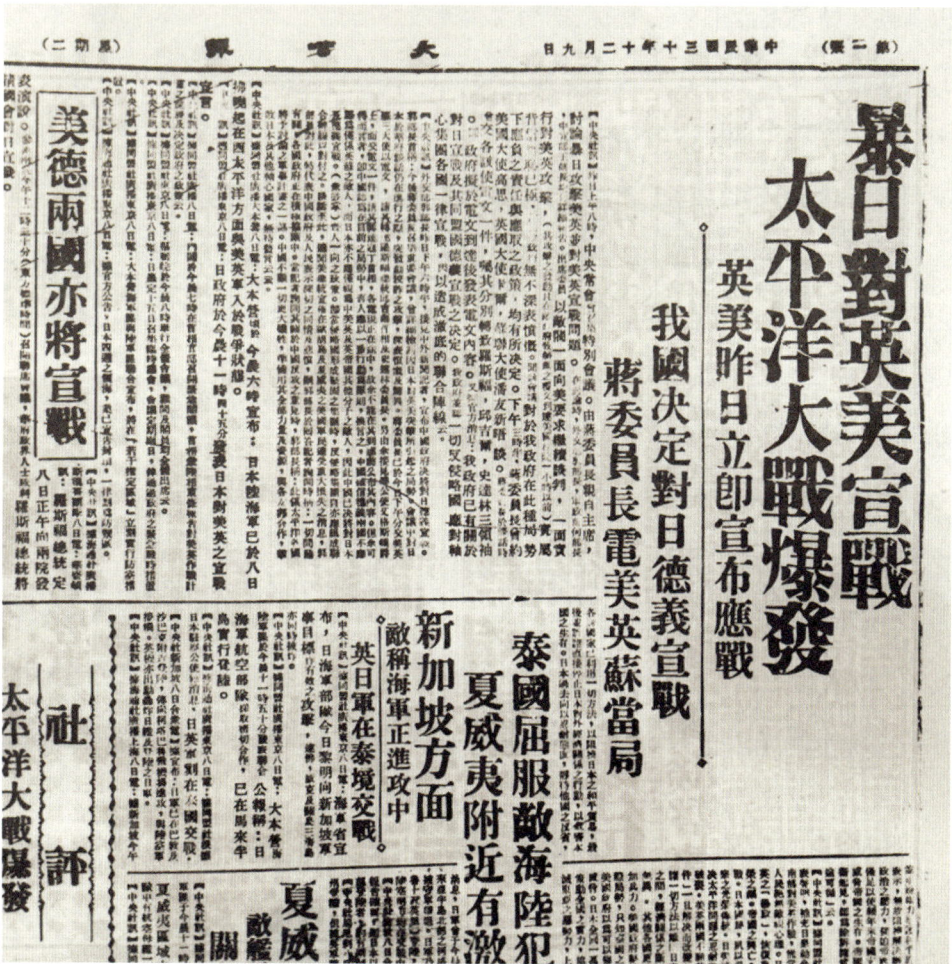

《大公报》1941年12月9日刊登的南京国民政府对日宣战消息

放弃。即便第五次反"围剿"败局已定，中央红军要战略转移长征了，依然高举着抗日的大旗。1934年7月初，中央派出红七军团试图调敌，就是以"抗日先遣队"名义向闽浙挺进的。红七军团出发时，带了160多万份宣传材料，其中就包括《中国工农红军北上抗日宣言》《中国工农红军北上抗日先遣队告农民书》《中国能不能抗日？》《拥护红军北上抗日口号》等。11月16日，红二十五军则是以"中国工农红军北上抗日第二先遣队"的名义，从河南省罗山县铁铺镇何家冲出发长征的。

长征前夕，中央派何长工、潘汉年与广东军阀陈济棠的代表进行停战谈判。中革军委主席朱德致信陈济棠，首先就是申述民族主义和建立抗日反蒋统一战线的必要性，告以"二年前苏维埃政府即宣告，任何部队，如能停止进攻苏区，给民众以民主权利及武装民众者，红军均愿与之订立反日作战协定"。之后，双方代表在江西寻乌县罗塘谈判三天，达成就地停战、解除封锁、互通情报、互相借道、各从现在战线后退20里等五项协议。这个协议，对中央红军后来比较快地突破前两道封锁线起了很大作用。

1934年11月13日至15日，中央红军突破第三道封锁线之后，蒋介石终于弄清楚了中央红军的真实意图和前行路线，于是调兵遣将30万兵马，精心策划第四道封锁线，企图在全州、灌阳、兴安三县交界东西不足60公里、南北不足100公里的三角地域内，聚歼中央红军。所以，能否突破第四道封锁线，不但关乎中央红军的前途和命运，而且关乎中国抗日的中坚力量能否保存，关乎中华民族的前途和命运。

从湘江血战中杀出重围的中央红军，继续高举抗日救国的大旗奋勇前进。1935年8月1日，红一方面军和红四方面军正在准备过草地，中共中央和中华苏维埃共和国中央政府发表了《为抗日救国告全体同胞书》，即著名的"八一宣言"。"八一宣言"号召全国同胞团结起来，停止内战，抗日救国，组织全国统一的国防政府和抗日联军。

中央红军长征的队伍中，有一个在世界军队史上都算是绝无仅有的特殊连队，那就是干部休养连。凡是分配到这个连的同志，都必须经过中央组织部或红军总政治部的批准。

从这个连队成立之初的干部配置，我们就可以看出这个连队的极其特殊性：连长由当时的教导师政委后来的红九军团政委何长工兼任；连指导员是担任过军政委的黄应龙，他后来调回到野战部队去了，指导员就换成了曾任中央妇女部部长的李坚真；连队的党总支书记则是担任过中华苏维埃共和国最高法院院长的董必武。连队的文书叫谢有法，他在1955年授衔时是最年轻的四位开国中将之一。

说这个连队特殊，还因为凡是分配到这个连队的同志，无一例外都必须经过中央组织部或红军总政治部的批准。这个连队当时就有中央委员，有中华苏维埃共和国政府各部的一些部长。新中国成立以后，从这个连队走出了中央政治局委员、国家代主席、全国政协主席、中央部委部长、解放军军兵种司令员等。那可都是党和军队的宝贝，他们的安全不能有半点闪失。

正因为如此，组织上决定何长工兼任连长后，周恩来非常严肃地找他谈了一次话，语气极其严肃。周恩来说："这些干部都是我们党和军队的宝贵财富，你要好好保护他们。你在，他们在；你不在，他们也要在！"①何长工对这次谈话印象非常深刻，长征路上对这个连队的安全也格外上心。何长工调任红九军团政委后，干部休养连连长换成了曾任红八军团总卫生部部长的侯政。周恩来找侯政谈话时，除了解侯政的一般情况、强调工作的重要性之外，令侯政终生难忘的是那句事关砍头话："这个连的干部损失一个，我要砍你的脑袋！"②

干部休养连最初属于中央总卫生部，后来直属军委纵队第三梯队。长征出发的时候，中央总卫生部并没有干部休养连的建制，只有中央工作团和3个休养连。到了贵州边境，撤销了中央工作团，缩编为3个休养连，第二休养连就是我们说的干部休养连。黎平整编时，董必武、徐特立、谢觉哉、成仿吾

侯政

---

① 《何长工传》编写组编著：《何长工传》，中央文献出版社，2000，第360页。

② 郭晨：《特殊连队——红一方面军干部休养连长征纪实》，农村读物出版社，1985，第53页。

等一些年龄大的红军和24个女红军编入了干部休养连。部队到达黎平的时候，曾经考虑过那几个年龄大的老同志随大部队行动很困难，想把他们寄留在老乡家，每个人发200块钱作为生活费。但这些老同志说什么也不肯留下，表示死也要跟主力红军走到底，这样就决定把他们都集中到干部休养连。

干部休养连主要由四个方面的干部组成。第一，董必武率领的中央党校的部分教职员和学员。第二，中央机关缩编之后的编余重要领导干部。第三，原来跟随中央首长和部队首长行军的和分散在各机关的女红军。在红一方面军长征的30位女红军中，康克清随朱德所在的红军总司令部行军，蔡畅和危拱之随总政治部行军，刘英是中央队秘书长随中央纵队行军，周越华随中央总卫生部行军，李建华在电台工作。除此6人分散在各部外，其余24名女红军都在干部休养连。第四，红军师团级以上的伤病员。

干部休养连建制也很特殊。它比一般连队编制人员多得多，总共有300多人。据第二任连长侯政回忆，连下面不设排，而是分成了五个班。

第一班的主要成员是中央党校学员和年龄较大的领导干部。班长是徐特立，成员有董必武、谢觉哉、陆定一、成仿吾等人。

徐特立　　　　　董必武　　　　　谢觉哉　　　　　林伯渠

第二班是妇女班。由邓颖超负责，成员就是那20多个女红军。除了贺子珍、陈慧清等几个怀孕的同志外，其他的女红军都分在了负责调查土豪、宣传群众、寻找民夫的工作组或是负责担架和运输队思想政治工作的政治战士组。

第三班是军队师团级以上伤病员班。班长先是陈伯钧，后来是张宗逊，成员有钟赤兵、姚喆、李寿轩、白志文、文年生等人。

第四班是中央政府部长和省级地方干部班。班长就是那个大名鼎鼎的所谓"罗明路线"的代表人物罗明，后来是钱之光。

第五班是军队干部班。长征中军队负伤干部多了以后就增设了这个班，他们伤愈后重返前线就撤销这个班，所以这个班不是常设的。比如中央红军在遵义停留的两个星期时间内，就临时组建过一个高级干部休养所，将部队中受伤或有病的高级干部集中起来治疗。红一军团政委聂荣臻、红三军团政治部主任袁国平等人都在所里治疗过，他们治好伤病以后又返回野战部队去了。

为了保证干部休养连的绝对安全，后来在行军时，对这个连队采取了特殊保护措施。他们前头是陈赓和宋任穷率领的干部团，后面是杨梅生和赖毅率领的中央军委警卫营，左右两翼则是保护的部队。即便如此，在危机四伏的长征路上，他们依然遭遇过几次险情。最危险的一次，是四渡赤水期间，走到今贵州遵义市播州区枫香镇东北部的花苗田（花茂村）时，干部休养连突然遭遇敌人一个营。这一路敌人本来是由红五军团负责堵截的，但红五军团的部队迟到了一步，敌人一下子就窜到了干部休养连对面的山头。此时干部团已经走到前面去了，而后边的警卫营还没跟上。

危急关头，指导员李坚真和连长侯政集中了30多个警卫员就地散开抵挡敌人。这些警卫员当时都是由各个部队抽调的连长或排长组成，战斗经验丰富，而且装备的都是新式武器，战斗力非常强。经过半个多小时的殊死抵抗，后面的警卫营终于赶上来压住了敌人，侯政和李坚真趁机带领队伍迅速脱离了战场。幸运的是，撤到安全的地方一清查，领导干部无一伤亡。

经过这次险情后，毛泽东、周恩来等中央领导人更加关心干部休养连

李坚真

的安全和保障工作。像增加民夫这样的具体事务，周恩来都亲自交代总政治部代主任李富春认真落实。前方部队打了土豪或有了缴获，都在第一时间送达干部休养连。过泸定桥之前，干部休养连遇敌机轰炸，民夫和马匹遭到一些损失，搬运伤病员和物资的人手不够，毛泽东正好路过他们停留的地方，立即命令他的警卫班通通留下，帮助休养连抬担架、挑药箱，一起过了泸定桥。

干部休养连的最大功绩，是为我党我军保存了一大批高级干部。红军长征是中国共产党革命斗争中最苦最难的三件事情之一，长征路上的伤亡是非常大的，但随干部休养连长征的这一大批党的精英却无一伤亡，这不能不说是人类战争史上的一个奇迹。留下来的这一大批革命精英，后来都成了各地打开全民族抗战工作局面的中坚力量。

中央红军长征到达陕北后，干部休养连完成了它的历史使命，不久在瓦窑堡撤销了建制。

"这条龙一定会把我们带过江的"

刘伯承是我军历史上担任总参谋长这一职务次数最多的高级将领。长征路上，作为总参谋长的他，参与谋划全军行动，迭挫强敌，战功卓著，为长征胜利作出了突出贡献。

1982年8月6日，出席中国共产党第十一届中央委员会第七次全体会议的同志以全会的名义，向刘伯承发出致敬信。信中说："您对中国革命的贡献和崇高的品德，将为我们全党所永远怀念和敬佩……土地革命战争时期，在反'围剿'战争和二万五千里长征中，您作为中央军委总参谋长，迭挫强敌，战功卓著，并同张国焘的分裂活动进行了坚决斗争。"[1]信中对刘伯承在长征中所作重要贡献给予了高度评价。

八一南昌起义失败后，刘伯承于1927年年底奉派赴苏联学习。1930年4月从伏龙芝军事学院提

---

[1] 中共中央文献研究室编《三中全会以来重要文献选编》（下），人民出版社，1982，第1306页。

前毕业秘密回国,在中央机关工作一段时间后,即于1932年1月来到中央苏区首都瑞金,开始任红军学校校长兼政治委员,10月即担任红军总参谋长。

第五次反"围剿"作战中,尤其是广昌保卫战失败以后,作为红军总参谋长的刘伯承对李德脱离中国实际的教条主义瞎指挥十分不满。但他又是一个组织原则性很强的人,不便直接和博古、李德当面顶撞。于是他撰写了大量文章,大力倡导开展游击战争,以此表明他对当前战争形势的理解和主张。明眼人一看就知道,这是和这段时间李德在报刊上大肆宣扬的"短促突击"战术对着干的。这让博古、李德十分恼火。于是刘伯承不断被打压贬职,最后断崖式的从红军总参谋长贬到红五军团任参谋长。

红五军团在长征路上一直是打后卫的,因而付出了巨大牺牲。湘江战役中全军覆没的红三十四师,就归属红五军团。长征初期,刘伯承和军团长董振堂一起指挥部队顽强阻击敌军,掩护中央机关突破国民党军的层层封锁线进入贵州。

黎平会议对第五次反"围剿"以来军事路线的错误进行了尖锐批评。会后,周恩来把黎平会议决定的译文给李德送去,李德看后大发雷霆,用英语和周恩来吵了起来。据《周恩来传》记载,平时温文尔雅的周恩来气得拍了桌子,搁在桌子上的马灯都跳起来熄灭了。

黎平会议之后,刘伯承重新担任红军总参谋长,又和周恩来、朱德一起谋划全军行动。1935年1月7日刘伯承率领红一军团第二师第六团智取遵义后,作为总参谋长的刘伯承还兼任遵义警备司令。尽管这个警备司令只当了12天,但他为了确保安全调兵遣将,严防死守,一刻也不敢松懈城防工作。为了确保遵义会议安全,刘伯承还亲自部署司令部的三个警卫班组成三个高射机枪阵地,严防敌机低空偷袭。

四渡赤水之后,中央红军的目标是北渡金沙江。3月24日,蒋介石从重庆飞赴贵阳调兵遣将,企图围歼红军于金沙江南岸。4月30日,中革军委决

刘伯承当年就站在这块后来被称为"将军石"的巨石上指挥渡江，如今被水淹了

定派刘伯承率干部团抢占禄劝县金沙江南岸的皎平渡。5月1日，刘伯承率领先遣队干部团，一昼夜急行军100多公里，于5月3日晚在皎平渡抢渡金沙江成功。中央红军利用仅有的七条船，经七天七夜紧张有序摆渡，全部顺利渡过金沙江。

毛泽东和周恩来、朱德等领导人过了金沙江后，毛泽东站在江边握住刘伯承的手笑着说："前些天有些同志还担心，怕过不了金沙江，我跟他们说，不用怕嘛，四川人说刘伯承是神龙下凡，这条龙一定会把我们带过江的，恩来，总司令，我是不是这么说的呀？"[1]周恩来和朱德听了哈哈大笑，刘伯承也开怀大笑。

但中央红军还远没摆脱危机。抢渡大渡河之前，要通过冕宁县的彝民居

---

[1] 赵建国：《刘伯承元帅》第二版，解放军文艺出版社，2007，第144页。

住区。由于历史原因，此前还没有哪支汉人军队能安全通过。中革军委再次把开路先锋的重任交给了刘伯承，任命他为先遣队司令员，同时任命聂荣臻为先遣队政委。这是有特殊考虑的。主要是利用刘伯承在川军中的声望和他对四川地理民情的详熟；而聂荣臻也是四川人，虽然早年就外出求学，但毕竟和四川渊源较深。

刘伯承和聂荣臻率红军先遣队于5月16日抵达西昌南边的德昌县，守备德昌县城的川军旅长在顺泸起义时是刘伯承手下的一个团长。刘伯承给他写了封亲笔信，晓以大义，促其不要与红军为敌。他果然让守军略事抵抗之后立即撤退。红军先遣队第二天得以顺利占领德昌县城。

红军占领德昌县城以后，刘伯承又写信给前来加强西昌防务的川军彝务指挥官，说明红军只是路过此地，不以彝民为敌，你们打枪红军可以不还击，但路是一定要借过的。川军彝务指挥官见信后，慑于刘伯承的威望，在红军通过时没有阻击，先遣队得以在5月20日顺利到达泸沽地区。

从泸沽到大渡河有两条路可走：一条是靠西一点经冕宁县到安顺场，这是一条被汉人视为畏途的彝族聚居区，敌人判定红军不敢走这条路；还有一条是东路，这是经越西到雅安比较好走的大道。敌人判断红军一定走东路，所以重兵置于东路作为防守重点。刘伯承和聂荣臻反其道而行之，电告中央建议红军走西路，同时以小部队走东路大道迷惑和牵制敌人。

先遣队进入彝民区前，就进行了大量的准备工作，调查了解了彝民的风俗习惯，在部队中普遍进行了党的民族政策教育，又请了一位通司准备和彝民首领谈判。后来刘伯承按照彝族的习俗，同沽基族首领小叶丹歃血盟誓，争取到了沽基家支首领小叶丹的支持。5月23日，先遣队由小叶丹的四叔带路护送，顺利通过100多里的彝族地区，前往安顺场。红军大部队也一路畅行无阻，顺利地通过了彝民区。

过了几天，毛泽东在大渡河边见到了刘伯承，问他诸葛亮七擒七纵才使孟获心服，你怎么一下子就说服了小叶丹呢？刘伯承说主要是我们严格执行了党的民族政策。毛泽东又问他，你跟小叶丹结盟真的跪在地上起誓了吗？刘伯承回来说，那当然，彝人最讲义气，他看到我诚心诚意才信任我们。毛泽东接着问，彝人下跪是先跪左腿，还是右腿呢？刘伯承一下子被问住了，正在那里回忆当时的情景，考虑怎么回答。周恩来知道毛泽东在开玩笑活跃气氛，就帮刘伯承解围，说后续部队通过彝区时，小叶丹打着中国彝民红军沽鸡支队的旗帜出来迎接，你们把彝区都赤化了。朱德也跟着表扬说："先遣队逢山开路、遇水搭桥，功劳不小。"①

"彝海结盟"处

---

① 《刘伯承传》编写组编著：《刘伯承传》，当代中国出版社，2007，第78页。

先遣队抢占了大渡河渡口，局势依然严峻，因为大渡河水势湍急，渡船过河往返一次要一个小时，而最大的船只能坐40个人，红一团花了一天时间才全部过江。照这个速度，全军过河要花一个多月的时间。这时尾追的敌人已经到了德昌，而德昌离安顺场只有230公里，敌人一个急行军，最多三四天就能围上来。后来红军之所以要分两路夹江而上去抢泸定桥，就是这个原因。

石鼓无声胜有声

云南丽江市玉龙纳西族自治县石鼓镇，因镇上有一面汉白玉雕刻的鼓状石碑而得名，也因万里长江第一湾而闻名。而让它声名远播的，则是1936年4月下旬红二、红六军团在这里抢渡金沙江。正如镇上石鼓亭那副对联所言："金江非画浑如画，石鼓无声胜有声。"

玉龙县石鼓镇位于金沙江与冲江河交汇处。金沙江从德钦县进入云南，到石鼓镇后因山崖阻挡便急转折向东北而去，在此形成一个巨大的"Ω"形湾区，这就是著名的万里长江第一湾。我站在红军长征过丽江纪念馆院内远距离拍过一张照片，由于位置的原因，向下游拐下去的部分看不见，但其气势依然能感觉得出来。

1936年4月23日，红二、红六军团占领云南鹤庆县，并很快占领丽江，在丽江古城区设立指挥部，部署抢渡金沙江。但是这个红军长征过丽江指挥部旧址实在有点难找。2020年8月13日下午，我到了古城区以后，发现连导航都指不到那里。在这

石鼓镇《金沙水暖》雕塑

个辖区的公安岗亭问了一个警察，包括他的两个同事也都不知道具体位置，最后用手一指，告诉我说就在那个方向，位置不太远，但走起来有一点儿复杂，你一路走一路问过去可以找到。结果，我花了一个多小时试错几次，才找到这个地方。旧址旁边是一个篮球场，背后是古城区大研办事处新华小学。

我本来很想进去参观学习，但找寻它耽搁了时间，找到时已经闭馆了。第二天我还要租车去石鼓，只好扫兴而归去准备第二天的行程。指挥部旧址门边墙上有块牌子，叫"红二方面军过丽江指挥部旧址"。但严格讲起来这块牌子是不准确的，因为红二、红六军团经过丽江的时候还没有成立红二方面军，那还是两个多月以后的事情。

1936年4月24日，红二、红六军团兵分两路进到石鼓镇，将追敌远远地甩在身后。25日开始，红二、红六军团在石鼓至巨甸140多里的金沙江西岸，除石鼓渡口外，由南往北，还选择了木瓜寨、木取独、格子、士可、堂上、余化达等渡口，经过四天三夜的通宵达旦抢渡，至28日黄昏，红二、红六军团1.7万余人和数百匹骡马全部顺利渡过金沙江，取得了战略转移中具有决定性意义的胜利。

有意思的是，4月27日，就在红二、红六军团紧张抢渡的时候，朱德等人还致电贺龙、关向应、任弼时，告知目前追敌尚未到鹤庆，红二、红六军团应该迅速全部渡江。渡江后破坏下游船只及渡河材料并毁路，以一部扼守江边阻敌，主力可在相当地点休息几天，派先遣军占中甸，准备物资，缓缓北进。同时告知贺龙等人，罗炳辉率部已经出动，正准备接应红二、红六军团。而此时，红二、红六军团大部分队伍实际上已经在不同渡口渡过了金沙江。

部队在4月28日全部过江后，贺龙、任弼时、关向应致电朱德等人，告知红二、红六军团在今天已经安全渡过金沙江，渡江时仅翻了一只船，损失了少量人枪，另溺毙马几十匹。29日开始，部队将向中甸继续前进。

就在红二、红六军团全部过江后的同一天，即1936年4月28日，毛泽东、彭德怀决定将陕北根据地正在东征的中央红军全部撤回河西，另图发展。毛泽东后来用四句话概括了历时两个半月的东征："打了胜仗，唤起了民众，扩大了红军，筹集了财物。"由于张国焘当时掌控了与红二、红六军团的电讯联络，对中央搞封锁，因而中共中央对红二、红六军团的渡江情况并不知悉。

作者手记：
这里红色文化元素随处可见

1936年7月1日，红二、红六军团经过艰难跋涉，与红四方面军在四川甘孜会师，长征中的两路大军在会师的欢呼声中度过"七一"①。

红二、红六军团是所有长征队伍中最后出发的。1935年11月19日，红二、红六军团分别在桑植县刘家坪的干田坝和瑞塔铺的枫树塔举行突围誓师大会。当晚，两军团主力告别了湘鄂川黔根据地，踏上了战略转移的艰难征程。这时候，中央红军已经完成长征到达陕北整整一个月。

1935年9月，国民党军开始组织对湘鄂川黔根据地的第三次"围剿"，兵力由第二次"围剿"的

---

① "七一"作为党的诞生纪念日，最早见于1941年6月中共中央发出的《关于中国共产党诞生二十周年、抗日四周年纪念指示》，红军长征时还没有"七一"这个概念。笔者在这里是借用习惯性称谓，方便读者阅读理解。

80多个团增加到130个团，到10月底已经完成了对苏区的合围封锁。此时，红四方面军已经退到西康和四川边界，中央红军即将完成长征，红二、红六军团在湘鄂川黔根据地的斗争失去了此前三者互为支撑的战略格局，面临独木难支的困难境地。因此，11月4日，中共湘鄂川黔省委和军委分会在湖南桑植县刘家坪召开联席会议，决定红二、红六军团突围远征到湘黔边去寻机建立根据地。

经过9个多月的艰难长征，1936年6月30日，红二军团的直属队和第四师在贺龙、任弼时、关向应的率领下，经过50多天翻山越岭的长途跋涉，首先到达位于今四川甘孜县昔色乡南边的绒坝岔，同红四方面军第三十军第八十八师第二六三团会合。当天，红六军团从普玉隆出发，到达甘孜附近的甘海子。

7月1日，贺龙、任弼时、关向应等人率红二军团赶到甘海子。至此，红二、红六军团全部到达甘孜及其附近地区，与红四方面军胜利会师。朱德总司令等人到60里外来迎接。两军会师后，任弼时从张国焘那里要来了与中央联系的电报密码本，从此恢复了红二、红六军团与中共中央的直接联系。

7月1日晚间，朱德会见了任弼时、贺龙、关向应、萧克、王震，进行了彻夜长谈。朱德向他们详细介绍了有关张国焘另立"中央"，分裂党和红军等活动的情况。在会见任弼时、贺龙、关向应时，朱德还拿出中央政治局两河口会议、毛儿盖会议的决定，以及中央严令张国焘率部北上的电报给他们看，并指出由于张国焘的错误，使红四方面军南下以后受到了严重挫折，最后退到了甘孜一带。朱德向他们介绍道，经过党中央一再批评督促以及他本人、刘伯承，以及徐向前等红四方面军领导同志及广大指战员的坚决斗争和要求，张国焘才被迫取消了非法中央并同意北上，但他还是反毛泽东、周恩来、张闻天、博古的，他反对中央的问题并没有完全解决，"此时，我们的工作是做团结工作"，就是"如何想办法会合中央"。①

朱德和任弼时、贺龙、关向应、萧克、王震谈话后，刘伯承也来与贺龙、任弼时作了深谈。他说："对张国焘不能冒火，冒火要分裂。中央在前面，不在这里。"红二、红六军团领导人从这些谈话中得知朱德、张国焘发出的要红二、红六军团渡过金沙江，与他们会合大举北进的电报，虽是两人签署，但动机截然不同。朱德的意思是"想把你们那方面的力量拉过来，不然我们很孤立"，"二方面军过江，我们气壮了，北上就有把握了"。②而张国焘则是妄图控制红二、红六军团，以便与中央对抗。红二军团首长贺龙等人和任弼时与朱德长谈后，比较详细地了解了张国焘分裂党和红军以及中央对张国焘的斗争情况，研究了斗争策略。贺龙建议用釜底抽薪的办法，要张国焘从红四方面军建制中抽出2个师兵力补充红二、红六军团。

当红二、红六军团先后到达甲洼、绒坝岔、普玉隆、甘孜等地时，张国焘便立即对红二、红六军团进行分化拉拢，如向红二、红六军团派"工作组"煽动对党中央不满，散发反对党中央、批判"毛、周、张、博"的文件，宣扬他的右倾分裂路线，等等。但是，红二、红六军团领导人对张国焘的阴谋活动进行了坚决的抵制和斗争。

贺龙后来说，在绒坝岔，任弼时就给甘泗淇写了信，要求对张国焘指示发来的文件一律不准下发。贺龙看了张国焘派人送来的《干部必读》小册子后，也严肃地说："干部必读不准发，看了要处罚人，放在政治部。"③在甘孜休息时，张国焘把红二、红六军团领导人一个一个召去谈话。他还特地送给

---

① 《朱德谈话纪要》（1960年11月9日），载中共中央文献研究室编《任弼时传》第二版（上），中央文献出版社，2014，第433页。

② 《朱德谈话纪要》（1960年11月9日），载中共中央文献研究室编《任弼时传》第二版（上），中央文献出版社，2014，第426页。

③ 贺龙：《答红二方面军战史编者问》，载中共中央党史研究室编《红军长征纪实丛书·红二方面军卷》1，中共党史出版社，2016，第25页。

王震四匹马，给王震戴高帽子，说他勇敢、能打。结果遭到王震严正拒绝。[①]
张国焘还向任弼时提出，召开红二、红四方面军联席会议，企图以多压少，
迫使红二、红六军团就范。任弼时当即以"谁来作报告，如果有不同意见，
结论怎么做"为由拒绝了他。后来，张国焘又想换掉红二、红六军团师以上
的四个政治委员，也未能得逞。[②]

　　7月1日，林育英、张闻天、毛泽东、周恩来、博古、彭德怀、王稼祥
等中央首长、机关负责人共68人和红一方面军等10个单位致电总司令朱德
和任弼时、贺龙、萧克等人，热烈祝贺红二、红六军团与红四方面军胜利
会师。

---

① 《王震传》编写组编著：《王震传》，人民出版社，2008，第54页。
② 中共中央文献研究室编《任弼时年谱》，中央文献出版社，2014，第280—281页。

　　说到长征中牺牲的级别最高的红军将领，很多人都认为是红三军团参谋长邓萍。但是，如果把曾经担任过的职务算进来，则应该是担任过红八军团政委的黄甦。

　　1936年10月22日，红二方面军主力到达今宁夏固原市西吉县将台堡与红一方面军会合，标志着历时两年的红军长征胜利结束。作家魏巍曾经把长征喻为"地球的红飘带"，那是无数红军用生命铺就的血色征程。以红一方面军为例，二万五千里的长征平均每300米就有一名红军牺牲。其中，有在湘江战役中基本上成建制覆灭的红五军团第三十四师和红三军团第六师第十八团，还有一长串我们熟悉英名的红军将士。

　　说到长征中牺牲的红军将领，很多人自然会想到在第二次攻打遵义时牺牲的红三军团参谋长邓萍，并且都认为他是红军长征中牺牲的级别最高的红军将领。但如果把曾经担任过的职务算进来，长征中牺牲的级别最高的红军将领，则是担任过红八军团政委的黄甦。

现在我们能够看到的关于黄甦的介绍所用的图片，实际上并不是黄甦本人的照片，而是一张绘图。我2020年11月去广东佛山市禅城区和南海区调研黄甦生平时，特别想找到一张他的照片，但是没能如愿。

据我此前了解到的有限信息，黄甦于1908年出生在广东省南海县佛山镇（今佛山市）的一个艺人家庭。为了解更具体的细节，我2020年11月专程去了一趟佛山。11月23日，我的朋友陈兆卿开车送我们到禅城区档案馆，和当时分管的副局长等人交谈了之后才知道，原来黄甦的祖籍地是在南海区罗村镇，而他的父亲很早就到了禅城，因此到目前为止还不知道黄甦是出生在南海区的罗村镇，还是现在的禅城区某个镇。我们紧接着又到了南海区档案馆了解情况，党史

红八军团政委黄甦（画像）

科黄雪平科长也非常热情，将南海区这边能够找到的资料包括一本《南海英烈传》都给了我。禅城区和南海区这些同志的热情，令我很感动。

这次佛山之行虽然没能确认黄甦的出生地，但了解到了他的更多信息。黄甦早年在香港做工时投身工人运动，参加过广州起义并且担任工人赤卫队的敢死队队长，起义失败后转移到香港。1930年12月中央苏区第一次反"围剿"激战正酣时，黄甦奉命离开香港来到中央苏区，先后担任过红十二军政委、红一军团第一师政委等职务。

1931年1月中华苏维埃中央革命军事委员会成立，黄甦是军委委员。1931年11月7日召开的第一次全国苏维埃代表大会，选举产生了63名中央执行委员，黄甦是其中之一。

在1934年1月21日召开的第二次全国苏维埃代表大会上，黄甦再次被选为中央执行委员（邓萍是候补执委）。这两个身份，一般的军团级领导人是很难同时具备的。

长征前夕，1934年9月21日，中革军委决定将第二十一师、第二十三师合编为红八军团，周昆任军团长，黄甦任军团政委。红八军团编成时，来不及新建军团司令部，而由9月8日刚刚在江西兴国县崇贤圩组建的第二十一师司令部代理。组建新的军团，这是博古、李德等人开始进行撤出中央苏区的准备工作之一。但是，红八军团的组建实在是太仓促了。正如时任红八军团第二十一师第六十二团政委的温玉成后来所说，仓促得甚至没有来得及集中起来开一个成立大会。

红八军团都是新兵，而且是在极短的时间内紧急扩红招募的。绝大多数战士还没有来得及进行起码的军事训练，更不要说实战锻炼，就直接参加长征了。所以，湘江战役中红八军团由出发时的10922人到过江后剩下不到1200人，可能在它组建时就埋下了这个悲剧的种子。如果当时不贪大求洋总想要搭军团级的部队架子，而是把新兵编到红一、红三、红五军团的各个师里，以老带新，那么，湘江战役的结局可能会好得多。

实际上，突破敌军的第三道封锁线后，红八军团的减员就已经非常严重了，中革军委曾决定将红八军团压缩改编为一个师，并由刘少奇负责主持完成。但是部队还没有来得及缩编，湘江战役就打响了，更大的灾难再次降临红八军团。湘江战役后，鉴于红八军团基本已经是名存实亡，中革军委决定红八军团剩余人员除营以上干部外全部编入红五军团第十三师各团，军团长周昆和军团政委黄甦回军委重新分配工作。之后，黄甦调任红一军团第一师政委。接下来的长征路上，他与师长李聚奎率部继续冲锋陷阵，直至完成长征到达陕北吴起镇。

1935年11月初，陕甘支队在陕西甘泉县下寺湾同红十五军团会合，随即恢复红一方面军番号。为粉碎国民党军对陕甘根据地的"围剿",红一方面军决定集中兵力向南作战,寻机歼敌。11月20日,红一方面军抓住敌第五十七军第一〇九师孤军突出的有利战机,集中两个军团的优势兵力乘夜将其包围。21日拂晓,红一军团由北向南、红十五军团由南向北对敌第一〇九师发起猛烈攻击,激战数小时,将敌全歼。这一仗,打破了国民党军对陕甘苏区的第三次"围剿",巩固了陕甘苏区,为中共中央把全国革命大本营放在西北举行了一个奠基礼。

战前,黄甦已经被中革军委任命为陕南第七十三师政委,但他主动请战,坚决要求打完这一仗再赴任。恰在此时,奉命担任主攻突击的红一军团第二师第四团的两个主官都出了状况。11月初,团长王开湘和政委杨成武冒雪骑马参加全军干部会议,一冷一热,两人都得了伤寒病。一连几天高烧不退,王开湘在昏昏沉沉中摸响了枕头下的手枪把自己打死了;杨成武大难不死,但身体虚弱无法指挥作战。这样,中革军委决定黄甦代理指挥。他冒雪和杨成武在路上简单交接后,怀里还揣着组织介绍信就带着部队上了主攻阵地。11月21日拂晓,黄甦率领红四团向敌人进攻时,不幸中弹牺牲。

2013年清明节,当地政府在陕西延安市富县直罗镇战役烈士陵园暨纪念馆内为黄甦烈士立了墓碑,供后人凭吊瞻仰。

红军长征落脚点的

六次选择

循着中央红军长征的征战轨迹，我们可以发现，中共中央关于红军长征的落脚地点，先后至少有过六次选择，最后才决定落脚陕北，以陕北苏区领导全国革命。

1934年10月7日，中共中央和中革军委命令红二十四师和地方武装接替中央红军的防御任务，红军主力由江西瑞金、兴国、于都和福建长汀、宁化等地向集中地域开进。10月10日，中共中央和红军总部撤离江西瑞金，开始了前所未有的战略大转移。经过一年多时间的艰苦转战，途经11个省，行程二万五千里，于1935年10月19日到达陕西吴起镇，胜利结束长征。

不少人以为中央红军突围西征，就是瞄着陕北去的，就是要从那儿出发奔赴抗日前线。然而，这种看法是不准确的。事实上，当时就连中华苏维埃共和国中央政府主席毛泽东也不知道往哪儿走。[1]红军长征最后到达陕北，是在长征途中，为了摆脱敌人、消灭敌人、保存自己，中共中央依据敌我情况的变化，不断改变建立根据地的原定设想和计划，才一步一步确立的。

第一个落脚点：湘西——与红二、红六军团会合

1934年6月，历时18天的广昌保卫战失败以后，博古、李德等人也已经意识到，中央红军"继续在内线作战取得决定的胜利已经极少可能以至完全没有可能"，应该实行战略上的退却，并将这一设想报告了共产国际。6月25日，共产国际批复同意了。但是博古、李德等人未能果断作出战略转移的决定，而是继续命令中央红军在根据地内消极防御，同时派红七军团和红六军团北上和西进，目的也是减轻中央革命根据地的压力，配合中央红军粉碎敌人的第五次"围剿"。

长征出发后，由于准备不足，仓促出动，加上搬家式转移，部队行动迟缓，目标指向上又只是简单地想与红二、红六军团会合，基本上沿着红六军团走过的行军路线夺路西进，被国民党反动报纸讥讽为"前面的乌龟拱开路，后面的乌龟跟进来"。蒋介石也很快察觉出了我主力红军的意图，调集部队在赣南、湘粤边、湘东南、湘桂边构筑四道封锁线，安排重兵堵截和尾追。在红军利用敌军间复杂的矛盾，成功地突破三道封锁线后，蒋介石调集25个师数十万大军，兵分五路前堵后追，企图将红军歼灭于湘江、漓江以东地区。

面对四面敌军压境，博古、李德束手无策，只是命令部队死打硬拼。红军将士们以饥饿疲惫之师苦战五昼夜，终于粉碎了蒋介石围歼红军于湘江以东的企图。但红军为此也付出了极为惨重的代价，中央红军和中央机关人员

---

[1] 刘英：《在历史的激流中》，中共党史出版社，1992，第58页。

由长征出发时的8.6万余人锐减至3万余人，其中新组建的红八军团损失惨重，特别是红三军团的第十八团、红五军团的第三十四师全军覆没，这在红军历史上还是首次。而博古、李德却无视敌情，仍于12月4日决定中央红军坚持按原计划向湖南西部转移，与红二、红六军团会合，这使红军又处在一个非常危急的时刻。如果中央红军按照原定计划，继续北出湘西北同红二、红六军团会合，势必要与五六倍于己的国民党军决战，有全军覆没的危险。

第二个落脚点：川黔边地区——"在最初应以遵义为中心之地区"

在这危急关头，毛泽东根据敌我双方的军事态势，建议中央红军放弃北上同红二、红六军团会合的计划，立即西转，到敌军力量比较薄弱的贵州去开辟新的根据地。这一主张得到党中央和中革军委多数领导人的赞成。

12月18日，中共中央政治局在黎平召开会议。会议主要讨论了红军的进军路线问题，并就此展开了激烈的争论。主持会议的周恩来采纳了毛泽东的意见，与会的大多数同志肯定了毛泽东的正确主张。会议通过了《中央政治局关于战略方针之决议》，指出："鉴于目前所形成之情况，政治局认为过去在湘西创立新的苏维埃根据地的决定在目前已经是不可能的，并且是不适宜的……政治局认为新的根据地区应该是川黔边区地区，在最初应以遵义为中心之地区，在不利的条件下应该转移至遵义西北地区。"[1]这是长征以来，第一次明确提出建立新的根据地的决定。

1935年1月1日，中央政治局又在猴场（今草塘）召开会议。会议重申了黎平会议的决定，并实际上解除了李德对中国共产党的军事决定权和指挥权，提出了红军渡过乌江后新行动方针，即彻底粉碎五次"围剿"，建立川黔边新苏区根据地。

----

[1] 中央档案馆编《中共中央文件选集》（一九三四——一九三五），中共中央党校出版社，1986，第441—442页。

第三个落脚点：川西或川西北——建立川黔滇根据地

突破乌江天险后，中央红军占领遵义及其附近的桐梓、绥阳各县。1月15日至17日，中共中央在遵义召开了政治局扩大会议。会议经过讨论认为，黔北地区人烟稀少，且多为少数民族聚居区，党的工作基础薄弱，不便于建立根据地，遂决定放弃黎平会议确定的以黔北为中心创建根据地的计划，决定北渡长江，入川会合红四方面军，并与红二、红六军团形成三路红军的协同作战。

这时，蒋介石纠集川、滇、湘、桂、黔各路军阀，连同中央军148个团约40万人合围红军，意欲"聚而歼之"。为了摆脱国民党军的围攻，中央红军根据遵义会议的决定，迅速北渡长江，向川西或川西北进军，寻机创建新的根据地，并电令红四方面军配合。

土城之战失利后，毛泽东采取灵活机动的战略战术，指挥红军四渡赤水，纵横驰骋于川黔滇广大地区，迂回穿插于敌人重兵之间。其间召开的扎西会议根据敌情的急剧变化，果断决定暂缓执行渡江入川的北进计划，改向云贵川交界的扎西地区集中，在川、黔、滇边境进行机动作战，创造新的苏区根据地。这一新的战略行动方针的确定，对于扭转中央红军的被动局面，创建川黔滇游击根据地，有着重要的意义。但由于西南地方军阀各霸一方，拥兵自重，除贵州军队战斗力稍差外，川军、滇军都有一定战斗力，加上蒋介石刻意经营西南，迫使西南各地军阀联合起来，非常积极地对红军作战，从而使红军几乎处于无日不战、无处不战的困难境地。因此，中央红军在这里辗转苦战了半年之久，始终未能找到适当的根据地。

第四个落脚点：甘肃南部——创建川陕甘根据地

经过抢渡大渡河、飞夺泸定桥等战斗，中央红军翻越了终年积雪的夹金山，终于与红四方面军胜利会师。6月16日，毛泽东同朱德、周恩来、张闻天联名致电张国焘、徐向前、陈昌浩，提出了继续北上，在川陕甘建立根据地的战略方针。这一战略方针反映了全国革命形势发展的客观要求，有利于推动川陕甘地区乃至全国抗日救亡运动的发展，开创中国革命的新局面。

由于张国焘仍然坚持其南下川康边或组织远征军，占领青海、新疆的错误主张，为统一思想，中共中央政治局于1935年6月26日在懋功县两河口召开会议。会议通过了《关于一、四方面军会合后的战略方针》的决定，指出："我们的战略方针是集中主力向北进攻，在运动战中大量消灭敌人，首先取得甘肃南部，以创造川陕甘苏区根据地。""为了实现这一战略方针，在战役上必须首先集中主力消灭与打击胡宗南军，夺取松潘与控制松潘以北地区，使主力能够胜利的向甘南前进。"[①] 但是张国焘借口"组织问题"未圆满解决而一再贻误战机，还策动一部分人向中央提出改组中革军委和红军总司令部，要求由他担任军委主席，公然向党要权，招致胡宗南在松潘集中兵力，使红军处于腹背受敌的危险局面。

7月21日，中央政治局在芦花（今黑水城）召开会议，批评了张国焘的错误主张。会后，张国焘勉强同意率红四方面军向毛儿盖集中。然而由于张国焘的故意拖延，胡宗南部已在松潘地区完成集结，中共中央和中革军委被迫放弃原定的松潘战役计划，决定经草地北上。8月4日至6日，中央政治局在毛儿盖附近的沙窝召开会议。会议强调，创建川陕甘根据地，是放在红一、红四方面军前面的历史任务。

第五个落脚点：在陕甘接近苏联的地方——打通国际关系，争取国际援助

1935年9月9日，张国焘危害中共中央图谋败露，党中央被迫于10日凌晨率领红一方面军主力先行北上。1935年9月12日，中共中央政治局在甘肃

[①] 中央档案馆编《中共中央文件选集》（一九三四——一九三五），中共中央党校出版社，1991，第516页。

省迭部县俄界召开了扩大会议。毛泽东在会上指出："一、四方面军会合后，是应该在川、陕、甘创建苏区。但现在只有一方面军主力——一、三军北上，所以，当前的基本方针，是要经过游击战争，打通同国际的联系，整顿和休养兵力，扩大红军队伍，首先在与苏联接近的地方创造一个根据地，将来向东发展。"[①] 不久，为了具体落实这一方针，中央决定派谢觉哉、毛泽民去新疆建立交通站，设法打通国际关系。

俄界会议还决定，把红一军、红三军、军委纵队合编为中国工农红军陕甘支队。会议以后，中共中央率陕甘支队迅速北上。

第六个落脚点：陕北——保卫和扩大陕北苏区，以陕北苏区领导全国革命

俄界会议后，中共中央率领红军攻克甘南天险腊子口。9月18日，中共中央和红一方面军主力乘胜占领了大草滩、哈达铺，进入甘南地区，彻底粉碎了蒋介石围歼红军于川西北地区的狂妄计划。

毛泽东从当地报纸上了解到，陕、甘两省有可观的红军和革命根据地，而且正呈蓬勃发展之势，非常高兴，立即将报纸转送周恩来、张闻天等人，召集他们开会。9月27日，中共中央政治局常委会议在通渭县榜罗镇召开。会议研究分析了当前全国的形势和陕北的军事、政治、经济状况，正式决定把革命的落脚点放在陕北。之后，毛泽东率领改编的中国工农红军陕甘支队越过六盘山，于1935年10月19日抵达陕甘根据地的吴起镇。

中央红军最后落脚陕北，重新有了可以立足的根据地，长征以来一直感到苦恼的伤兵安置问题也得到了解决。10月22日，中共中央政治局召开会议，批准了榜罗镇会议的决定。毛泽东在会议上指出：中央红军的任务是保卫和扩大陕北苏区，以陕北苏区领导全国革命。

[①] 中共中央文献研究室编《毛泽东年谱（一八九三——一九四九）》修订本（上卷），中央文献出版社，2013，第471—472页。

切掉『尾巴』再会师

中国工农红军陕甘支队在结束长征之际，为了不把敌人带进根据地，刚落脚陕北吴起镇时，就进行了一场我步兵与敌骑兵的对决，史称"切尾巴"战斗。

1935年10月19日，中共中央和毛泽东、周恩来、彭德怀等人率领中国工农红军陕甘支队，到达陕甘革命根据地的吴起镇，胜利结束长征。中央红军到达时，吴起镇属保安县管辖，2005年10月19日正式更名吴起县。

此前一天，中共中央政治局在保安县铁边城召开常委会议，讨论陕甘支队入陕作战方针、与陕甘红军会师，以及巩固扩大陕甘苏区等问题。毛泽东在讲话中敏锐地指出："过去敌人对我们是追击，现在改为'围剿'，我们要打破这一'围剿'。"[1]

此时的中央红军虽然找到了落脚点，但已是处

---

[1] 中共中央文献研究室编《毛泽东年谱（一八九三——一九四九）》修订本（上卷），中央文献出版社，2013，第480页。

于内外交困的境地。到达陕北时重武器几乎丢光了，缺钱缺粮缺衣物。部队只有不到8000人，而且经过一年多的长途跋涉，个个疲惫不堪，急需休整。

然而敌人却不给红军休整的机会。中央红军离甘入陕之际，国民党军的几路兵马就在陕甘交界的河连湾集结，先头部队于10月18日晚到达了铁边城以西的油寺村一带宿营，距红军后卫部队50里都不到。而此时中央政治局正在铁边城召开常委会议，所以形势是非常紧张的。陕甘支队到达吴起镇的第二天，东北军何柱国部骑兵第六师和宁夏军阀马鸿宾部骑兵第三十五师共四个骑兵团，几乎就是前脚跟后脚地追到了陕甘苏区的家门口，企图一举将红军吃掉。

面对来势汹汹的敌人，毛泽东发出战斗动员令："打退追敌，不要把敌人带进根据地。"①毛泽东的意思就是要切掉这个"尾巴"，再和陕北红军会师。经过研究决定，由彭德怀亲自指挥这场战斗。

这一仗的规模不是很大，但决心却很难下。在中央连夜召开的紧急会议上有同志提出，中央红军刚从南方转战而来，对西北地区大塬深沟的战场环境不熟悉，加之刚经过长途行军部队很疲惫，而敌人的骑兵师却装备精良、行动飘忽迅速，以我疲惫之师打敌人的彪悍骑兵难有必胜把握。毛泽东等人则坚定地认为，红军已经到了陕北根据地，有群众的配合和支持，而且长征路上我们就曾经歼灭过敌人的骑兵连，积累了步兵打骑兵的经验，所以这一仗不但要打，而且要打好，给陕北人民送一个见面礼。

为打好中央红军进入陕甘苏区的第一仗，彭德怀亲赴前沿察看地形，按照毛泽东"不把敌人带进根据地"的决心制定了作战方案。陕甘支队利用有利地形，兵分三路，在五道沟的头道川、三道川和正面的西南山设伏，布下了一个三面合击的"口袋阵"，并派红军干部团诱敌深入。战斗的指挥所就

---

① 中共中央文献研究室编《毛泽东年谱（一八九三——一九四九）》修订本（上卷），中央文献出版社，2013，第480页。

设在吴起镇平台山顶的一棵杜梨树旁，在这里可以俯瞰各道川的战斗情况。

苏区群众则充分动员起来了。为了支援红军作战，当地群众紧急集中了大批粮食和生活用品，在崎岖的山路上驴驮人背，不分昼夜源源不断运往前线。同时，上百位毡匠为身着破旧单衣的红军战士们日夜不停赶制了一大批御寒的毡衣和鞋袜。

毛泽东对打好这一仗非常重视。10月21日四时半，毛泽东渡过洛河，五时半来到寨子梁杜梨树下亲自召开战前动员会。部署停当后，他一直待在平台山顶杜梨树旁的战斗指挥所，直到战斗胜利结束。

当天七时，国民党宁夏马家军的第三十五师骑兵团同红军干部团第五连一部交火之后，被干部团一步步引诱进塔儿湾包围圈。彭德怀立即下达了攻击命令。行进的敌骑兵被从天而降骤然而至的手榴弹炸得晕头转向，纷纷中弹落马。惊炸的战马四散奔突，又将急赶而来支援的国民党东北军骑兵第六师冲乱。红军立即乘胜追击，采用自己擅长的穿插分割、迂回包围战术，把敌骑兵分别包围在二道川、平台山，头道川的杨城子、圪坻梁、柳树梁、燕山梁一带，或消灭或击溃，给予敌人毁灭性打击。

这场战斗，红军与敌人激战两个多小时即告结束，共歼灭国民党军一个骑兵团，击溃另外三个团，毙伤俘国民党军骑兵2050人，缴获战马1720匹，缴获山炮、迫击炮、轻重机枪数十门（挺）。陕甘支队切掉了一直跟在屁股后面的"尾巴"，为下一步与红十五军团的会师扫清了障碍。

"切尾巴"战斗胜利后，从10月22日开始，陕甘支队抓紧时间以战备姿态转入休整。

同一天，中央政治局在吴起镇举行扩大会议，毛泽东在会上作关于目前行动方针的报告并作结论。毛泽东指出：陕甘支队自俄界出发走了2000里，到达这一地区的任务已经完成。现在全国革命总指挥部到这里，成为反革命进攻的中心。敌人对于我们的追击堵截不得不告一段落，现在敌人又将开始

"围剿"。我们的任务是保卫和扩大陕北苏区，以陕北苏区领导全国革命。

这次会议，还正式批准了榜罗镇会议的战略决策，宣告了中央红军长征胜利结束。

会后，中央派白区工作部部长贾拓夫和组织部部长李维汉率领一支精干的先遣队前往甘泉县，寻找刘志丹领导的陕北红军。陕甘支队也在10月30日离开吴起镇前往甘泉县的下寺湾，准备与在那一带的红十五军团会合。11月2日，陕甘支队经保安到达下寺湾。早些天派出的贾拓夫和李维汉，已经与陕甘根据地主要领导人郭洪涛、聂洪钧取得了联系。因此，当中共中央和中央红军到达时，受到了边区政府、列宁小学师生和当地群众的夹道欢迎。

11月3日，中共中央政治局常委在下寺湾听取红十五军团政治委员程子华、中共陕甘晋省委副书记郭洪涛、西北军委主席聂洪钧的汇报，随即召开中央政治局扩大会议。会议讨论了中央对外名义和组织分工等问题。毛泽东发言说：对外用中共西北中央局和中央政府办事处的名义较适当，公开使用中共中央和中央政府名义可在打破"围剿"之后再定。

作者手记：
面对困难敢于横刀立马

吴起镇"切尾巴"战役遗址

　　会议决定：鉴于中共中央和中央苏维埃政府已经随中央红军到达陕北，为统一组织、加强力量、协调各方面关系，成立中国工农红军西北革命军事委员会，简称西北军委，毛泽东为主席。这个西北军委由中共中央直接领导，实际上是中央革命军事委员会。

　　会后，毛泽东率红一军团前往甘泉县，准备到红十五军团司令部驻地道佐铺与红十五军团领导人会面。11月5日午后，毛泽东、彭德怀等人率部到达甘泉县道镇的象鼻子湾村。毛泽东向随行的军委直属部队发表了讲话。他说："从江西瑞金算起，我们走了一年多时间。我们每人开动两只脚，走了两万五千里。这是从来未有过的真正的长征。我们红军的人数比以前是少了一些，但是留下来的是中国革命的精华，都是经过严峻锻炼与考验的。留下来的同志不仅要以一当十，而且要以一当百、当千。今后，我们要和陕北红军、陕北人民团结一致，要作团结的模范，共同完成中国革命的伟大使命，开创中国革命新局面。"①

毛泽东在象鼻子湾村前树林里土台子上雪地讲话旧址

① 中共中央文献研究室编《毛泽东年谱（一八九三——一九四九）》修订本（上卷），中央文献出版社，2013，第484页。

长征结束前的最大一次减员

红军长征的四路队伍，都经历过惨烈战斗，遭受了惨重损失。一直到1936年10月，三大主力红军长征大会师前夕，红二方面军还损失了一个整团。

提到红军长征中的惨烈战斗和惨重损失，我们一般都会想到湘江战役，因为这一仗红军成建制地损失了一个团和一个师。很多人不知道的是，到了三大主力红军快要会师的时候，也成建制地覆灭了一个团。1936年10月初，红二方面军主力向北转移后，国民党军从甘肃武都向康县进逼。在康县活动的红二军团第六师第十七团，因收拢不及，遭到优势敌人的围追堵截，全部损失。

从1936年8月5日开始，先后走出草地的红四、红二方面军在甘南地区进行了一次大规模的作战行动，以图建立补充休整的临时根据地。8月上旬，中共中央根据国际国内形势的变化，制定了"逼蒋抗日"的方针，提出了三个方面军合力夺取宁夏的战略计划。其中对红二方面军的要求是，迅速向陕甘边界出动，首先插入王均部防线之后占领凤县、宝鸡、两当、徽县、成县、康县地区，再与王均部作战。中央认为，红二方面军的东向行动最为重要。

根据中央的指示精神，9月7日红二方面军领导人在哈达铺召开会议，研究制定了"成（县）徽（县）两（当）康（县）战役计划"。部队迅速出动，半个多月的时间内打下了四座县城。同时，除以一部分兵力继续围攻凤县、略阳，打击东面之敌外，驻守各县区的部队开始在甘南地区积极帮助建立党的组织和革命政权，领导群众进行临时根据地建设的各项工作。

在成徽两康战役期间，为更好地发动群众，红二方面军总指挥贺龙在团以上干部会议上除了重申"三大纪律、八项注意"外，又根据当地实际，向全军指战员下达了这样五条特别命令：1.群众不回来，部队不能进他家；2.有些人跑的时候把家里的门窗没关好，要替他们看着门，不让小偷进去偷东西；3.庄子内外要打扫干净；4.不能打鸡赶狗，要让它们鸡狗不惊；5.要向群众宣传革命道理，争取他们相信我们。

这期间，敌人也调兵遣将。加之原定三个方面军配合作战的静会战役计划没能如期完成，到9月底，敌胡宗南部与毛炳文、王均部已经逐渐靠拢，自北向南逼近红二方面军；南面王均部第三十五旅及补充团袭占成县，川军孙震部也由武都进至康县一带。这样一来，红二方面军就陷入了腹背受敌的危险境地。10月3日一时，毛泽东、周恩来紧急致电红二方面军领导人，指示红二方面军应该趁胡宗南部尚未全部集中之时转移北上，迅速脱离险境。

接到中央急电的当天，任弼时、贺龙、关向应在徽县发布命令，规定全军分两个纵队，经天水、甘谷与麻沿河、永兴镇、武山的中间地带，于10月12日以前到达通渭地区。命令下达后，红六军团为右纵队，红二军团和红三十二军为左纵队，在10月4日就紧急向北转移。由于敌人集中了绝对优势的兵力进行堵截，这成了红二方面军最危险的一次突围转移行动，损失巨大。

　　贺龙在1961年曾经回忆红二方面军从成徽两康地区夺路北上时的危险情景："我们把四县（成县、徽县、两当、康县）打下，张国焘却不打，向西一跑，三个军（指敌新一军团、第三军、第三十七军——引者）一过河，所有的敌人都加到我们的头上，对付我们……张国焘整了我们一手，损失相当大。我们损失十七团……过渭河，狼狈极了，遭敌侧击，渭河上游下暴雨，我们徒涉，水越来越大，冲了点人去。张国焘违背中央军委的指示，二方面军几乎遭到全军覆没。这是长征中最危险的一次。乌蒙山并不紧张，埋炮我都不准埋，到黔（西）、大（定）、毕（节）哪面都可以打，封锁线我们一冲就破了。要说紧张，第一次是甘孜，张国焘要困死我们；二次就是成徽两康战役。我们原来估计四方面军不会走的。那时，我们给中央发了电报，早（向北）走两天就好了，不会这样狼狈，六军团也遭不到侧击。四方面军一撤走，敌人就围拢来了。急行军。掉了几千人。"[1]

　　转移北上时，红二军团第六师几个师领导都随团行动。师长贺炳炎带领师直和第十六团先期到达徽县，师政委廖汉生带领第十八团也从成县赶到徽县。但是师政治部主任刘型带领第十七团却分散在康县，收拢不及，与师部失去了联系。第六师主力撤离徽县时，曾经派师参谋长常德善带便衣侦察队去康县寻找第十七团，但是没有找到。师政委廖汉生后来回忆："以后我们陆续得知，十七团在康县孤陷敌中，虽几度突围终未成功，在那里没能生存好久。全团同志有的牺牲，有的负伤，有的被俘，有的流落当地，有的辗转回乡，只有屈指可数的几位同志历尽磨难找到部队。带领十七团在康县扩红的

① 贺龙：《长征中的红二方面军》，载中共中央党史研究室编《红军长征纪实丛书·红二方面军卷1》，中共党史出版社，2016，第21—22页。

师政治部主任刘型同志也不幸牺牲。"[1]

根据现有资料,第十七团最后的踪迹,大致可以复原如下。

第十七团于9月25日从康县县城和康县窑坪乡同时转移,当天到达略阳县的郭镇。之后的大约一周时间,第十七团还在郭镇建立了苏维埃临时政府。红六师主力紧急转移后,第十七团同上面失去了联系。团干部开会研究情况之后,认为东向的略阳已经被川敌占领,往北去也被敌人的重兵所阻,唯有往西北去岷县、宕昌一带,才可能找到红军主力曾经集结的大本营。这样从10月1日午夜起,第十七团经过平沟、廖家坝,到了康县的两河镇。

不幸的是,从两河镇出发时找的向导王炳文是个坏人。这家伙故意把第十七团往南引向通往陕西省宁强县阳平关方向的苍社沟,而川敌孙震部此前已经到达阳平关一带设防。这里沟深绵延50多里,道路崎岖难行,部队在这个地方盘桓辗转好多天都走不出去。团领导发现上当后枪毙了王炳文,部队只好顺原路返回。

此后一段时间,全团指战员冒雨涉险渡过燕子河、三河坝河、曲河等几条正在暴涨的河流,翻越了齐家垭豁、枫岭、牛喝水岭等几座高山,经过两河、白杨、铜钱、店子、豆坝、碾坝6个乡镇,始终没能转出康县西南的大山区。红六师参谋长常德善带侦察队来康县寻找时,第十七团正活动在康县南部的深山老林中,所以没有联系上。

此时已是深秋天寒季节,部队粮食、弹药、冬衣都短缺,和上级又联系不上,已经严重影响部队行动和士气。而随军行动的师政治部主任刘型在康县白杨镇徒涉元曲河时跌倒呛水,后来患了严重伤寒病无法行走,只能由几个战士轮流抬着行军。刘型不愿意自己这样拖累部队,坚持要把自己放在群众家里,警卫战士只好把他转移到一个山林间的窝棚里,从此生死不明。

---

[1] 廖汉生:《廖汉生回忆录》,解放军出版社,2012,第105页。

　　这个时候的第十七团完全成了一支孤军，沿途到处是敌军或者民团，部队不断减员。几个团干部商量后决定，向红军曾经活动时间较长有些群众基础的成县、徽县方向前进，但部队北上时在豆坝镇（另一说在今甘肃省陇南市武都区佛崖镇）一带遭到敌人猛烈的炮火轰击，造成了部队很大的伤亡，余部只剩300多人了。在敌军的围追堵截中，部队减员越来越大，所剩无几的人员最后全部失散，不知所终。

湘江战役是中央红军长征路上损兵折将最多的一
场血战，所有参与作战的部队都损失惨重，却有一个
团无一减员渡过了湘江，堪称奇迹！

在湘江战役中，红三军团第六师第十八团和
红五军团第三十四师成建制丧失，红八军团损失殆
尽，参与作战的其他部队也都伤亡惨重，这在人民
军队的历史上是空前绝后的。然而鲜为人知的是，
湘江战役的参战部队中却有一个团奇迹般地无一减
员渡过了湘江。

这个团就是红三军团第六师第十六团，团长李
寿轩，政委周赤萍。他们俩在1955年都被授予中
将军衔。

红三军团第六师是由江西兴国模范师这支地方
武装升编而成的，部队成分基本上是兴国子弟兵。
兴国模范师成立于1932年8月，第二年的6月1日，
在江西省兴国县潋江镇筲箕村的江西军区驻地广
场，全师官兵举行上前线的誓师大会后开赴江西乐

李寿轩（左）和周赤萍（右）

安，整编为中国工农红军第三军团第六师，下辖第十六、第十七、第十八3个团。在中央苏区的反"围剿"作战中，这支部队逐步锻造成红三军团劲旅。1934年9月，第六师从中央苏区西线反"围剿"战场撤离，赶往集结地点出发长征。

中央红军连续突破敌人前三道封锁线时，战斗进展总体来说还是比较顺利的。1934年11月11日，在红三军团打垮地主武装、摧毁敌人的中心碉堡、占领中央红军长征途中的第一座县城湖南宜章城后，中革军委还专门发布命令，表彰红三军团首长彭德怀、杨尚昆及红三军团全体指战员"在突破汝城及宜章、郴州两封锁线时之英勇与模范的战斗动作"，并要求红三军团经过军团政治部把这个命令通晓到每个红军战士，以鼓舞战士们的斗志。这个命令提及的，就是中央红军突破国民党军第二道和第三道封锁线的战斗。

蒋介石部署的前三道封锁线虽然没能消灭中央红军，但在这个过程中，他也大致摸清了中央红军的战略意图，立即调兵遣将，组织五路大军30多万兵力，拉起了第四道封锁线，企图将中央红军消灭在湘江东岸。正是看到了这个十分严重的敌情，所以中央红军突破敌人第三道封锁线以后，中革军委主席朱德急电各军团及军委纵队首长，决定全军分三个纵队前进，要求红军各部迅速秘密地脱离尾追之敌。

11月25日十七时，朱德在湖南道县寿雁镇豪福村急电各军团及军委纵队首长，发布了我军抢渡湘江突破第四道封锁线的命令。根据这个命令，全军分四路纵队向湘江进发，红三军团为第三纵队，经小坪、邓家源向灌阳山道前进，相机占领灌阳县城。红三军团第六师第十六团的任务是在灌阳县城东北的山地阻击敌人，灌阳县城西北约30里的地方则是李天佑第五师的新圩阻击战阵地，他们要共同掩护军委纵队过湘江。后来成建制损失的红三军团第六师第十八团，就是接防红五师的新圩阻击战主战场枫树脚阵地。

11月28日，红三军团第六师到达灌阳县泡江、长塘坪地域，第十六团在灌阳县城东北约35里的水车镇泡江至苏江一带山地构筑工事阻击敌人。为加强领导力量，红三军团第六师政治部敌工科科长吴西和第六师政治部青年干事刘西元随第十六团行动。

第十六团扼守的泡江一带都是低矮的丘陵，并不是打阻击的理想战场。但为了保护此时行军速度极其缓慢的军委纵队安全渡过湘江，他们只能在这里构筑工事阻敌。好在这一带虽然山势不高，但山林茂密，灌木丛生。作战经验丰富的团长李寿轩一到这里，带领营连干部观察过地形后，就命令全团砍木头做鹿砦。其间除了曾经派出一部分队伍佯攻灌阳县城袭扰迷惑敌人外，全团上下从干部到战士不分日夜埋头扎鹿砦、挖壕沟。经过两天两夜苦干，一条由削尖的木桩交织而成的鹿砦障碍工事筑成了。这一里多路长的尖桩鹿砦，令人望而生畏。

11月30日午后，急着赶往湘江堵截红军的桂军两个师蜂拥而至。桂军占领山下的道路后，并没有立刻攻击，而是派出一个侦察连摸索前进。桂军的侦察连一到第十六团的尖桩鹿砦和壕沟前，看出红军早有准备，不敢轻举妄动。不久侦察连退下去了，敌人的大队人马却依然按兵不动。就这样一直对峙到黄昏时分，桂军也没有向第十六团发起过一次进攻，最后掉头走了。也许他们觉得目标是湘江，不能在这里耽搁时间，所以绕过这里往西赶往湘江去了。

桂军刚退走，红八军团第二十一师第六十二团就奉命来接防。第六十二团团长是马良骏，政委是王贵德。和第六十二团交接完毕后，李寿轩下令收拢部队迅速向湘江方向前进。部队一路小跑到达全州县石塘镇时，天已经全黑了。尽管这几天没有打仗，但两天两夜连续筑工事，又经过急行军，此时干部战士都精疲力竭急需休息，哪怕睡一个小觉也好。团干部和师里来的吴西等人一边吃干粮，一边开紧急碰头会。大家一致认为，由于军委纵队这几天行动迟缓，各路敌军已经压过来了，作为后卫部队，我们实际上还在敌人的包围圈中，这个时候休息就是坐以待毙，部队吃完干粮必须立即紧急集合出发。

就这样边动员边行动，第十六团在伸手不见五指的黑夜中艰难地前进。大家只有一个信念：渡过湘江就是胜利。干部战士相互鼓励，相互帮助，最后是互相搀扶着艰难跋涉。所以尽管行军速度越来越慢，队伍越拉越长，但是全团没有一个人伤亡，没有一个人掉队。12月1日天快亮的时候，第十六团的将士们终于走到了湘江东岸。

岸边不见渡船，战士们只能徒涉过河。侦察排很快找到了徒涉点，水不深，但水流很急。大家解开绑腿结绳，由水性好的战士先把它固定在两岸，战士们一个挨一个，拉着绑腿绳子，终于赶在桂军"黎明轰炸"行动之前，涉水渡过了湘江，然后立即疏散进松树林里休息。

第十六团的干部战士不知道的是，他们这一夜的静默急行军，可是把红三军团领导急坏了。李寿轩和政委安顿好部队正准备休息，突然得知被李德贬到红五军团任参谋长的刘伯承就在不远处，他们立即赶过去相见。刘伯承告诉李寿轩："三军团部以为你们被敌人拦阻不能过江了。军委转来三军团的两份电报，正在查找你们的下落呢。"听到李寿轩报告第十六团无一伤亡，刘伯承特别高兴。李寿轩到这时才知道，在新圩阻击敌人的李天佑第五师两个团，过江后不足千人，来不及转移的100多名伤员后来被敌人扔进了酒海井；第六师的第十七团伤亡惨重，第十八团没了消息，只有第十六团没有损失。

李寿轩把这几天来执行阻击任务的情况向刘伯承作了汇报，并遵刘伯承嘱咐立即向红三军团首长彭德怀、杨尚昆发报：

十六团无一减员渡过湘江！

"我说陕北是两点"

"我说陕北是两点，一个落脚点，一个出发点。"这话是1945年4月21日，毛泽东在党的七大预备会上作报告时说的，值得我们认真体悟。

1945年4月21日，毛泽东在中国共产党第七次全国代表大会预备会上作报告时，说过一段很有名的话："有人说，陕北这地方不好，地瘠民贫。但是我说，没有陕北那就不得下地。我说陕北是两点，一个落脚点，一个出发点。七大在陕北开会，这是陕北人的光荣。"[①]

"一个落脚点，一个出发点"，看似简单的"两点"，却道出了陕北在中国革命中的重要地位：这里既是长征的落脚点，又是抗战和中国革命胜利的出发点。毛泽东讲这番话的时候，离红军把陕北作为长征落脚点已经过去快十年，红军已经落地生根，发展壮大；作为出发点，从这里奔赴抗日战场

---

① 《毛泽东文集》第三卷，人民出版社，1996，第297页。

的八路军和南方的新四军，逐步发展成为中国抗战的主力军，中国共产党成了抗日战争的中流砥柱，此时已经看到了抗战胜利的曙光。

但长征并不是一开始就知道要落脚陕北的。中央红军离开中央苏区时，原定计划是到湘西去会合红二、红六军团，实践证明此路不通。此后作过多次抉择，却一次次落空。从中央红军"扭秧歌似的"转战路径就可以看出，"长征到哪里落脚"这个问题的解决何其艰难！一直到1935年9月20日，在甘肃宕昌县哈达铺中共中央政治局常委会议以后，同一天在陕甘支队团以上干部会议上，毛泽东才正式宣布："民族的危机在一天天加深，我们必须继续行动，完成北上抗日的原定计划。首先要到陕北去，那里有刘志丹的红军。从现地到刘志丹创建的陕北革命根据地不过七八百里的路程。大家要振奋精神，继续北上。"①

虽然目的地已经明确，但真正找到陕北红军还是费了一点周折。10月19日，历经千难万险走到吴起镇的中央红军，并没有遇见后人想象的万众欢呼的场面，反而是十室九空。原来，率先完成长征的红二十五军已经和陕北红军组建了红十五军团，此时正在进行劳山、榆林桥战役。群众误以为是白军或土匪乘机来骚扰，仓皇逃避一空。成仿吾后来回忆说：战士们"于是四出去找群众，半天找着了几个老头、老太太，却语言不通，讲什么都说：'解不下'，我们的同志误以为群众'害怕'，因为音很相近"②。彼此之间说话，用一个今天的网络词，叫作"鸡对鸭讲"。战士们使出群众工作的基本功，帮群众挑水、扫地，刷标语。老百姓看到这些衣衫不整的战士和陕北红军的做法是一样的，这才知道他们是远道而来的"自己人"。

中央红军到达吴起镇后，为了尽快联系上陕北红军，派贾拓夫和李维汉

① 中共中央文献研究室编《毛泽东年谱（一八九三——一九四九）》修订本（上卷），中央文献出版社，2013，第475页。

② 成仿吾：《长征回忆录》，人民出版社，1977，第165页。

等人率领先遣队，携带电台前往寻找刘志丹和徐海东的部队。之所以派贾托夫去，是因为贾托夫原本就是陕甘根据地的干部。1933年10月，他千里迢迢到中央苏区汇报陕北党和红军的情况，后来就留在中央白区工作部工作，出席了中共六届五中全会和中华苏维埃第二次全国代表大会。1934年10月，随中央红军长征。所以到陕北后要寻找联络陕北红军，贾拓夫是最佳人选。而李维汉当时是中央组织部部长，也是合适人选。

先遣队从吴起镇南下，在甘泉县的下寺湾遇到了时任陕甘晋省委副书记郭洪涛，稍后西北军委主席聂洪钧也来到了下寺湾。这样终于联络上了陕北的党和红军组织。10月底，毛泽东等人率领陕甘支队离开吴起镇，前往下寺湾。11月3日，中共中央在下寺湾召开政治局常委会议，着手解决陕北苏区肃反扩大化错误，部署了落脚陕北涉及的党政军各种重大问题。之后，中央红军分两路行动：洛甫（张闻天）、博古等人率中央机关工作人员去子长县瓦窑堡；毛泽东、周恩来、彭德怀率红一军团南下去会合红十五军团。

11月5日，毛泽东到达甘泉县道镇象鼻子湾，发表了著名的"雪地讲话"，论述了长征的伟大意义。

中共中央率中央红军落脚陕北后，制定了一系列正确的政策和策略，为全国人民指明了抗日救国的方向。直罗镇战役以后，毛泽东、周恩来前往瓦窑堡，参加12月17日至25日在那里召开的中央政治局会议，即著名的瓦窑堡会议。会议制定了抗日民族统一战线的策略方针，解决了遵义会议没有来得及解决的政治策略问题。

为表明抗日决心，也为了求得生存和发展的更大空间，红一方面军从1936年2月20日开始，发动了各历时约两个半月的东征战役和西征战役，不但使陕北苏区得以恢复、巩固和发展，而且扩大了红军抗日的政治影响。与此同时，周恩来牵头开展的争取东北军抗战的工作也卓有成效。

1936年10月，红军三大主力胜利会师。11月21日至22日山城堡一战，成为国共双方在土地革命战争时期的最后一仗。紧接着的西安事变，成为时局转换的关键。经过艰难谈判，国共实现第二次合作。双方达成北方红军改编为国民革命军第八路军的协议，南方八省游击队则在之后不久改编为国民革命军陆军新编第四军。

1937年8月22日，由红一方面军为主编成的第一一五师作为东进先遣队，由陕西三原地区誓师出征，后来创建了晋察冀抗日根据地。9月3日，由红二方面军为主编成的第一二○师，从陕西富平县庄里镇永安村开赴抗日前线，后来创建了晋西北和大青山抗日根据地。9月30日，由红四方面军为主编成的第一二九师，也由陕西富平县庄里镇出发东进，后来创建了晋冀豫抗日根据地。新四军则在大江南北创建了华中抗日根据地。

从数字看长征

从1934年10月至1936年10月，中国工农红军以非凡的智慧和大无畏的英雄气概，战胜千难万险，付出巨大牺牲，胜利完成震撼世界、彪炳史册的长征。长征途中，红军既要战胜国民党军的围追堵截，又要战胜党内的错误指导思想，还要经受极端恶劣的自然条件考验，其艰苦卓绝程度超乎常人想象，通过下面这组反映长征的数字，我们可以窥斑见豹。

1.红军长征从1934年10月17日中共中央和中央红军南渡于都河开始，至1936年10月22日红二、红一方面军会师结束，历时两年多时间。

2.按长征时的行政区划，红军长征经过的省为14个：江西、福建、广东、湖南、广西、贵州、云南、四川、西康、青海、河南、湖北、甘肃、陕西。

红一方面军从1934年10月17至1935年10月19日，历时12个月零3天，途经江西、福建、广东、湖南、广西、贵州、云南、四川、西康、甘肃、陕西11省。

红二方面军从1935年11月19日至1936年10月22日，历时11个月零3天，途经湖南、贵州、云南、西康、四川、青海、甘肃、陕西8省。

红四方面军从1935年3月下旬至1936年10月9日，历时1年零7个月，途经四川、西康、青海、甘肃4省。

红二十五军从1934年11月16日至1935年9月15日，历时10个月，途经河南、湖北、甘肃、陕西4省。

3.长征中，红军平均每天行军74里。在中央红军368天的长征途中，15个整天在打大决战，平均每天都有一次遭遇战。

4.红军长征翻越了18条山脉，其中5条终年积雪，平均海拔5000米左右。渡过了24条河流，包括世界上最凶险的峡谷大江。经过的松潘草地面积1.52万平方公里，约等于整个法国的陆地国土面积。

5.红军长征总里程6.5万余里，其中红一方面军2.5万余里，红二方面军2万余里，红四方面军1万余里，红二十五军约1万里。

6.为消灭长征中的红军，蒋介石调集了国民党中央军、粤军、湘军、桂军、黔军、滇军、川军、东北军、西北军、马家军及少数民族中反动头人武装等10多支部队数十万大军，千方百计进行围追堵截。

7.长征中指挥员的平均年龄不足25岁，战斗员的年龄平均不足20岁，14岁至18岁的战士至少占40%。而红二十五军战士的年龄大多在13岁至18岁。

8.长征途中，共进行了重要战役、战斗近600次，其中师以上规模的战役、战斗达120余次，攻占了100余座县城。

9.中央红军长征每前行300米，就牺牲了一名红军战士。

10.参加过长征的开国将帅比例：10位元帅中有9位，占90%；10位大将有8位，占80%；57位上将中有48位，占84.21%；177位中将中有157位，占88.7%；1360位少将中有870位，占63.97%。

结束语

对于红军长征这个伟大事件，现在一致的认识是：中国工农红军的长征是"3＋1"的长征，即红一方面军（中央红军）、红二方面军（最初称红二、红六军团）、红四方面军的长征，再加上红二十五军的长征。红军长征开始的时间，以1934年10月中央红军主力离开中央苏区算起；长征结束以三大主力红军（红二十五军于1935年11月并入红一方面军系列）于1936年10月在甘肃会宁和今属宁夏的将台堡会师为标志。

对于长征的意义，中共许多领导人都有重要论述，这是我们在学习长征历史、弘扬长征精神时应该把握的。

1935年12月27日，中央红军完成长征刚刚两个多月，毛泽东在陕北瓦窑堡党的活动会议上作《论反对日本帝国主义的策略》报告。在分析中国民族革命营垒里的情形时，毛泽东谈到红军，谈到长征。他说："长征是历史纪录上的第一次，长征是宣言书，长征是宣传队，长征是播种机。自从盘古开天地，三皇五帝到于今，历史上曾经有过我们这样的长征吗？十二个月光阴中间，天上每日几十架飞机侦察轰炸，地下几十万大军围追堵截，路上遇着了说不尽的艰难险阻，我们却开动了每人的两只脚，长驱二万余里，纵横十一个省。请问历史上曾有过我们这样的长征吗？没有，从来没有的。长征又是宣言书。它向全世界宣告，红军是英雄好汉，帝国主义者和他们的走狗蒋介石等辈则是完全无用的。长征宣告了帝国主义和蒋介石围追堵截的破产。长征又是宣传队。它向十一个省内大约两万万人民宣布，只有红军的道路，才是解放他们的道路。不因此一举，那么广大的民众怎会如此迅速地知道世界上还有红军这样一篇大道理呢？长征又是播种机。它散布了许多种子在十一个省内，发芽、长叶、开花、结果，将来是会有收获的。总而言之，长征是以我们胜利、敌人失败的结果而告结束。谁使长征胜利的呢？是共产党。没有共产党，这样的长征是不可能设想的。中国共产党，它的领导机关，它的干部，它的党员，是不怕任何艰难困苦的。谁怀疑我们领导革命战争的能力，谁就会陷进机会主义的泥坑里去。长征一完结，新局面就开始。"①

2016年10月21日，习近平总书记在纪念红军长征胜利80周年大会上发表重要讲话，指出："面对生死存亡的严峻考验，从1934年10月到1936年10月，红军第一、第二、第四方面军和第二十五军进行了伟大的长征。我们党领导红军，以非凡的智慧和大无畏的英雄气概，战胜千难万险，付出巨大牺牲，胜利完成震撼世界、彪炳史册的长征，宣告了国民党反动派消灭中国共产党和红军的图谋彻底失败，宣告了中国共产党和红军肩负着民族希望胜利实现了北上抗日的战略转移，实现了中国共产党和中国革命事业从挫折走向胜利的伟大转折，开启了中国共产党为实现民族独立、人民解放而斗争的新的伟大进军。"②

穿越历史的沧桑巨变，今天的人们会更加深刻地认识到，长征在我们党、国家和军队的发展史上具有十分重大的意义，对中华民族历史进程产生了十分重大的影响，对实现中华民族伟大复兴具有十分重大的作用。

---

① 《毛泽东选集》第一卷，人民出版社，1991，第149—150页。
② 《习近平在纪念红军长征胜利80周年大会上的讲话》，《人民日报》2016年10月22日，第02版。

　　在红军长征的两年征程中，客观形势对红军是极为不利的。上百万国民党大军围追堵截，雪山草地大江大河阻隔困厄，"左"倾教条主义的错误领导和右倾分裂主义的危害，多次使力量弱小的红军濒于绝境。但是，在这种艰难而危险的情况下，红军为什么能最终取得长征的胜利？重温长征历史，对新时代走好新的长征路有什么启示？

　　研究长征的学者对此会有很多解读。笔者试图从以下五个方面谈点自己的认识，以供读者批评指正。

第一，广大红军将士有着崇高的理想、坚定的信念。

　　2021年4月25日，习近平总书记考察广西全州县才湾镇红军长征湘江战役纪念园并发表重要讲话，指出："为什么中国革命能成功？奥秘就是革命理想高于天，在最困难的时候坚持下去，这样才能不断取得奇迹般的胜利。我们对实现下一个百年奋斗目标、实现中华民族伟大复兴就应该抱有这样的必胜信念。困难再大，想想红军长征，想想湘江血战。"

　　老红军谢振华晚年的时候，记者问他长征中是靠什么挺过来的？他回答说："我们是对革命的信仰，人不能没有信仰，在爬雪山、过草地的路上，我们红军之所以能够坚持过来，就是因为我们认为能吃这种苦是为了受苦受难的老百姓的翻身解放，相信跟着共产党，为人民打天下，一定会胜利，没有这种信念是不可能走完两万五千里长征的。"[1]

　　新时代学习红军长征历史，弘扬伟大长征精神，走好新的长征路，就必须牢记初心使命，坚定理想信念，践行党的宗旨，坚定共产主义远大理想和中国特色社会主义共同理想，坚信正义事业必然胜利，为夺取全面建成社会主义现代化强国新胜利而矢志奋斗。

---

① 高中华：《长征精神代代传》，《月读》2021年第7期。

第二，及时撤换了"左"倾教条主义的错误领导，以毛泽东为核心的党的第一代中央领导集体逐步形成，为长征胜利提供了重要保证。

1943年12月16日，张闻天在延安整风时曾经谈到以毛泽东为核心的党的第一代中央领导集体的形成对长征胜利重要意义。他说："遵义会议在我党历史上有决定转变的意义。没有遵义会议，红军在李德、博古领导下会被打散，党中央的领导及大批干部会遭受严重的损失。遵义会议在紧急关头挽救了党，挽救了红军。"①

长征中形成的党的第一代领导核心，每到危难关头总能给全党全军以坚定的信心和巨大的力量。红军将士都认识到党是主心骨，只有跟党走才能迎来胜利的曙光，听党指挥就是胜利之源。

长征走过的道路，不仅翻越了千山万水，而且翻越了把马克思主义当作一成不变的教条的错误思想障碍。新时代学习红军长征历史，弘扬伟大长征精神，走好新的长征路，就必须以科学的态度对待马克思主义，深刻认识马克思主义基本原理必须与中国革命、建设和改革发展的具体实践相结合，在实践中不断推进马克思主义中国化时代化；就必须确立和维护无产阶级政党的领导核心，深刻领会"两个确立"的决定性意义，把"两个确立"转化为做到"两个维护"的高度自觉，让坚持"两个确立"、做到"两个维护"成为党员干部鲜明的政治品格。

第三，战胜了张国焘的分裂主义，保持了党和红军的团结统一。

红一、红四方面军会师以后，张国焘自恃人众枪多，个人野心膨胀，企图夺取党和红军的最高领导权，并明目张胆地成立"第二中央"，分裂党和红军。党中央和毛泽东、张闻天、周恩来、王稼祥、朱德、张浩、任弼时、贺龙等领导同志以及广大红军指战员，对此进行了坚决的斗争，终于战胜了

---

① 张闻天选集编辑组编《张闻天文集》第三卷，中共党史出版社，1994，第220页。

张国焘的分裂主义，有力地维护了党和红军的团结和统一。如果没有全党全军的这种团结统一，红军要取得长征的胜利是不可想象的。

新时代学习红军长征历史，弘扬伟大长征精神，走好新的长征路，就必须坚持全面从严治党，像红军那样发扬顾全大局、严守纪律、紧密团结的优良传统和作风，不断增强"四个意识"、坚定"四个自信"、做到"两个维护"。

第四，实行灵活机动的战略战术，各路红军密切配合，广大红军将士发扬了革命的英雄主义精神和英勇顽强的战斗作风。

中央红军长征初期，大搬家的甬道式行进，行动迟缓，战术呆板，损失惨重；遵义会议以后，中央红军四渡赤水河，巧渡金沙江，强渡大渡河，飞夺泸定桥，都是高度的灵活机动。前后的战略战术及其效果形成了鲜明对比。

各路红军的战略配合，对于长征的胜利起了至关重要的作用。比如红七军团的先遣北上、红六军团的探路西征，都配合了红一方面军的长征准备。红四方面军配合红一方面军北渡金沙江、配合红二和红六军团在川康边的北上，红一方面军接应红二、红四方面军的北上，都是各路红军相互之间战略配合的生动体现。

在长征过程中，红军面对的常常是几十万敌军的围追堵截和数不清的艰难险阻，没有革命的英雄主义精神和英勇顽强的战斗作风，是难以克敌制胜的。广大红军将士血战湘江、十八勇士强渡大渡河、二十二勇士飞夺泸定桥等，无一不是这种精神和作风的体现。

新时代学习红军长征历史，弘扬伟大长征精神，走好新的长征路，就必须把握方向、总揽大局、统筹全局，为实现我们的总任务、总布局、总目标而不怕任何艰难险阻，不惜做出一切牺牲。

第五，坚持群众路线，严明群众纪律，实行了正确的民族政策和宗教政策，得到各族群众的大力支持和帮助。

红军在长征中，时刻注意以严明的纪律维护群众利益，争取群众支持。一部红军长征史，就是一部反映军民鱼水情深的历史。习近平总书记在纪念红军长征胜利80周年大会上的重要讲话中，引用了"半条被子的故事"。在湖南汝城县沙洲村，三名女红军借宿徐解秀老人家中，临走时，把自己仅有的一床被子剪下一半给老人留下了。老人说，什么是共产党？共产党就是自己有一条被子，也要剪下半条给老百姓的人。同人民风雨同舟、血脉相通、生死与共，是中国共产党和红军取得长征胜利的根本保证，也是我们战胜一切困难和风险的根本保证。

新时代学习红军长征历史，弘扬伟大长征精神，走好新的长征路，就必须坚持大团结大联合，坚持一致性和多样性统一，加强思想政治引领，广泛凝聚共识，广聚天下英才，努力寻求最大公约数、画出最大同心圆，形成海内外全体中华儿女心往一处想、劲往一处使的生动局面，汇聚起实现民族复兴的磅礴力量！

习近平总书记在纪念红军长征胜利80周年大会上的重要讲话中强调："历史是不断向前的，要达到理想的彼岸，就要沿着我们确定的道路不断前进。每一代人有每一代人的长征路，每一代人都要走好自己的长征路。今天，我们这一代人的长征，就是要实现'两个一百年'的奋斗目标、实现中华民族伟大复兴的中国梦。"[1]

---

[1]《习近平在纪念红军长征胜利80周年大会上的讲话》，《人民日报》2016年10月22日，第02版。

参考文献

1. 中央档案馆.中共中央文件选集：一九三四——一九三五[M].北京：中共中央党校出版社，1991.

2. 中央档案馆.中共中央文件选集：一九三六——一九三八[M].北京：中共中央党校出版社，1991.

3. 毛泽东选集：1—4卷[M].北京：人民出版社，1991.

4. 中共中央文献研究室.毛泽东文集：1—6卷[M].北京：人民出版社，1993、1996、1999.

5. 中共中央文献研究室.毛泽东年谱：一八九三——一九四九：修订本：上[M].北京：人民出版社，2013.

6. 中共中央文献研究室.周恩来年谱：一八九八——一九四九：修订本[M].北京：中央文献出版社，1998.

7. 中共中央文献研究室.朱德年谱：一八八六——一九七六：新编本：上[M].北京：中央文献出版社，2006.

8. 中共中央文献研究室.毛泽东传：一八九三——一九七六[M].北京：中央文献出版社，2011.

9. 中共中央文献研究室.周恩来传[M].北京：中央文献出版社，2011.

10. 中共中央文献研究室，中国人民解放军军事科学院.周恩来军事文选：第

四卷 [M].北京：人民出版社，1997.

11.中国人民解放军历史资料丛书编审委员会.红军长征：文献 [M].北京：解放军出版社，1995.

12.《长征大事典》编委会.长征大事典 [M].贵阳：贵州人民出版社，1996.

13.军事科学院军事历史研究所.中国工农红军长征全史：1—5卷 [M].北京：军事科学出版社，2006.

14.叶剑英.叶剑英军事文选 [M].北京：解放军出版社，1997.

15.彭德怀.彭德怀自述 [M].北京：人民出版社，1981.

16.萧克.萧克回忆录 [M].北京：解放军出版社，1997.

17.中共中央文献研究室，中国人民解放军军事科学院.毛泽东军事文集 [M].北京：军事科学出版社，1993.

18.任弼时.任弼时选集 [M].北京：人民出版社，1987.

19.中国工农红军第一方面军史编审委员会.中国工农红军第一方面军史 [M].北京：解放军出版社，1993.

20.中国人民解放军军事科学院军事历史研究部.中国工农红军长征史 [M].太原：山西人民出版社，1996.

21.中共中央党史研究室第一研究部.红军长征史：第二版 [M].沈阳：辽宁人民出版社，2006.

22.刘英.刘英自述 [M].北京：人民出版社，2005.

23.中国工农红军第二方面军战史编辑委员会.中国工农红军第二方面军战史资料选编 [M].北京：解放军出版社，1996.

24.中共中央文献研究室.任弼时年谱 [M].北京：中央文献出版社，1993.

25.中国革命博物馆.红军长征日记 [M].北京：档案出版社，1986.

26.中国工农红军第二方面军战史编辑委员会.中国工农红军第二方面军战史 [M].北京：解放军出版社，1992.

27.本书编写组.红六军团征战记[M].北京：解放军出版社，1994.

28.云南省军区党史资料征集办公室.红二、六军团长征过云南[M].昆明：云南人民出版社，1986.

29.《贵州社会科学》编辑部，贵州省博物馆.红军长征在贵州史料选辑[M].内部发行，1983.

30.《红军长征过广西》编写组.红军长征过广西[M].南宁：广西人民出版社，1986.

31.贵州省档案馆.红军转战在贵州[M].贵阳：贵州人民出版社，1984.

32.哈里森·索尔兹伯里.长征：前所未闻的故事[M].过家鼎，程镇球，等译.北京：解放军出版社，1986.

33.钟文，郑艳霞.见证长征的外国人[M].北京：军事科学出版社，2004.

34.中国第二历史档案馆，湖南省档案馆.国民党军追堵红军长征档案史料选编：湖南部分[M].北京：档案出版社，1991.

35.云南省档案馆.国民党军追堵红军长征档案史料选编：云南部分[M].北京：档案出版社，1987.

36.贺彪.红二方面军从湘鄂边到陕北长征纪实[M].北京：华夏出版社，1990.

37.中国工农红军第四方面军战史编辑委员会.中国工农红军第四方面军战史资料选编[M].北京：解放军出版社，1992.

38.中国工农红军第四方面军战史编辑委员会.中国工农红军第四方面军战史[M].北京：解放军出版社，1989.

39.刘晶芳，李东朗.长征全史[M].南昌：江西教育出版社，1996.

40.姚金果，苏杭.张国焘传：第二版[M].西安：陕西人民出版社，2007.

41.《围追堵截红军长征亲历记》编审组.围追堵截红军长征亲历记[M].北京：中国文史出版社，1991.

42. 中共中央对外宣传办公室，中共中央党史研究室.中国共产党历史日志 [M].北京：中共党史出版社，2012.

43. 中国工农红军第二十五军战史编审委员会.中国工农红军第二十五军战史资料选编 [M].北京：解放军出版社，1991.

44. 中国工农红军第二十五军战史编审委员会.中国工农红军第二十五军战史 [M].北京：解放军出版社，1990.

45. 卢振国.血沃中原：吴焕先传记 [M].郑州：河南人民出版社，1987.

46. 中共陕西省委党史研究室.西北革命根据地 [M].北京：中共党史出版社，1998.

47. 杨尚昆.杨尚昆回忆录 [M].北京：中央文献出版社，2001.

48. 宋任穷.宋任穷回忆录：第二版 [M].北京：解放军出版社，2007.

49. 中国人民解放军历史资料丛书编审委员会.红军长征：综述、大事记、表册 [M].北京：解放军出版社，1989.

50. 郭德宏，阎景堂.红军史 [M].青岛：青岛出版社，2006.

51. 石仲泉.我观毛泽东：增订本 [M].济南：济南出版社，2014.

52. 中共江西省委党史研究室，等.中央革命根据地历史资料文库：党的系统：第5册 [M].北京：中央文献出版社，2011.

53. 中共江西省委党史研究室，等.中央革命根据地历史资料文库：政权系统：第8册 [M].北京：中央文献出版社，2013.

54. 《中央红军过广西》编写组.中央红军过广西 [M].南宁：广西人民出版社，1986.

55. 四川省档案馆.国民党军追堵红军长征档案史料选编：四川部分 [M].北京：档案出版社，1986.

56. 中央第二历史档案馆.国民党军追堵红军长征档案史料选编：中央部分 [M].北京：档案出版社，1987.

57. 中国第二历史档案馆，湖南省档案馆.国民党军追堵红军长征档案史料选编：湖南部分 [M].北京：档案出版社，1991.

58. 石仲泉.长征行：增订本 [M].上海：上海人民出版社，2016.

59. 李敏，孔令华.中央革命根据地词典 [M].北京：档案出版社，1993.

60. 中国人民解放军历史资料丛书编委会.红军长征：参考资料 [M].北京：解放军出版社，1992.

61. 中共中央党史研究室.红军长征纪实丛书 [M].北京：中共党史出版社，2016.

62. 徐占权，徐婧.长征中的重大战略抉择 [M].北京：军事科学出版社，2004.

63. 徐向前.徐向前回忆录：第四版 [M].北京：解放军出版社，2007.

64. 聂荣臻.聂荣臻回忆录：第二版 [M].北京：解放军出版社，1986.

65. 何长工.何长工回忆录 [M].北京：解放军出版社，1987.

66. 姜廷玉.多视角下的长征 [M].北京：国防大学出版社，2006.

后记

我关注红军长征的历史，源于中国井冈山干部学院的学科建设。2006年我刚调到学院工作的时候，把我分在党史学科的长征组。从那个时候开始，我就集中精力收集有关长征的图书和资料进行学习。2016年，我申请到一个国家社科基金后期资助项目"长征日志"（课题批准号为16FDJ001），这对我学习研究长征起了很大的推动作用。

正好学院这几年先后整理出版《红色中华》《斗争》《红星》《苏区工人》《青年实话》等苏区时期的报刊资料，我参与整理工作时，有意识地收集了其中长征的相关内容，并把当年《中央日报》《大公报》《申报》等报纸中有关红军长征的报道，也进行了分类整理。

我在进行案头资料收集整理工作的同时，着手对红军长征沿途的实地考察调访，重走红军长征路就这样开始了。多年坚持下来，四支队伍的长征路我都有一定程度涉足。在这个过程中，我学到了许多党史读本上读不到的知识，也看到了长征路上的新变化。尤其重要的是，对习近平总书记关于"长征是一次理想信念的伟大远征，长征是一次检验真理的伟大远征，长征是一次唤醒民众的伟大远征，长征是一次开创新局的伟大远征"的论述，有了更深层次的理解。

习近平总书记说过："长征这条红飘带，是无数红军的鲜血染成的。"作为红军的后人，听闻此言我倍感自豪和荣耀，因为这条红飘带上，也浸染过我祖辈的鲜血。作为红军的后人，我一直在学习研究红军长征这部伟大的史诗。现在呈现在读者面前的，就是我这些年在学习长征历史、学习长征精神过程中的所见、所闻、所思、所悟。套用习近平总书记对红军长征的比喻，定书名为《红色飘带》。

特别要衷心感谢原中央党史研究室副主任石仲泉同志，在百忙之中为拙作写了序言，使这本书增色不少。

长征胜利距今虽然已经89年了，但世界范围内关于红军长征的报道和研究层出不穷，慕名前来寻访长征路的人更是络绎不绝。研究长征，已然成了一门显学。本书的出版，如果能成为长征研究的海洋中一朵小浪花，我就心满意足了。

肖居孝

2025年4月于中国井冈山干部学院